Selin Sarılı

Finansal Varlık Fiyatlama Modelleri

Selin Sarılı

Finansal Varlık Fiyatlama Modelleri

Türkiye Uygulaması

Türkiye Alim Kitapları

Impressum / Künye
Bibliografische Information der Deutschen Nationalbibliothek: Die Deutsche Nationalbibliothek verzeichnet diese Publikation in der Deutschen Nationalbibliografie; detaillierte bibliografische Daten sind im Internet über http://dnb.d-nb.de abrufbar.

Deutsche Nationalbibliothek tarafından yayınlanan bibliyografik bilgiler: Deutsche Nationalbibliothek, bu yayını Deutsche Nationalbibliografie'de listeler; detaylı bibliyografik bilgi İnternet'te http://dnb.d-nb.de sitesinde mevcuttur.

Coverbild / Kitap kapağı resmi: www.ingimage.com

Verlag / Yayıncı:
Türkiye Alim Kitapları
ist ein Imprint der / yayınevinin bir ticari markasıdır
OmniScriptum GmbH & Co. KG
Bahnhofstraße 28, 66111 Saarbrücken, Deutschland / Almanya
Email / E-posta: info@omniscriptum.com

Herstellung: siehe letzte Seite /
Basım yeri: son sayfaya bakın
ISBN: 978-3-639-81406-4

Zugl. / Approved by: Istanbul, Marmara Üniversitesi, 2014

İÇİNDEKİLER

TABLOLAR LİSTESİ

ŞEKİLLER LİSTESİ

GRAFİKLER LİSTESİ

KISALTMALAR

ABD	: Amerika Birleşik Devletleri
AFM	: Arbitraj Fiyatlama Modeli
AFT	: Arbitraj Fiyatlama Teorisi
BDDK	: Bankacılık Düzenleme ve Denetleme Kurulu
BİAŞ	: Borsa İstanbul Anonim Şirketi
CAPM	: Capital Assets Pricing Model
FVFM	: Finansal Varlıkları Fiyatlama Modeli
FVPD	: Finansal Varlık Pazar Doğrusu
GPT	: Geleneksel Portföy Teorisi
MPT	: Modern Portföy Teorisi
RMD	: Riske Maruz Değer
SEM	: Sabit Etkiler Modeli
SPK	: Sermaye Piyasası Kurulu
TCMB	: Türkiye Cumhuriyet Merkez Bankası
TL	: Türk Lirası

GİRİŞ

Sermaye piyasalarının en önemli sorunlarından biri getiri ve risk arasındaki ilişkiyi tahmin etmektir. Hisse senedi getirilerinin tahmini; portföy yönetimi, bütçeleme ve performans değerleme gibi pek çok finansal kararın merkezinde yer aldığından, gerek kurumsal yatırımcılar, gerekse bireysel yatırımcılar açısından önem taşımaktadır. Beklenen getiri ve risk arasındaki ilişkiyi açıklayabilmek amacıyla geliştirilen modeller tek endeks modelleri (single index model) ve çoklu endeks modelleri (multi-index veya multi-factor model) olmak üzere iki grupta toplanmaktadır. Tek endeks modeli olarak geliştirilen Finansal Varlıkları Fiyatlandırma Modeli (FVFM- Capital asset pricing model) beklenen getiri ve risk arasında ilişki kurarak, riskin nasıl ölçüleceğine dair tatmin edici tahminler yapmayı amaçlamaktadır.

Çoklu endeks modelleri, FVFM'ne başka risk faktörlerinin de eklenmesi ile geliştirilmiştir. Bu noktada, bir piyasada finansal varlıkları rasyonel olarak fiyatlandırabilmek için oluşturulan teori Arbitraj Fiyatlama Teorisi (AFT)'dir.

Çalışmada amaç; bir portföyün beklenen getirisi yerine, tek tek hisse senedi bazında beklenen getiriyi önce FVFM ile ardından AFT ile tahmin etmektir. Tahminler öncelikle hisse senetlerinin zaman içerisindeki davranışlarının ayrı ayrı incelenmesi amacıyla zaman serisi analiziyle yapılmış, sonrasında panel verilerle toplu olarak hisse senetleri için aynı modeller tahmin edilmiştir.

Finansal Varlık Fiyatlama Modelinin amacı, risk ve getiri arasındaki ilişkiyi inceleyerek hisse senedi getirilerini tahmin etmektir. Bu doğrultuda çalışmanın birinci bölümünde fiyatlama teorilerinin temelini oluşturan risk ve getiri hakkında bilgi verilmiştir. FVFM finansal varlıklarla sistematik risk arasındaki ilişki ölçmektedir. Birinci bölümde sistematik ve sistematik olmayan riskler açıklandıktan sonra risk ölçüm yöntemleriyle risk ve getiri arasındaki ilişkiyle portföy riski ve menkul kıymet risklerinin ölçülmesi konusunda bilgi verilmiştir. AFM'de ise sistematik riskler ayrı ayrı modellenerek getiri tahmin edilmeye çalışılmaktadır.

Çalışmanın ikinci bölümünde portföy kavramı ve portföy teorileri ele alınmıştır. Finansal varlık fiyatlama modellerinin temelini Modern Portföy Teorisi oluşturmaktadır. Bu nedenle finansal varlık fiyatlama modellerini açıklamadan önce portföy teorileri ve portföy yönetimi üzerinde durulmuştur. Portföy yönetiminde menkul kıymetlerin sahip olduğu risklerin ölçülmesi ve portföye dahil edilen menkul kıymetlerin bir bütün olarak risklerinin ölçülmesi ve portföy getirisi ile riskinin izlenmesi gerekmektedir. Bu nedenle portföy performansının ölçüm yöntemleri açıklanmıştır.

Çalışmanın üçüncü bölümünde ise çalışmanın temelini oluşturan finansal varlıkları fiyatlama modeli ile bu modelin alternatif formları ve arbitraj fiyatlama modeli yer almaktadır. Bunula birlikte finansal varlık fiyatlama modelinde kullanılan tekli ve çoklu endeks modelleri de bu bölümde açıklanmıştır.

Çalışmanın dördüncü bölümünde FVFM ve AFM ile bankacılık hisse senetleri üzerine bir uygulama yapılmıştır. Öncelikle zaman serileriyle modeller tahmin edilmiş sonrasında ise panel veriler kullanarak bankacılık sektörüyle tahmin gerçekleştirilmiştir. FVFM iki aşamalı regresyon yöntemiyle tahmin edilmiş, önce tekli endeks modeliyle sistematik risk tahmin edilmiş sonrasında ise hisse senetlerinin beklenen getirileri tahmin edilmiştir. Çalışmanın son bölümü ise, tez boyunca yapılan analizlerden elde edilen bulguların özetlendiği ve değerlendirildiği sonuç bölümüdür.

BİRİNCİ BÖLÜM

RİSK VE GETİRİ

1.1. Risk Kavramı

Risk temel olarak kaybetme ya da kayba maruz kalma olasılığı olarak tanımlanmaktadır[1]. Riskte belirsizlik durumu söz konusudur; kaybın kesin olarak gerçekleşip gerçekleşmeyeceği bilinmemektedir. Bununla birlikte riskte bir olasılık dağılımı hesaplanabilirken, belirsizlikte istatistiksel yöntemlerle bir olasılığa ulaşılamamaktadır[2]. Risk yönetiminin amacı ise, varlıkların ve karlılıkların değerini kaybetme potansiyeli oluşmadan önce korunmasıdır.[3]

Dünyadaki hızlı globalleşmenin etkisiyle ve bu düzene uyum sağlamaya çalışan ülkelerin değişime uğraması kaçınılmazdır. Ülkelerin arasındaki sınırların kalkmasıyla birlikte riskler, finansal riskler kaçınılmaz hale gelmiştir. Risklerin tamamen ortadan kaldırılması ya da risklerle karşılaşmaktan tamamen kaçılması mümkün değildir. Ancak bu risklerin kabul edilmesi ve hiçbir önlem almadan risk izlenmesi anlamına gelmemektedir. Bu noktada önemli olan, risklerin nasıl yönetileceğinin ve en az düzeye indirileceğinin tespit edilmesidir.[4]

Risk yönetimindeki en önemli unsurlardan bir tanesi maruz kalınabilecek risklerin tespit edilmesidir. Risklerin doğru tespit edilmemiş olması, beklenmeyen tehlikelerin oluşmasına ve beklenmeyen kayıplara

---

[1] William T. THORNHILL, Risk Management For Financial Institutions, Applying Cost-Effective Controls and Procedures, Bankers Publishing Company, USA, s.1.

[2] Arman T. TEVFİK, Risk Analizine Giriş, Alfa Basım Yayın Dağıtım, İstanbul, s.2.

[2] Arman T. TEVFİK, Risk Analizine Giriş, Alfa Basım Yayın Dağıtım, İstanbul, s.2.

[3] THORNHİLL, a.g.e., s1.

[4] Kevin DOWD, Beyond Value At Risk, The New Science of risk Management, John Wiley&Sons, s.1.

neden olabilmektedir. [5] Gerek işletmelerin gerekse bankaların ne tür risklere maruz kalabileceğini belirlemiş olması, sağlıklı bir mali yapının sürdürülebilirliği açısından önem taşımaktadır. Böylelikle karşılaşılabilecek kayıplara karşı önlem alabilme imkanı yaratmakta ve risklerin izlenebilmesi olanağını sunmaktadır. Etkin işleyen bir risk takibi ise kayıpların en alt seviyede tutulmasıyla birlikte, maliyetlerin azalmasını sağlayacaktır.

Risklerin yönetilmeye başlanması süreci genel olarak dünyada ülkelerin karşılaştıkları kayıplar sonrasında önem kazanmıştır. Gerek mali piyasalarda, gerekse finansal piyasalarda yaşanan kriz tecrübeleriyle birlikte ülkelerin ve şirketlerin büyük kayıplara uğraması, risklerin azaltılması sürecini doğurmuştur.

Türkiye tarihine bakıldığında da tüm dünyada olduğu gibi çok sayıda finansal kriz yaşandığı görülmektedir. Ancak özellikle 1980 yılı sonrasında Türkiye'de başlayan liberalizasyon süreciyle birlikte sermaye hareketlerinin serbestleşmesi birçok riski de beraberinde getirmiştir. Finansal liberalizasyon ülkelerin finansal sisteminin gelişmesine katkıda bulunabileceği gibi, eğer gerekli düzenlemeler yapılmadan serbestleşme hareketi başlarsa bu durumda ülkenin kayıplarla karşılaşma olasılığı da artacaktır. Türkiye'de serbestleşme hareketinin eksik düzenlemelerle başlamış olması, finansal krizlerin yaşanmasını kaçınılmaz hale getirmiştir.

Bankalar finansal sistemde oldukça önemli fonksiyonlara sahiptir ve bir ülkenin finans sisteminin temelini oluşturmaktadır. Birçok alanda faaliyet gösteren bankaların mali yapılarının bozulması sadece bankacılık kesimini değil aynı zamanda bankalarla ilişki içerisinde olan mali

[5] THORNHİLL, a.g.e., s.3.

piyasaları, tasarruflarını saklamak amacıyla bankaya yatıran mevduat sahiplerini, sermaye piyasalarını da doğrudan etkisi altına alacaktır. Bu nedenle yaşanacak bir bankacılık krizinin etki alanı ülke genelinde olacağından özellikle bankacılık kesiminde risklerin yönetilmesi büyük önem taşımaktadır.

Geçmişte yaşanan olumsuz tecrübeler bankacılık sistemindeki risklerin yönetilmesinin önemini göstermiştir. Tüm dünyada bankacılık sisteminde uygulanmak üzere Basel kriterleri getirilmiş ve bankaların burada belirtilen risk türleriyle ilgili oranları uygulaması beklenmiştir. Basel kriterleriyle birlikte finansal sistemin sağlıklı işlemesi sağlanmaya çalışılmaktadır. Ancak bu kriterlerin uygulanmasının denetimini her ülke kendi içerisindeki denetim mekanizmasıyla sürdürmektedir.

Türkiye'de bankacılık sisteminin sağlıklı bir yapıya kavuşması ise 2000 yılında yaşanan kriz sonrasında olmuştur. Aslında 2000-2001 krizi, birçok riskin bir arada yaşandığı bir bankacılık krizi olmuştur ve riskler bir arada yaşanarak birbirinin oluşumunu tetiklemiştir.Sistemi krize sürükleyen nedenlerden biri bankaların daha fazla kar elde etmek için risk seviyelerini artırmaları olmuştur. Diğer yandan kamu kesiminin yüksek borçlanma gereksinimi, bankaların yüksek oranda sabit kur üzerinden dövizle borçlanıp kamu kesimi tahvillerine yatırım yapması olmuştur. Dolar kurunun bir gecede yükselmesiyle bankaların varlıkları erimiş ve büyük zararlar kaydetmişlerdir.

Bankaların krize sürüklenmesindeki bir diğer faktör ise operasyonel risk olmuştur. Gerek yöneticilerin gerekse banka pay sahiplerinin suistimalleri banka batışlarının temel sebebini oluşturmuştur.

Türkiye'de yaşanan finansal sistemdeki çöküşle birlikte bir denetim mekanizmasının eksikliği ve yapılan düzenlemelerdeki eksiklikler ortaya çıkmıştır. Bu süreçte Bankacılık Düzenleme ve Denetleme Kurulu (BDDK) oluşturulmuş ve Bankacılık Kanunuyla birlikte sistem hızlı bir düzenleme sürecine girmiştir.Bankaların kurulmasından faaliyete geçmesine ve tasfiye edilmesine kadar her alanda düzenlemeler yapılmış, böylelikle sistemdeki risklerin en alt seviyede tutulması amaçlanmıştır.

Bankalar fon arz edenlerle fon talep edenler arasında aracılık görevi üstlenirler. Bankalar faaliyetlerini gerçekleştirirken bir anlamda risk alışverişi yapmakta ve bunları dengede tutmaya çalışmaktadırlar. Bankalar topladıkları mevduatları fon talep edenlere arz ederken yani kredi sağlarken yüksek kaldıraç oranlarıyla işlem yaparlar. Bu durum bankaların verdikleri kredilerin düşük bir kısmını özkaynaklar, yüksek oranda ise dış borçlarla sağladıkları anlamına gelmektedir. Dolayısıyla bankaların kaldıraç oranları ne kadar yüksek olursa, riski de o kadar yüksek olacaktır. 2008 yılında Amerika'da yaşanan kriz sırasında görülmüştür ki bankaların kaldıraç oranları %50 seviyelerine ulaşmıştır.

2001 yılında faaliyetlerine başlayan BDDK bankacılık sisteminde ortaya çıkabilecek riskleri minimum seviyeye indirmeye çalışmaktadır. Mevduata verilen devlet garantisi, mevduat sahiplerine kendini daha güvencede hissetme olanağı sağlar. Bu durumda mevduat sahibinin parasını bankadan çekme olasılığı azalacaktır. 2001 yılında yaşanan kriz öncesinde mevduatların tamamına verilen garanti, kriz sonrasında 50.000 TL ve bu değere karşılık gelecek olan değerler olarak sınırlandırılmıştır. Bu nedenle mevduatların garanti kapsamında olup olmaması ya da bankalardaki paralar üzerinden kesilecek vergiler bankaların kaydi para yaratma süreci üzerinde etkili olabilmektedir.

Mevduat sigortası, bankaları işlemlerinde daha riskli davranmaya iten bir diğer unsurdur. Mudiler açısından güvence sağladığı gibi aynı zamanda banka üzerinde de, bankanın düştüğü likidite sıkıntısı ve borçlarını ödeyememe durumu söz konusu olduğunda bunun devlet tarafından karşılanacağını bilen banka, daha yüksek getiri elde etmek amacıyla daha yüksek risk iştahına sahip olacaktır. Dolayısıyla mevduat sigortasına sınırlama getirilmesinin amaçlarından biri de bankaların alabilecekleri risk oranını sınırlandırmak olmuştur.

Temel olarak riskleri sistematik ve sistematik olmayan riskler olarak iki başlık altında toplamak mümkündür. Sistematik riskler sistemdeki değişkenlerin kendisinden kaynaklanan ve çeşitlendirme ile azaltılamayan risk türüdür. Sistematik olmayan riskler ise firmanın ya da endüstrinin sahip olduğu bir risktir ve varlıklar arasında istatistiksel olarak bir bağlantı bulunmamaktadır.[6]

$$Toplam\ Risk = Sistematik\ Risk + Sistematik\ Olmayan\ Risk$$

Sistemdeki toplam riski sistematik ve sistematik olmayan riskin toplamı olarak ifade edebiliriz ve sistematik olmayan risklerin ortadan kaldırılmasıyla sistematik riske yani piyasada maruz kalınacak toplam risk miktarına ulaşılmış olur. Sistematik riskin ölçümü ise finansal varlıklarda piyasa riskini gösteren β parametresiyle ifade edilir.

1.1.1. Sistematik Risk

Sistematik risk ekonomik, sosyal ve politik olaylardan etkilenen risk türüdür. Bir anlamda sistemin kendisinden kaynaklanan risklerdir.

[6] Erdinç ALTAY, Sermaye Piyasasında Varlık Fiyatlama Teorileri, Derin Yayınları, İstanbul, 2012, s.9.

Dolayısı ile ekonomik sistem içerisinde yer alan herkes bu riskten etkilenecektir. Risk yönetim teknikleriyle riskten korunmak mümkündür ancak beklenmeyen durumlar karşısında maruz kalınan risklerden ancak etkilenme seviyesi azaltılabilir.

Sistematik risk portföy yatırımları açısından bakıldığında çeşitlendirme yapılarak azaltılamayan risk türüdür. Portföy yatırımlarında en önemli unsur, yatırımlarda getiri ve risk seviyesinin belirlenmesidir. Amaç minimum risk düzeyinde maksimum getiri elde etmektir. Bu noktada riski azaltma yollarından biri de portföydeki enstrümanların çeşitlendirilmesidir. Aralarında ters korelasyon bulunan varlıkların portföye dahil edilmesiyle risk düzeyi azaltılabilmektedir. Ancak risk seviyesini azaltmak sistematik risk düzeyine kadar mümkündür.[7]

Portföyün oluşturulması yatırımcının risk ve getiri tercihlerine göre gerçekleşir. Yatırımcının risk taşıma isteğine göre risk seviyesi belirlenir ve aralarında pozitif korelasyon bulunan risk ve getiri beklentisine göre varlık seçimleri yapılır. Portföyün taşıdığı risk çeşitlendirmeyle sistematik risk seviyesine kadar indirilebilmektedir. Ancak yüksek risk profiline sahip yatırımcılar sistematik risk seviyesine indirilmiş bir portföyün getirisinin üzerinde getiri elde etmek istediklerinde bu durumda sistematik risk düzeyini artırmak durumunda kalacaklardır.

Sistematik riski oluşturan unsurlar genel olarak piyasada yer alan değişkenlerdeki değişimlerdir. Sistematik risk türlerini faiz oranı riski, enflasyon riski, piyasa riski olarak sınıflandırmak mümkündür.

---

[7] ALTAY, a.g.e., s.5

1.1.1.1. Faiz Oranı Riski

Faiz oranı riski kapsamlı bir risk türü olarak değerlendirilebilir. Çünkü faiz oranı ile birçok işlemde karşılaşılmaktadır. Bu nedenle etkileme alanı olarak da oldukça kapsamlıdır. Bu nedenle faiz oranlarında meydana gelebilecek değişikliklerden birçok işletme, bununla birlikte bireysel yatırımcılar ve finansal varlıklar bu değişimlerden aldıkları pozisyona göre olumlu veya olumsuz olarak etkilenecektir. Faiz oranlarındaki dalgalanmaların fonlama maliyetleri üzerinde, işletmelerin nakit akımlarında ve varlık değerleri üzerinde baskın etkileri olmuştur.[8]

İşletmeler açısından bakıldığında Bankalar açısından, banka aktif ve pasiflerinde yer alan faize duyarlı varlık ve yükümlülüklerin faiz riskine maruz kalmayacak şekilde oluşturulmuş olması gerekmektedir. Banka bilançolarının aktiflerinde yüksek miktarda kredi bulunmaktadır. Diğer yandan pasiflerine bakıldığındaysa yüksek oranda mevduatlardan oluştuğu görülür. Faiz oranlarında meydana gelebilecek aşağı veya yukarı yönlü hareketler bankanın karlılığı üzerinde etkili olacaktır. Bu nedenle bankanın faiz oranında meydana gelebilecek değişiklere karşı bilançonun hassasiyetini ölçmesi gerekmektedir. Faiz oranı riski ölçüm yöntemlerine ilerleyen konularda değinilecektir.

Faiz oranları diğer yandan yatırımların değerini etkileyecektir. İşletmelerin finansman yapıları üzerinde etkili olan bir diğer unsur paranın zaman değeridir. Bir kişinin bugün eline geçen 1000 TL ile bir yıl sonra eline geçen 1000 TL aynı para miktarını ifade etmemektedir. Faiz oranlarındaki dalgalanmalar bu nedenle yatırım yapacak olan işletmelerin gelecekteki nakit akışlarının nasıl olacağını bugünden tahmin etmesi

---

[8] DOWD, ag.e., s.5

açısından büyük önem taşımakta ve faiz oranındaki değişiklikler yatırım kararları ve süreçleri üzerinde etkili olmaktadır.[9]

Faiz oranındaki değişiklikler, diğer yandan yatırımcıların tercihleri üzerinde de etkili olmaktadır. Bireyler piyasa faiz oranlarına göre tasarruf etme ve harcama arasında tercih yaparlar. Eğer piyasa faiz oranlarından elde edeceği getiri sermaye piyasalarından daha yüksekse bu durumda fonlar faiz oranı kanallı yatırım araçlarına veya mevduatlara yönelecektir. Bu durum varlıkların getiri oranlarını düşürücü bir etki yapacak aynı zamanda sermaye piyasalarındaki işlem hacmini azaltacaktır. [10]

Faiz oranı getirilerinde önemli olan reel faizin ne kadar olduğudur. Yüksek enflasyon rakamları karşısında nominal faiz bir şey ifade etmemekte, reel olarak yatırımcının ne kadar getiri elde edeceği önem taşımaktadır. Faiz oranlarının çok yüksek olduğu ekonomilerde tasarrufların sermaye piyasası araçlarına yönelmeme nedenlerinden bir tanesi de faiz oranıdır. Böyle ekonomilerde sermaye piyasalarının gelişimi koşullardan olumsuz etkilenmektedir.

Faiz oranlarında meydana gelecek değişikliklerden hangi varlığın hangi oranda etkileneceği varlığın yapısına göre değişiklik göstermektedir. Bir diğer ifadeyle faiz oranındaki değişikliklere bağlı olarak, daha önce belirlenmiş bir faiz oranından ihraç edilen varlıklardan elde edeceği gelirdeki değişimi ifade eder.[11]Varlıkların faiz oranına karşı duyarlılıkları

---

[9] Mehmet Baha KARAN, Yatırım Analizi ve Portföy Yönetimi, Gazi Kitabevi, Ankara, 2004, s.121.

[10] Christopher AGAR, Capital Investment and Financing, Butterworth-Heinemann - Publisher, 2006, s.92.

[11] Engin KURUN, Faiz Riski Yönetimi ve Türkiye Uygulaması, Sermaye Piyasası Kurulu, Ankara, 2005, s.5.

varlığın vade yapısı, elde tutma süresi gibi özelliklerine bağlı olarak değişmektedir.

Bireyler eğer piyasalarda belirsizlik söz konusuysa ve ekonomide geçmişte yaşanan tecrübelerden kaynaklı bir güvensizlik varsa paralarını daha çok kısa vadeli yatırım araçlarında değerlendirme eğilimindedir. Kısa vadeli yatırım araçlarında hem risk hem de getiri doğru orantılı olarak daha azdır. Bu durum likidite tercih teorisi olarak bilinir ve vade uzadıkça risk artacağı için faiz oranlarına risk primi ilave edilerek faiz oranı hesaplaması yapılır.[12]

Faiz oranındaki değişikliklerin yaratacağı bir başka risk türü ise yeniden fiyatlama riskidir. Bu durum banka yükümlülükleriyle vadelerine göre borçlanma vadeleri arasındaki farkı ifade etmektedir. Eğer banka kısa vadeli topladığı mevduatlar karşısında uzun vadeli borçlanmış yani kredi vermişse, bu durumda faiz oranlarındaki değişiklikler banka bilançosunu olumsuz yönde etkileyecektir ve borçlarının geri ödenmesinde yeniden fiyatlama riskiyle karşılaşacaktır. Faizlerin yükselmesi durumunda yeniden fiyatlanan borçlar daha yüksek bir ödemeyi ifade edecektir.

Faiz oranını etkileyen değişkenler faiz oranı riskinin oluşmasında belirleyici olmaktadır. Temel olarak faiz oranı değişimleri piyasadaki para arz ve talebine bağlı olarak gerçekleşmektedir. Faiz bir anlamda paranın fiyatıdır. Eğer piyasadaki para miktarı artarsa bu durumda piyasada para fazlalaşacağı için faiz oranları düşme eğilimine girecektir. Ancak piyasada likidite azlığı mevcutsa bu durumda paraya olan talep artacak ve faiz oranları yükselme eğiliminde olacaktır.

---

[12] KURUN, a.g.e., s.9.

Enflasyonist baskının olduğu ekonomilerde faiz oranları da daha yüksek olmaktadır. Bununla birlikte para talebinden çok para arzının olması ise enflasyonist etki yaratacaktır. Dolayısıyla para miktarının fazla olması enflasyon kanalıyla da faiz oranlarını etkileyebilmektedir. Geleceğe yönelik beklentiler enflasyonun artması yönündeyse bu durumda yatırımcılar ve fon talep edenler gelecekte faiz oranlarının daha da yükselmesini bekleyecekler ve bu şekilde piyasa oyuncularının davranışları etkilenmiş olacaktır.

Piyasalardaki para miktarını belirleyen piyasa mekanizmalarından bir tanesi de Türkiye Cumhuriyet Merkez Bankası (TCMB)'dır. Merkez Bankası'nın görevlerinden bir tanesi de piyasadaki para miktarının kontrol edilmesidir. Temel amacı olan fiyat istikrarının sağlanmasıyla örtüşmek suretiyle TCMB piyasadaki para miktarı üzerinde denetim gücüne sahiptir. Bunu bankalar kanalıyla da gerçekleştiren Merkez Bankası böylelikle bankaların kredi tabanını etkileyebilmekte ve ödünç verilebilir fonları kontrol altında tutabilmektedir.[13]

Faiz oranlarının belirsiz hareketleri finansal piyasalarda uzun dönemli faiz oranlarına dayalı taahhütlere karşı isteksizlik doğurmuştur. Bunun üzerine fonları ödünç verenler tarafından dalgalı faiz borçları oluşturulmuş ve faiz oranı riski ödünç alanın üzerine devredilmiştir[14]. Ancak faiz oranı riskinin daha iyi yönetilebilmesi amacıyla daha sonra farklı araçlar üretilmiştir. Bu araçlardan biri de tarafların karşılıklı anlaşmalarına dayanan ve faiz oranı değişimlerine karşı risklerden korunmalarını sağlayan faiz swap sözleşmeleridir. Bu sözleşmelerle taraflar

---

[13] Saniye GÜMÜŞELİ, Döviz Kuru ve Faiz Oranı Risklerinden Korunma Teknikleri, Türkiye Bankalar Birliği, Ankara, 1994, s.85.
[14] Charles W. SMITHSON, W. Smith Jr. CLIFFORD, D. Dykes Wilford, Managing Financial Risk, Irwin Professional Publishing, USA, 1995, s.23.

ihtiyaçları doğrultusunda vadeleri ve faiz oranlarını değiştirebilmekte bu şekilde kendilerini hedge etmektedirler.

1.1.1.2. Enflasyon Riski

Enflasyon riski bir diğer adıyla satın alma gücü riski, fiyatlar genel seviyesindeki artışın satın alma gücünü düşürücü etki yapmasıyla ortaya çıkmaktadır. Sabit bir gelir seviyesindeyken fiyatların yükselmesi alım gücünü azaltacaktır. Enflasyonun yıkıcı etkisi hem bireyler hem de işletmeler açısından geçerlidir.

Türkiye uzun dönemler boyunca yüksek enflasyonla yaşamış ve mücadele yolları geliştirmiştir. Enflasyon seviyesinin yüksek olması finansal piyasalarda istikrarın sağlanmasını da zorlaştırmaktadır. Fiyat istikrarının sağlanmasının yanında finansal piyasaların da istikrarlı hareket etmesi gerekmektedir.

Yüksek enflasyon oranı bilançolar üzerinde tahrip edici etkiler yaratmakta ve aynı zamanda bireylerin satın alma gücünde de düşüşe yol açmaktadır. Bankalar açısından düşünüldüğünde, bankalar çoğunlukla faiz getirili enstrümanlar üzerinden işlemlerini gerçekleştirmektedir. Faizin nominal getirisi ile reel getirisi ise aynı olmamaktadır. Enflasyondan arındırılmış faiz reel faizi yansıtmakta ve reel olarak elde edilen getiriyi ifade etmektedir. Dolayısı ile bankalar bilançolarını enflasyondan arındırmaları gerekmektedir.

Diğer yatırım araçları üzerinden düşünülecek olursa enflasyon hisse senetleri üzerinde doğrudan bir etkiye sahip değildir. Ancak sermaye piyasalarında işlem gören hisse senetlerinin işletmelere ait olduğu düşünülecek olursa, işletmelerin satın alma gücü üzerindeki farklılaşma hisse senedi değeri üzerinde de etkili olacaktır. Enflasyon oranının yükselmesi, işletmelerin maliyetlerinin artmasına aynı zamanda fiyatlarının artmasına neden olacaktır. Enflasyon fiyat artışlarını ifade ettiğinden işletmenin nakit akışlarında da farklılık yaratacak bu da dolaylı olarak hisse senetlerine yansıyacaktır. Eğer enflasyon riskini iyi yönetememiş bir işletme söz konusuysa bu durumda bilançosu eriyecek ve elde edeceği nakit akışlarında azalma olacak bu da hisse senedi fiyatlarının düşmesiyle sonuçlanacaktır.

Türkiye uzun yıllar boyunca kronik enflasyonla mücadele etmiş ve geçirdiği finansal krizlerle ağır bedeller ödemiştir. Bunun arkasından gelen piyasalardaki düzenlemeler ve makroekonomik verileri iyileştirme çabaları sonucunda enflasyon kontrol altına alınabilmiştir. Piyasadaki para miktarı enflasyonu etkileyen en önemli değişikliklerden biridir. Merkez bankası aldığı para politikası kararlarıyla piyasadaki para miktarını kontrol altında tutmakta ve para politikası araçlarıyla banka rezervlerine ve bankaların yaratacakları kaydi para miktarına müdahalede bulunmaktadır. Bu müdahale piyasanın ihtiyaçları doğrultusunda parasal tabanın genişletilmesi ya da daraltılması şeklinde gerçekleşmektedir. Merkez bankasının daraltıcı para politikası uygulaması dolayısıyla bankaların kaydi para yaratma olanağını kısıtlaması bankacılık sektörünün karlılık düzeyinde azaltıcı bir etki yaratır. Bu durum ise bankaları farklı kar elde etme arayışı içine sürüklemektedir.

Bankalar açısından enflasyon riski, varlıklarının ya da yükümlülüklerin vadesi geldiğinde sağlanacak nakit girişlerinin bugünden öngörülemediği durumlarda oluşmaktadır. Dolayısı ile ekonomide enflasyonla ilgili eğer belirsiz bir ortam hakimse bu durum bankaların da gelecekteki nakit akımları üzerinde etkili olacaktır. Merkez bankası kamuyu aydınlatma ilkesi gereğince enflasyon hedeflerini açıklamakta ve bu hedefleri son dönemde büyük ölçüde tutturmaktadır. Merkez Bankasının bağımsızlığının sağlanmış olması ve piyasa oyuncuları için bir güven unsuru oluşturması finansal istikrarın sağlanması açısından oldukça önemlidir.

Gerek yatırımcılar açısından gerekse işletmeler açısından geleceğe yönelik belirsizlik durumu davranışlarını da etkilemektedir. Yüksek enflasyon beklentisi bireyler üzerinde daha çok ihtiyat amaçlı para tutma davranışını ortaya çıkarmaktadır. Gelecekte satın alma gücünün azalacağını düşünen birey bu parayı yatırım araçlarına yöneltmeyecek daha çok yastık altında saklama eğiliminde olacaktır. Bankalar açısından bakıldığındaysa geleceğe yönelik belirsiz satın alma gücü bankanın bilançosunun geleceğe yönelik bir analizinin yapılamamsı ve bu nedenle etkin bir risk yönetiminin yapılamaması sürecini doğuracaktır.

Bireysel yatırımcılar açısından bakıldığınday yüksek enflasyon oranı satın alma gücünü düşürdüğünden tasarruf eğilimini azaltacaktır. Tasarruf aynı zamanda gelir düzeyiyle de bağlantılıdır. Bireyin gelir düzeyi ne kadar yüksekse aynı zamanda tasarrufları da daha yüksek olacaktır. Bununla birlikte iki farklı gelir düzeyine sahip kişinin enflasyondan etkilenme düzeyleri farklı olacaktır. Enflasyon rakamları belirli mal gruplarının bir araya toplandığı bir sepetin fiyatlarında gerçekleşen değişimi gösterir. Ancak her gelir seviyesindeki kişi aynı ürünleri kullanmamakta ve enflasyondan etkilenme seviyeleri farklılaşmaktadır. Bu durumda düşük gelir seviyesine sahip kişiler enflasyon artışından daha çok etkilenmektedir.

Tasarruf eğiliminin düşmesi sonucunda yatırımlara kanalize olacak fon miktarı azalmaktadır. Bireysel yatırımcılar tasarruf edemediklerinde bu fonları sermaye piyasalarına ve yatırım araçlarına aktaramadıklarından finansal piyasalarda gelişme sağlanamamaktadır. Piyasalarda yatırımcı sayısının artması aynı zamanda bir ülkede tasarrufların fazla olmasıyşa bağlantılıdır. Görüldüğü gibi enflasyon hem işletmeler kanalıyla hem de bireysel yatırımcılar kanalıyla finansal piyasaların etkin işleyiş yapısını bozmaktadır.

1.1.1.3. Piyasa Riski

Portföyde yapılacak çeşitlendirmeyle azaltılamayacak olan bir diğer risk türü de piyasa riskidir. Piyasalarda doğrudan faiz oranları ya da bunun gibi göstergelerde meydana gelen bir değişim olmadığı halde, yatırımcıların davranış ve beklentilerindeki değişmelerin varlık fiyatlarında meydana getirdiği dalgalanmanın oluşturduğu risktir.[15] Piyasa riski ya da başka ifadeyle pazar riski bir ekonomik nedenle ilişkili olmaksızın, yatırımcıların psikolojik etkilerle davranışlarının değişiminden kaynaklanmaktadır.

Piyasa riskini doğuran unsurlar bir ülkenin ulusal sınırlar içerisinde yaşanabilecek gelişmelerden kaynaklanabileceği gibi uluslar arası piyasalarda yaşanacak gelişmeler de piyasa riskini doğurabilmektedir. Ülkede seçimlerin olması, kanunlarda meydana gelecek değişiklikler, siyasi belirsizlikler sermaye piyasaları üzerinde etkili olabilmektedir. Özellikle yabancı yatırımcıların büyük pay sahibi olduğu ülkemizdeki Borsa İstanbul fiyat hareketleri uluslararası gelişmelerden daha çok etkilenebilmektedir.

---

[15] Lawrance J. GITMAN, ve Micheal D. JOEHNK, Fundamentals of Investing, 4. Edit, Harper&Row Publishers, New York, 1990, s.195.

Piyasa riskine, 2008 yılında yaşanan global kriz örnek olarak verilebilir. Amerika'da başlayan kriz zincirleme olarak ülkelerin gerek ekonomilerini gerekse finansal sistemlerini etkisi altına almış ve ülke borsa endeksleri tarihi dip noktalarını görmüştür. Borsada yaşanan krizde yabancıların piyasalardan çekilmesi yüksek oranda etkili olmuş ancak bunun yanında piyasalardaki belirsizlikten kaynaklanan panik havası da borsanın düşüşünde etkili olmuştur. Dolayısı ile yalnızca ülkede yaşanan bir gelişme değil, ülkeler arasındaki sınırların kalktığı günümüzde özellikle ticari ilişkilerin yoğun olduğu ülkelerde yaşanan gelişmeler de varlık fiyatlarının değişmesinde etkili olabilmektedir.

Yatırımcıların finansal kararlarında kullandığı yöntem olan temel ve teknik analiz piyasa riski durumlarında bir gösterge olmaktan çıkmaktadır. İşletmelerin finansal yapısında herhangi bir değişim olmadığı halde yatırımcıların işletmeyle ilgili olumsuz yönde beklentisinin olması, hisse senedi fiyatlarının düşeceği yönünde beklentisinin olması da varlık fiyatlarını etkileyebilecektir. Bu noktada spekülatif hareketler de fiyatlar üzerinde etkili olacaktır.

Spekülatif hareketlerle veya beklentilerde meydana gelen değişiklik nedeniyle yüksek miktarda alım ve satımlar yaşandığında fiyatlarda dalgalanmalar oluşmaktadır. Bu dalgalanmalar belirli bir gösterge olmaksızın gerçekleştiğinden piyasa riskinden tamamen korunmak söz konusu olmamaktadır. Ancak varlıkların piyasa risklerinden etkilenme dereceleri farklı olmaktadır. Varlığın piyasa riskiyle olan ilişkisine bakılarak, piyasa riskinde meydana gelen değişiklikten daha az etkilenen varlığın portföye dahil edilmesiyle risk kısmen azaltılabilir.[16]

Yatırımcıların piyasa riskinden etkilenme boyutları, olası kayıpları bu riskler ortaya çıktıktan sonra risk görünümünün yukarı veya aşağı yönlü olmasına göre değişecektir. Eğer yatırımcıların beklentileri gerçekçi yöndeyse bu durumda kayıp zaman içerisinde daha da artabilir veya işletmeyle ilgili spekülatif bir atak söz konusuysa bu durumda uzun vadeli yatırımcılar açısından fiyat hareketleri bir kayba yol açmayacaktır. Beklenen fiyat hareketlerine göre kısa vadeli işlemler yapan yatırımcılar ise kısa sürede oluşan fiyat düşüşlerinde varlıklarını satma eğiliminde olacaklardır.

Bankaların maruz kaldığı piyasa riskleri ise bilançolarının aktif ve pasifinde yer alan finansal varlıklar açısından gerçekleşmektedir. Bankaların hisse senetlerinin borsalarda işlem görmesi veya borçlanma araçları ihraç etmiş olması durumunda piyasada meydana gelen risklerden çıkardığı varlıklar kanalıyla etkilenecektir. Bu durum bankanın değerinin azalmasına neden olacaktır. Ancak bu noktada bankanın sermayesinin güçlü olması, finansal yapısının güçlü olması piyasa riskinden etkilenme düzeyini etkileyecektir.

Bankaları piyasa riskinden etkileyen bir diğer unsur ise bankaların topladıkları fonların bir kısmını sermaye piyasalarında değerlendirmesidir. Banka aktifinde yer alan sermaye piyasası işlemleri banka varlıkları üzerinde etki yaratmaktadır. Eğer banka yatırım yaptığı araçlar üzerinde yüksek miktarlı kayıplar meydana gelirse banka varlıklarında değer kaybı meydana gelecektir. Bu nedenle bankada diğer risklerin yönetilmesi olduğu

---

[16]Devi KOYA, Derivatives: Key Risks, Edited By Hyun Song Shin, Derivatives Accounting and Risk Management, Risk Books, London, 2004, s.31.

kadar piyasa riskinden etkilenebilecek varlıklarla ilgili risklerin yönetilmesi de önem taşımaktadır.

Varlıklar içerisinde özellikle hisse senetleri diğer finansal varlıklara göre daha yüksek oranda risk içermektedir. Risk türleri açısından düşünüldüğünde de piyasa riskinden en çok etkilenecek olan varlık hisse senetleridir. Bu nedenle bir yatırım portföyünde hisse senedinden kaynaklanabilecek riskin kontrol altında tutulması oldukça önemlidir. Farklı finansal enstrümanlarla riski dengeleyerek portföyün getiri ve risk düzeyini olası kaybı en alt seviyede tutacak şekilde oluşturulması gerekmektedir.

1.1.1.4. Döviz Kuru Riski

Ulusal para biriminin çeşitli nedenlerle yabancı paralar karşısında değer kaybetmesi veya değer kazanması alınmış olan pozisyona göre döviz kuru riskini oluşturmaktadır.[17] Döviz kuru riskinin oluşması yatırımcıların ya da bankaların ellerinde tuttukları döviz cinsine bağlı olarak ve söz konusu ülkeyle uluslararası bağlantıların düzeyiyle ilişkilidir. Dışa açık ekonomilerde artık döviz işlemleri kaçınılmaz hale gelmiştir. Bu durumda ise hem bireysel yatırımcılar hem de şirketler döviz kuru riskinin varlığıyla karşılaşmaktadır. Ülkelerin dışa açılması ülkelerin diğer ülkelerde yaşanan gelişmelere karşı hassasiyetini artırmıştır. Sadece ülke sınırları içinde yaşanan gelişmeler değil, finansal bağlantıların yoğun olduğu ülkelerde yaşanan gelişmeler de risk unsuru olmaktadır. Bu nedenle sınır ötesi ülkelerde yaşanan gelişmeler de takip edilmeli böylelikle döviz kurlarında yaşanabilecek oynaklıklara karşı zamanında müdahale edilebilmelidir.

---

[17] Güven SEVİL, Finansal Risk Yönetimi Çerçevesinde Piyasa Volatilitesinin Tahmini ve Portföy Var Hesaplamaları, T. C. Anadolu Üniversitesi Yayınları, No:1323, Eskişehir, 2001, s.10.

Sermaye piyasalarında karşılaşılabilecek döviz kuru riski ise yabancı yatırımcıların yoğunlukla alım satım yaptığı piyasalarda kendini göstermektedir. Yatırımcıların kendi ülke para birimleri dışında farklı para birimleri üzerinden yaptıkları işlemlerde döviz kuru riski oluşmaktadır. Türkiye'de sermaye piyasalarında yüksek miktarda yabancı yatırımcılar işlem gerçekleştirmekte, dolayısı ile kur riski sadece yabancı yatırımcılar açısından değil ülke açısından da risk oluşturmaktadır. Uluslar arası piyasalarda yaşanan gelişmeler veya Türkiye'de yaşanan ekonomik ya da siyasi gelişmeler yatırımcı davranışlarını etkilemekte ve yoğun şekilde borsadan çıkışlar gerçekleşmektedir.

Yabancı yatırımcılar Türkiye'de işlem yapabilmek için kendi para birimlerini TL'ye çevirmekte dolayısı ile TL'nin yabancı paralar karşısında değerinin düşük olması ve yüksek getiri imkanları yatırımcıları Türkiye'ye çekmektedir. Ancak yabancı yatırımcıların piyasalardan çıkışı borsada ve fiyatlarda dalgalanmaya neden olmakta ve piyasayı istikrarsızlığa sürüklemektedir. Bununla birlikte yoğun çıkışlar olduğunda ülkede döviz talebi artmakta bu da dövizin değerini yükseltmektedir. Bu nedenle döviz kuru sadece yatırımcıların getirileri üzerinde etkili olmamakta aynı zamanda yerli yatırımcıları da etkilemektedir.

Yatırım kararları alınırken döviz kuruna karşı yatırımcıların kendisini koruma altına alması gerekir. Döviz kurundan etkilenmek istemeyen yatırımcılar farklı ülkelere yatırım yaparak, farklı para birimleri üzerinden işlem yapmak suretiyle dövizdeki değişmelere karşı kendilerini koruyabilirler.

Piyasalarda finansal istikrarın sağlanabilmesi için yatırımcıların uzun vadeli yatırım yapması ve sıcak para hareketlerinin dengelenmesi önem taşımaktadır. Çünkü sıcak para hareketleri olarak adlandırılan kısa vadeli para giriş çıkışları piyasalarda dalgalanmaya yol açmakta ve finansal istikrarın sağlanmasını zorlaştırmaktadır. Bu bağlamda TCMB bankaların döviz mevduatlarının vadelerini uzatmalarını teşvik etmek amacıyla kısa vadeli döviz mevduat karşılık oranlarını artırma kararı almıştır.

Bir ülke parasının yabancı para birimleri karşısındaki değerini etkileyen birçok unsur bulunmaktadır. Döviz fiyatları genel olarak piyasadaki arz ve talebe göre belirlenir. Türkiye'de şu anda serbest döviz kuru uygulanmakla birlikte Türkiye Cumhuriyet Merkez Bankası (TCMB) 2013 yılı para politikası kararlarında, ülkenin ekonomik hedefleri doğrultusunda döviz kuruna gerektiğinde müdahale edebileceğini belirtmiştir.[18] Özellikle yüksek cari açıkla mücadele eden ülkemizde döviz kurları büyük önem taşımaktadır. İthalat ve ihracat dengesinin sağlanabilmesi amacıyla, belirlenmiş makro hedefleri gerçekleştirmek üzere döviz kurlarının belli sınırlar içinde hareket etmesine izin verilemektedir.

Döviz kurlarına yönelik beklentiler, piyasalarda yaşanabileceği düşünülen gelişmelerin kurlar üzerindeki olası etkileri de kurun oynaklığı üzerinde etkili olabilmektedir. Ticari işlemlerin yoğun olduğu ülkelerle yaşanan politik gelişmeler de kurlar üzerinde etkili olabilmekte özellikle siyasi gerginliklerin olduğu ortamlarda kurlar ve sermaye piyasaları gelişmelere kısa sürede hızlı tepkiler verebilmektedir.

Döviz kurlarını etkileyen bir diğer unsur ülkenin uluslararası ticari ilişkileridir. Bir ülkenin ithalatının yüksek olması döviz talebini artıracağı için kurlarda yükselme meydana gelecektir. Ülkemiz ise üretim yapabilmek

---

[18] TCMB, 2013 Yılı Para ve Kur Politikası, Ankara, Aralık 2012, s.4.

için dahi ara malı ithalatı gerçekleştirmekte, özellikle enerji ihtiyacıyla ithalata bağımlı hale gelmektedir. Bu durum yüksek cari açığa neden olmakta, hükümet ise yüksek döviz kuru ile ülkeye giren döviz miktarını artırmaya çalışmaktadır. Yerli paranın yabancı paralar karşısındaki değeri ihracat rakamlarını da etkilemektedir çünkü ülke parasının değerinin düşük olması diğer ülke para birimlerine karşı rekabet üstünlüğü yaratmaktadır. Bu nedenle yurtdışı talebini canlandırmak için ülke bu yönde bir politika izliyor olabilir ve ülkede izlenen makroekonomi politikalarının döviz pozisyonu oluşturulmadan önce takip edilmesi gerekmektedir.

Ülkelerin enflasyon oranlarının yüksek olması dövize olan talebi tetikleyen bir diğer unsurdur. Ülkede fiyatlar genel seviyesinin sürekli artış eğiliminde olması ve reel faiz bazında parasını enflasyona karşı koruyamayan yatırımcıları ve hane halklarını ülke parasının gelecekteki değerinin belirsizliğinden korunmak için dövize yöneltmektedir. Hane halkı enflasyona karşı parasının değerini korumak amacıyla faize yönelmektedir. Ancak nominal faizler enflasyondan arındırıldığında yatırımcı eğer kendini enflasyona karşı koruyamıyorsa veya dövize oranla daha düşük getiri elde ediyorsa bu durumda dövize olan talep artacaktır.

Bankaların döviz kuru riskine maruz kalma olasılığını yaratan işlemlerden biri bankaların döviz alım-satım işlemleri gerçekleştirmesidir. Genellikle bankalar piyasa kurlarından daha yüksek bir kurdan döviz alıp satarlar ve bu işlemler için döviz bulundurmaları gerekir. Piyasadan daha yüksek kurdan işlem yaptıklarından bir anlamda burada kendilerini döviz kuru riskine karşı korumaktadırlar. Bankalar TL olarak topladığı mevduatların yanında bir de yabancı para cinsinden mevduatları bulunmaktadır. Bankanın yükümlülükleri tarafında bulunan yabancı para cinsinden mevduatlar hem vade olarak bankanın varlıklarıyla uyumlu halde olmalıdır hem de döviz kuru riskine karşı banka bilançosunu koruyacak şekilde oluşturulmalıdır.

Bankalar için risk yaratabilecek bir diğer işlem bankaların döviz kurlarındaki hareketlerden kar elde edebilmek amacıyla gerçekleştirdikleri arbitraj işlemleridir. Ancak kurlardaki beklenmedik ani yükseliş veya düşüşler büyük kayıplara neden olabilmektedir. Bu nedenle arbitraj işlemlerinde risklerin doğru bir şekilde izlenmesi gerekmektedir. Diğer yandan bankalar döviz kurlarındaki oynaklıklara karşı kendilerini korumak için vadeli piyasalarda döviz işlemleri gerçekleştirmektedir. Bankalar bu gibi gerçekleştirdiği işlemler dolayısıyla dövize ihtiyaç duymakta ve bilançosunda döviz kuru riskine maruz kalabilecek varlık ve yükümlülükler bulunmaktadır.

Bankalar açısından döviz kuru riski büyük önem taşımaktadır. Bankalarda açık pozisyon bankaların yükümlülüklerinin varlıklarından fazla olmasıyla oluşur ve daha çok döviz pozisyonları için kullanılan bir terimdir. Bankanın sahip olduğu varlıklarla yükümlülükler arasında uyum olmak durumundadır. Aksi halde gerek vade gerek faiz oranı gerekse döviz pozisyonları uyumsuzlukları bankayı batışa kadar sürükleyebilecek risklerdir.

Döviz kuru riskinin hesaplanmasında öncelikle hangi yabancı para biriminde ne kadar yatırım yapıldığı tespit edilir, sonrasında ise her bir para birimi için kısa dönem ve uzun dönem pozisyonları belirlenerek kısa ve uzun dönem pozisyonları için ayrı ayrı maruz kalınabilecek risk ölçülür. Döviz kuru riski ölçme yöntemlerinden biri de stres testidir. Stres Testi piyasada faiz oranları, döviz kurları, hisse senedi gibi değişkenlerin değerlerinde meydana gelen farklılaşmalara karşı portföyün esnekliğini ölçen bir metoddur.[19]

1.1.1.5. Politik Risk

Finansal piyasalarda yaşanan küreselleşme ve serbestleşmeyle birlikte ülkeler birbirlerine bağımlı hale gelmiş, ülkelerdeki siyasi konular ve izlenen politikalar dahi ülkelerin ticari ilişkileri ve portföy yatırım kararları üzerinde etkili olmuştur. Bu nedenle risklerin izlenmesi ve kontrol altına alınması gereksinimi doğmuştur. Yakın tarihte yaşanan 2008 global krizine kadar birçok finansal krizde borsalarda varlık değerlerinde yaşanan düşüşlerle birlikte birçok kişi büyük miktarlarda mali kayıplarla karşı karşıya kalmıştır. Finansal piyasaların gelişmesi için güven unsuru olmazsa olmaz bir koşuldur. Bireylerin ya da kurumların tasarruflarını değerlendirebileceği bir kanal olan finansal piyasalarda, yatırımcılar anaparalarını koruyarak en yüksek seviyede getiri elde etme amacıyla hareket etmektedirler. Dolayısı ile tasarrufların finansal piyasalara kanalize edilmesinin koşullarından bireylerin piyasaya güven duymasıdır.

Finansal piyasaların gelişimi aynı zamanda ülke ekonomisine de katkı sağlayacak, kişi başına düşen gelir seviyesi artacak, şirketlerin ise fon talepleri karşılanacak ve piyasalarda etkinlik artacaktır. Tüm bunların sağlanmasında etkili olan koşullardan biri de ülkedeki politik koşullardır. Bir ülkede izlenen siyaset ve siyasilerin piyasalarla ilgi kararları yatırımcı kararları üzerinde etkili olmakta ve piyasalardaki beklentiler kanalıyla da finansal piyasaları etkilemektedir.

---

[19] Murat AKBALIK, Bankalarda Stres Testi, Avcıol Basım Yayın,İstanbul, 2009, s.31.

Finansal istikrarın sağlanması için ülkede siyasi istikrarın sağlanmış olması bir diğer koşuldur. Çünkü siyasi istikrarın sağlanmadığı bir ülkede ekonomik göstergelerde istenen hedeflerin tutturulması güçleşmektedir. İstikrarsızlık geleceğe yönelik belirsizlik oluşturduğundan, beklentilerde de belirsizlik ortaya çıkmakta veyatırımcıları daha güvenilir olan enstrümanlara ya da faize yöneltmektedir. Gelişmiş ülkeler aynı zamanda gelişmiş finansal piyasalara sahiptir ve bu piyasalarda yaşanan hareketler gelişmekte olan ülke piyasalarını da etkisi altına almaktadır.

Ülkelerde tasarrufların yatırımlara dönüşme oranı finansal piyasaların gelişmişlik düzeyinin göstergelerinden biridir. Finansal piyasalar ne kadar gelişmişse, tasarruflar o kadar çok finansal enstrümanlara yönelecektir. Piyasalarda fon yaratılması iki kanalla gerçekleşmektedir. Bunlardan biri sermaye piyasaları bir diğeri ise bankacılık sektörüdür. Yaratılan fonların ise ülkenin üretim sektörünü destekleyecek nitelikte olması ülke ekonomisinin büyüme ve kalkınmasına katkı sağlayacaktır. Bu nedenle finansal sektörünün gelişmesi ülkenin büyümesi üzerinde de etkili olacaktır.

Hükümetlerin izlediği politikalar yatırımcı kararlarını belirleyen en önemli unsurlardan biridir. Bununla birlikte hükümetin vergi politikaları yabancı yatırımları teşvik edecek nitelikte olmalıdır. Aksi halde giriş çıkış engellerinin bulunduğu bir piyasada yatırımcılar işlem yapmak istemeyeceklerdir. Bir diğer unsur ise ülkede geçerli olan hukuk sistemidir. Hem dolaylı hem de doğrudan yabancı yatırımcılar açısından önemli olan düzenlemeler yatırımcı kararlarında belirleyici olabilmektedir.

Politik istikrarın sağlanmadığı bir ülkede, siyasilerin görüş farklılığının yaşandığı ve iktidarın istikrarlı olmadığı yönetimlerde piyasalarda tedirginlik yaşanacak ve yatırımcılar açısından da belirsizlik oluşturacaktır. Ülkelerin birbirleriyle ilişkilerinde sınır olmaksızın sermaye hareketlerinin gerçekleştiği günümüzde ülkeler arasında da yatırımları ülkeye çekebilmek için rekabet artmış, bu durum da ülke piyasalarında etkinliğin artırılması yönünde gelişmelerin sağlanmasını teşvik etmiştir. Sermaye hareketlerinden ülkeler en fazla şekilde yararlanmak istemekte bunun için gerekli düzenlemeleri ve istikrarı yakalamaya çalışmaktadır. Ancak sermaye hareketlerinin finansal istikrarı bozucu nitelikte olmaması gerekmektedir. Bu nedenle piyasaların iyi düzenlenmiş olması ve gerekli denetim mekanizmalarının oluşturulması şarttır. [20]

Global krizin yaşanmasındaki en önemli nedenlerden biri de piyasalarda yetkisiz işlem yapan personel ve denetim-gözetim otoritesinin görevini yerine getirmemiş olmasıdır. ABD'de yatırımcılar bilgisi olmadığı halde yatırım danışmanlarının yönlendirmesiyle yüksek riskli işlemlere dahil olmuşlar ve büyük boyutlarda kayıplar yaşanmıştır. Öyle ki hala ABD ekonomisi toparlandı gibi görünen ekonomik görünümünün altında, krizden çıkmak için yapılan yüksek miktarlı kamu harcamalarıyla mücadele etmektedir.

1.1.2. Sistematik Olmayan Risk

Sistematik olmayan risk, sadece bir firmayı etkileyen ve o firmaya özgü risklere bağlı olan firmanın yönetim faaliyet ve finansal yapı ve bulunduğu sektörün risklerinden oluşmaktadır[21]. Riskler sadece bir sektörü ya da firmayı ilgilendirdiğinden, diğer sektörlerde yaşanan gelişmelerden

---

[20] OECD Reviews of Risk Management Policies, Systemic Financial Risk, Steinbeis-Edition, 2012, s.62.

[21] Mehmet BOLAK, Sermaye Piyasası, Menkul Kıymetler ve Portföy Analizi, 4. Baskı, İstanbul, Beta Yayınları, 2001, s.104.

ve firmalardan bağımsızdır. Bu nedenle yatırımcılar farklı sektör ya da firmalara yatırım yapmak koşuluyla sistematik olmayan riski azaltabilmektedir.

Sistematik olmayan riskler sistematik risklerin aksine genellikle sermaye piyasasını etkileyen unsurlardan bağımsızdır.[22] Sistematik olmayan risk bir firmaya veya sektöre bağlı olduğundan portföye eklenen varlıkların çeşitlendirilmesiyle azaltılabilmektedir. Varlık sayısı artırıldıkça sistematik olmayan risk azalacak ve yatırımcının üstlenmesi gereken risk sistematik riske eşit olacaktır.

Bir firmayı ya da sektörü etkileyebilecek unsurlar diğer firmalardan bağımsız olduğunda çeşitlendirme yoluyla yatırımcılar beklenen getiri oranları sabit kalmak koşuluyla risk seviyelerini azaltabilmektedir. Yatırımcının riskini azaltabilmesi bir sektör varlığında yaşanabilecek kaybın bir başka yatırım aracıyla telafi edilebilme olasılığından kaynaklanmaktadır.

1.1.2.1. Finansal Risk

Finansal risk firmaların finansal yapılarının ne kadar güçlü olduğuyla ilgilidir ve finansal yükümlülüklerini yerine getirememesi halinde yatırımcıların maruz kalacağı yatırılan paranın geri ödenememesi riskini ifade etmektedir[23]. Firmaların gelirlerinin borçlarını karşılama yeteneği ve nakit akışları önem taşımaktadır ve firmanın borçlarını ödeyemeyecek duruma gelmesi finansal riski oluşturacaktır.

---

[22] Füsun TEZİŞ, Hisse Senetlerinde Risk Türlerinin Ölçülmesi, Para ve Sermaye Piyasası Dergisi, Mayıs, 1987, s.2.
[23] Gültekin KARAŞİN, Menkul Kıymetler Programları Analisti, Avcıol Basım Yayım Dağıtım, 1991, İstanbul, s.54.

Finansal riski oluşturan unsurlardan bir tanesi işletmenin borçlanma yapısından kaynaklanmaktadır. İşletmelerin iki tane borç kaynağı bulunmaktadır. Bunlardan biri işletmenin sahip olduğu özkaynaklar bir diğeri ise kullandıkları dış kaynaklardır. İşletmeler borçlanırken ne kadar çok dış kaynaktan yararlanıyorsa kaldıraç oranları o kadar yüksektir. Bir işletmenin kaldıraç oranının çok yüksek olması işletmenin karlılığıyla birlikte riskliliğini artıracaktır. Bu durum yatırımcılar tarafından işletmenin gelir gider dengesinin bozulması ve borçlarını zamanında karşılayacak likiditeye sahip olmaması durumunda risk oluşturacaktır.[24]

Kaldıraç oranı düşük maliyetle borçlanma imkanı sağlamakta aynı zamanda yeni yatırımlar için fon yaratmada kolaylık sağlamaktadır. Ancak kaldıraç oranlarının belirli bir seviyenin üzerine çıkması işletmeler açısından sorun oluşturabilmektedir. Bankalar açısından bakıldığındaysa bankaların dış kaynaklarıyla yüksek oranda borçlanması, bankaların yükümlülüklerinin ödenme vadesi geldiğinde karşılanamama olasılığını doğurmakta bu da bankalar açısından finansal risk oluşturmaktadır.

Finansal riskin kaynağı işletmelerin gösterdiği faaliyet alanıyla ve işletmenin yapısıyla doğrudan bağlantılıdır. Yatırımcının riski işletmenin faaliyetlerinde meydana gelebilecek olan değişmelere bağlı olarak değişecektir. Bu nedenle sektörel veya işletme çapında yaşanabilecek olumsuzluklardan etkilenmemek için yatırımcı çeşitlendirme yoluna giderek yaşanması muhtemel kayıpların önüne geçmiş olacaktır.

---

[24] Marc C. FREEMAN, Paul R. COX ve Brian WRIGHT, Credit Risk Management, Managerial Finance, Vol 32(9), 2006, Emeral Group Publishing LTD., s.761.

1.1.2.2. İş Riski

İş riski bir sektörde yaşanabilecek değişmelerin o sektörde veya işletmede karlılığı azaltması sonucu, hisse senedi fiyatlarında yaşanacak düşüş sonucunda yatırımcıların gelir kaybına uğramasını ifade etmektedir.[25]

Piyasada artan rekabet koşulları veya piyasaya çıkan yeni ürünler nedeniyle işletmenin rekabet gücünün azalması, işletmenin teknolojiye uyum sağlayamamış olması, hammadde fiyatlarında meydana gelen artış nedeniyle işletme maliyetlerinin artması, aynı zamanda ithal ara mal kullanan işletmelerde kurların yükselmesi sonucu oluşan maliyet artışları işletmenin giderlerinin artmasına veya gelirlerinin azalmasına yol açmak suretiyle iş riski oluşturacaktır. Diğer risk teşkil eden unsurlar ise sektörde grev olması, sektörün gelirini azaltabilecek olan hükümet politikalarıdır. Bir sektöre teşvik verilmesi, vergi oranlarının azaltılması gibi sektörün karlılığını artırabilecek gelişmeler ise yatırımcıların kazançları üzerinde olumlu etki yaratacaktır.

İşletmenin yaptığı yatırımlar, işletmenin veya sektörün karlılık durumu doğrudan işletmelerin piyasa görünümünü ve riskliliğini ilgilendirir. İşletmede iş riski oluşturabilecek unsurlardan biri de alınmış olan yatırım kararlarının başarılı olup olmamasıdır. Eğer yapılan yatırımlar beklenen karlılığı sağlamamışsa veya yatırım kararı başarısız olmuşsa bu durum işletmenin gelir gider dengesini olumsuz yönde etkileyecek, bu durum da yatırımcı beklentilerini ve tercihlerini etkileyecektir.

Ülkenin ekonomik koşulları, ülkede geçerli olan yasalar bir sektörü veya bir işletmeyi doğrudan ilgilendiriyorsa ya da bu koşullarla ilgili

---

[25] Frederick AMLING, Investments: An Introduction to Analysis and Management, Prentice Hall Inc., Englewood Cliffs, 1978, New Jersey, USA, s.28.

yaşanacak gelişmelerden işletme olumsuz etkilenebilir. Üretim sektöründe olan bir işletme açısından tüketici tercihlerinin değişmesi, sektöre yeni işletmelerin girmesi, rekabetin artması ve işletmenin sektörde pazar payının azalması iş riski oluşturacak diğer unsurlar arasındadır.

1.1.2.3. Yönetim Riski

Yönetim riski işletmelerin yönetimini elinde bulunduran kişilerin iyi veya kötü yönetimi sonucunda ortaya çıkmaktadır. Bir diğer ifadeyle firmaların yönetim sürecinde işletmeyle ilgili alınmış olan kararların, işletmenin karlılığını dolayısı ile varlık fiyatlarını etkileyen risk türüdür. Hisse senelerini portföylerine dahil etmek isteyen yatırımcılar, büyük ölçüde işletmenin yönetimiyle ilgilenmektedir.

İşletmelerin uzun vadeli stratejileri doğrultusunda başarıyı getirecek adımların atılmaması ve gerekli kararların verilmemesini içerir. Yönetim riskinin giderilmesi için misyon vizyon ve stratejilerinin uzun vadeli hedefleriyle uyumlu olması gerekir. Uyumlu olmadığı takdirde işletme uzun vadede stratejik araçları kendi sektörü içindeki farklı firmaların rekabetçi davranışlarına tepki veremeyecek ve alınan kötü kararlarla birlikte zamanla sektör içindeki payı da azalacaktır.

Yönetim riskinin tanımı doğal olarak yöneticilerin aldığı kararları gerektirdiğinden firmaların başındaki üst düzey karar verici organlarda bulunan yönetim kurulu üyeleri profillerinin şirketin faaliyet gösterdiği sektör içindeki özelliklerine uyumlu olmaları gerekmektedir. Tercihen bu kişilerin sektör içindeki uzun vadeli tecrübelerinin firmaya bireysel olarak iş katma değeri yaratması beklenir. Bu yöneticilerin aynı zamanda kişisel çıkarlarını ön planda tutmadan firma faydasının ön planda tutarak karar almaları ve bu kararları uygulamada gerekli kurumsallaşmış ortamı yaratmaları firma için kaçınılmaz bir gerçektir.

1.1.2.4. Operasyonel Risk

Operasyonel riskle ilgili doğrudan bir tanımlama olmamakla birlikte kredi ya da piyasa riskleri dışında kalan tüm riskler olarak belirtmek mümkündür. [26] Operasyonel riski oluşturan unsurlar çok çeşitli olabilmektedir. Bunlar personel riski, teknoloji riski, yasal risk ve organizasyon riski gibi unsurlardır.

Operasyonel riskin artmasına neden olan unsurlar zaman içerisinde artan teknolojik gelişmeler, finansal ürünler ve finansal kurumların artan risk iştahları olmuştur. Hızla artan teknolojik gelişmeler sistemlerde önlenemeyen hataların ortaya çıkmasına neden olmuş ve bankaların işlemleri sonucunda zararlar oluşması sonucunu doğurmuştur.

Bir yandan gelişmeler yaşanırken bu gelişmelerin yaratacağı sorunların önlenmesi için gerekli tedbirlerin alınması ve gerekli düzenlemelerin yapılması finansal sistemin etkin işleyişinin bozulmaması için büyük önem taşımaktadır. Geçmişte yaşanan tecrübeler göstermiştir ki eğer sistemde açık olan noktalar varsa bu açıkları kullanarak kendi menfaatine veya kurum çıkarı için illegal faaliyetlere başvuranlar finansal sisteme duyulan güveni azaltarak sistemin etkin yapısının bozulmasına neden olmuştur.

Personel riski hem çalışan personelin kasıtlı olmayarak yaptığı hataları içerir hem de çalışanların ya da hissedar ve yöneticilerin kasıtlı

[26] Hans GEIGER, Regulating and Supervising Operational Risk for Banks, Institut für schweizerisches Bankwesen, Working Paper, No:25, 2000, Zurich, s.4.

olarak haksız kazanç elde etmek üzere yaptıkları davranışları içermektedir. Finansal işlemlerdeki çeşitliliğin artması işlemlerin daha da karmaşık hale gelmesine neden olmuş, bunun içinse teknik donanımın sağlanması ve işlemleri gerçekleştiren personelin gerekli tecrübe ve bilgiye sahip olması gerekmiştir. Bu nedenle finansal kurumların kalifiye eleman ihtiyacı artmıştır. Karmaşıklaşan finansal işlemler sonucunda teknoloji olmazsa olmaz bir unsur oluş ancak diğer yandan finansal piyasalarda gerçekleştirilen işlemlerde insana olan ihtiyaç azalmamış, tam tersine de daha önemli hale gelmiştir.[27]

Risklerin ortaya çıkaracağı zararların önlenebilmesi için etkin bir şekilde işleyen denetim mekanizmasının bulunması gerekir. Tüm dünyada personelin yanlışlarından veya kasıtlı olarak yaptığı davranışlardan dolayı büyük maddi zararlar meydana gelmiş ve bunların önlenmesi için Basel kriterlerinin arasına personel riski de dahil edilmiştir.

Türkiye'de olduğu gibi tüm dünyada örnekleri görebilebilecek personel riskinden doğan zararların en dikkat çekenlerinden bir tanesi, İngiltere'nin 200 yıllık kamu bankası olan Barings Bank'ta yaşanan personelin yetkisi dışında gerçekleştirdiği işlemler olmuştur. Banka personelinin borsada yetkisi dışında işlemleri gerçekleştirmesi bununla birlikte işlemlerle ilgili operasyonel yetkinin de aynı kişinin elinde bulunması ortaya çıkan zararların takip edilmesini imkansız hale getirmiştir. Bu noktada bir diğer önemli olan unsur işletmenin organizasyonel yapısıdır. Verilen yetkiler eğer bir denetim mekanizmasının kontrolü dışındaysa işlemler suistimale açık hale gelmektedir. Yaşanan bu olay sonrasında Barings Bank batmış ve hisseleri 1 Sterlin karşılığında satılmıştır.

---

[27] David LOADER, Operations Risk, Butterworth-Heinemann – Publisher, 2011, s.2-4.

Türkiye'de de buna benzer suistimaller olmuş ve bankalarda tasarruflarını değerlendiren mevduat sahiplerinin ve ülke ekonomisinin büyük zarara uğramasına neden olmuştur.İmar Bankası'nda yaşananlar her türlü riski kapsayacak nitelikte bir örnek oluşturmaktadır. Banka hissedarlarının yaptığı yolsuzluklar, bu yolsuzlukları çeşitli belgelerle saklamaya çalışmaları, ülkede etkin bir denetim mekanizmasının bulunmaması yaşananların önüne geçilmesini imkansız hale getirmiştir.

Basel kriterleriyle birlikte operasyonel riskin ölçümü ve değerlendirilmesi sağlanmaktadır. Tüm yaşanan tecrübeler göstermiştir ki operasyonel riski önlemede en önemli etkenler risk izleme birimleri ve iç denetiminsağlanmasıdır. Dolayısı ile burada alınması gereken önlemler büyük önem taşımaktadır. Türkiye'de yaşanan krizler sonrasında BDDK tarafından bankacılık sisteminin işleyişi tamamen denetim altında tutulmakta ve her türlü suiistimalin ve kötü yönetimin önüne geçilmeye çalışılmaktadır.

Operasyonel riski oluşturan unsurlarda bir diğeri ise işletme içerisinde gerçekleşmeyen ancak dış etkiler sonucunda işletmenin riske maruz kalmasına neden olan dış risklerdir. Bu tür riskler işletmeden bağımsız olarak gerçekleşmektedir. Örneğin Türkiye'de HSBC Bankası'nın genel merkezine yapılan bombalı saldırı dış risk kapsamına girmektedir. Bununla birlikte terörist saldırılar , doğal afetler gibi işletmeye bağımlı olmayan riskler de operasyonel riskler kapsamında değerlendirilmektedir.

Teknolojinin ilerlemesinin ortaya çıkardığı risklerden biri de güven unsurudur. Teknolojik gelişmelerin artmasıyla birlikte sistemde açıklar ortaya çıkmış ve bu açıklar üzerinden çeşitli yasadışı işlemler gerçekleştirilmiştir. İnternet bankacılığı kullanımının ortaya çıkışı, bankaların personel ihtiyacını azaltarak maliyetlerini düşürmüş aynı zamanda müşteriler açısından da maliyet ve zaman tasarrufuna olanak sağlamıştır. Ancak teknolojik gelişmeler istenmeyen sonuçları da beraberinde getirmiştir. İlk başlarda müşterilerin sisteme girişlerinde yeterli güvenlik önlemlerinin alınmamış olması kaçınılmaz olarak internet üzerinden yasadışı işlemlerin gerçekleşmesine yol açmıştır. Günümüzde teknolojinin gelişmesiyle birlikte ortaya çıkan açıklar kapatılmaya çalışılmakta ancak her riskte olduğu gibi bu konuda da kayıplar yaşandıktan sonra ancak gerekli tedbirler alınmaya çalışılmaktadır.

Operasyonel riskler ortaya çıktığında beraberinde likidite riskini ve itibar riskini de ortaya çıkarır[28]. Bankada gerçekleşecek olan bir yasadışı işlem veya yapılan hatalı işlemler sonucunda bankanın uğradığı zarar, bankanın toplum içerisindeki itibarını da zedeleyecek ve dolaylı olarak bankanın tüm finansal faaliyetlerini etkileyecektir. Operasyonel riskler bankayı batışa kadar sürükleyecek olan risk türlerindendir. Özellikle finansal işlemlerin yetki dışında ya da yasadışı şekilde gerçekleşmesi bankayı likidite sıkıntısı içine sokacak ve bankanın yükümlülüklerini artıracaktır. Barings Bank örneğinde de banka personeli vadeli işlem borsalarında gerçekleştirdiği yasadışı işlemler sonucunda daha fazla getiri elde etmek için daha fazla risk almış ve sonunda bankayı batışa kadar sürüklemiştir.

---

[28] SHIN, a.g.e., s.32.

1.1.2.5. Likidite Riski

Likidite borçların zamanında ödenebilmesini ifade etmektedir[29]. Bir varlığın likit olması zamanında ve değerinden kaybetmeden nakde çevrilebilmesini ifade etmektedir.

Bankalar finansal sistemde oldukça önemli bir yere sahiptir. Özellikle ticari bankaların gün içerisinde gerçekleştirdiği işlem fazlalığı nedeniyle daha çok nakit ihtiyacı ortaya çıkmaktadır. Finansal sistem içerisindeki öneminden dolayı bankaların gerçekleştirdikleri işlemler üzerinden belirli bir miktarı merkez bankası kasasında ve kendi kasalarında nakit veya nakde kolayca çevrilebilir varlıklar olarak saklamaları gerekmektedir. Merkez Bankası bankaların topladıkları mevduatlar üzerinden zorunlu karşılık oranları belirlemekte ve böylelikle bankaların kredi tabanını kontrol etmektedir. Zorunlu karşılıklar ilk başta bankalarda meydana gelecek yoğun mevduat çekilişleri gibi durumlarda bankanın nakit sıkıntısı içerisine düşmesini engellemek için kullanılabilecek bir araç olarak düşünülmüşse de günümüzde banka sermayelerinin güçlü hale gelmesiyle birlikte artık para politikası aracı olarak kullanılması daha çok gündemdedir. Böylelikle mevduat zorunu karşılık oranları nakit ihtiyacını karşılamaktan çok merkez bankasının piyasalardaki para arz ve talebini kontrol etme aracı olarak gündeme gelmektedir.

Bankalar için ya da bireyler açısından düşünülecek olduğunda likidite riski varlıklarla yükümlülüklerin vade uyuşmazlığından dolayı ortaya çıkmaktadır. Uzun vadeli fon sağlama işleminin kısa vadeli kaynaklarla yapılması durumunda, vadesi dolduğunda likidite sıkıntısı ortaya çıkacaktır.

---

[29] GÜMÜŞELİ, a.g.e., s.90.

Aktif pasif yönetiminde likidite yönetimi büyük öneme sahiptir. Likidite riskini tamamen sıfırlamak isteyen bir işletme borçlarının karşılığı kadar nakit bulundurma durumunda kalacaktır. Ancak fazla nakit bulundurması bu durumda elde edeceği kardan fedakarlık etmesi anlamına gelmektedir. Bankalar açısından fazla nakit bulundurması bu fonların piyasaya kredi olarak aktarılmaması anlamına gelmekte bu durum ise bankaların karlılığını azaltmaktadır. Bu nedenle likit olarak ne kadar varlık bulundurulması gerektiğine karar vermesi önemli bir süreçtir. Hem likidite riski oluşturmayacak hem de karlılığından vazgeçmeyecek bir oranın belirlenmesi gerekmektedir.

Bankaların temel fonksiyonu piyasalara fon sağlamaktır. Böylelikle yatırım sektörünün finansmanı sağlanarak ülkenin büyüme ve kalkınmasına katkı sağlamak temel amacını oluşturmaktadır. Bu nedenle bankaların fazla atıl fon tutması ekonomik sistemin işleyişi açısından olumsuz bir unsur olmaktadır. Bununla birlikte bankalar topladıkları mevduatları sadece fon sağlayarak değerlendirmezler. Aynı zamanda para ve sermaye piyasalarında işlem gerçekleştirerek bu piyasalarda da getiri elde etmeyi amaçlarlar. Dolayısı ile bankanın daha likit kalmak istemesi üzerine borçlanma piyasalarından daha fazla getiri elde etmek istemesiyle fonları piyasalara kanalize etmemesi sistemi temel fonksiyonundan uzaklaştıracaktır.[30]

Bankaların likidite riskine maruz kalması vadesinden önce gerçekleşen mevduat çekişleri ve vadesi geldiğinde ödenmeyen krediler nedeniyle oluşmaktadır. Ülkedeki makroekonomik koşullar riskleri doğrudan etkilemektedir. Ülkede enflasyon rakamlarının yüksek olması

---

[30] Stuart THOMPSON ve Ernst Young, Managing Business Risk, Edt. Adam Jolly, 2. Baskı, 2003, USA, s.130.

banka bilançolarının erimesine neden olmakta bu nedenle likidite riski oluşturmaktadır. Bu nedenle bankaların bilançolarını enflasyondan arındırmaları gerekmektedir. Bununla birlikte bir ülkede enflasyon ne kadar yüksekse faiz oranları da aynı oranda yükselecektir. Böylelikle alternatif fon kaynakları bulunmak istendiğinde borçlanma maliyetleri yükselecektir.

Likidite riski işlem yapılan piyasanın özelliklerine göre değişiklik göstermektedir. Döviz ya da vadeli işlem piyasalarında işlemlerin gerçekleştirilmesi esnasında bir değer kaybı yaşanması durumunda likidite riski ortaya çıkacaktır. Varlıklarda oluşan likidite riski değeri üzerinden nakde çevrilemeyen varlıkları ifade eder. Sermaye ve para piyasalarında gerçekleşen işlemler fiyatlar üzerinde etkili olmakta bu da likidite riskinin ortaya çıkmasına neden olabilmektedir. Finansal piyasalarda varlıkların nakde çevrilmesi için geçen zaman ve bu zaman içerisinde değerde meydana gelen artış ya da azalış likidite riskinin belirleyicisi olmaktadır.[31]

İşletmelerin faaliyetlerini devam ettirebilmeleri için likidite büyük bir öneme sahiptir. Likidite riski borçların zamanında ödenememesi durumunda ortaya çıkar ve bu da iflasa yol açabilir. Bu nedenle likiditenin yönetilmesi ve nakit ihtiyacı olduğunda elde edilebilecek fonların maliyetleri doğru belirlenmelidir. Bu durum borcun karşılanacağı para birimiyle ve faiz oranlarıyla ilgili bir diğer riski gündeme getirmektedir. Yükümlülüğün vadesi geldiğinde hangi faiz oranından borçlanacağı ya da döviz almak durumunda kaldığında o gün geçerli olan kurların yaratacağı kaynak maliyeti doğru tespit edilebilmelidir.

---

[31] Les COLEMAN, Risk Strategies, Dialling up Optimum Firm Risk, Gower Publishing, Ltd., 2012, s.120.

1.1.2.6. Ülke Riski

Ülke riski ülkelerin borçlarını ödeyebilme kapasitelerini ifade eden bir risk türüdür. Ancak bununla birlikte başka unsurlar da ülke riski kapsamına girmekte ve ülkelerin yatırım yapılabilirlik durumunu etkilemektedir. İtibar riski bu anlamda aslında ülkeler için de geçerlidir. Ülkelerin makroekonomik göstergeleri yatırımların ülkeye girişini sağlamada önemli bir rol oynamaktadır. Ülkelerin geleceğine yönelik belirsizlikler bulunması aynı zamanda ülke para biriminin diğer para birimleri karşısında değer kaybetmesine ve uluslararası ticarette rekabet gücünün azalmasına neden olacaktır.

Özellikle yabancı doğrudan ve dolaylı yatırımlar söz konusu olduğunda ülkenin makroekonomik görünümü büyük önem taşımaktadır. Kredi derecelendirme kuruluşları ülkelerin risklerine gösterge oluşturacak şekilde not belirlemekte ve bu belirlenen kredi notları ülkelerin risk durumlarıyla ilgili bilgi sağlamaktadır.

Bazı yazarlar ülkelerin iflas durumunu ödeme güçlüğü olarak tanımlarken bazıları ise durumu yetersiz likidite olarak değerlendirmektedir.[32]Avrupa Birliği ülkelerinde Yunanistan'la başlayan borç krizi neredeyse birliğin devamlılığını tehdit edecek noktaya gelmiştir. Yunanistan'ın yüksek miktarda kamu harcamaları yapmış olması, sonrasında ise borçlarını ödeyemeyecek duruma gelmesi ülkenin temerrüt olasılığını gündeme getirmiştir. Yunanistan'ın tahvillerini elinde bulunduran ülkeler açısından ise borçlarının geri ödenmemesi durumu ortaya çıkmıştır.

---

[32] Jonathon EATON, Mark GERSOVITZ, Joseph E. STİGLITZ, The Pure Theory of Country Risk, European Economic Review, 30, 1986, Holland, s.394.

1.1.2.7. İtibar Riski

İtibar riski bir işletmenin itibarını olumsuz yönde etkileyecek olan durumları ve yaşanan olayları ifade etmektedir.[33] Bir finansal işletmenin ya da finansal işlemleri gerçekleştiren aracıların yolsuzluk ya da illegal olaylara karışması itibarı ve dolayısı ile işletmenin başarısını etkileyecektir. Borçlanma piyasalarında taraflardan birinde oluşacak olan itibar riski, diğer tarafların bu kişiyle ya da işletmeyle bir daha borç-alacak ilişkisi içine girmemesi durumunu ortaya çıkaracaktır.

İtibar zedelenmesi piyasadaki işletme veya şahıslara karşı güven unsurunu zedeleyeceği için bu tarafların borçlanmaları zorlaşacak ve maliyetleri yükselecektir.Türev ürünlerde itibar riski durumunda ise karşı taraf riski hem türev ürün fiyatlarını etkileyecek hem de itibarın azalması kredibilitenin düşmesine neden olacaktır. İtibar riskinin yönetilebilmesi için hissedarların algısı ve beklentileri önem taşımaktadır. Bu noktada diğer işletmelerin, personelin ve hükümetin işletmeyle ilgili algısı değerlendirilmelidir.

Finansal sistemin etkin olarak çalışabilmesi için piyasalarda güven unsurunun sağlanması gerekir. Yatırımcıların finansal piyasaların işlerliğine güven duyması yatırım kararları üzerinde etkili olmaktadır. Bu nedenle işletmelerin piyasalarda iyi bir itibara sahip olması fon taleplerini karşılamada maliyet avantajı sağlayacağı gibi aynı zamanda varlık fiyatlarının da doğru belirlenmesini sağlayacaktır.

[33] SHIN, a.g.e., s.29.

1.1.2.8. Kredi Riski

Kredi riski borç alan tarafın yükümlülüklerini yerine getirememe ihtimalidir. Bankaların kredi riski ise verdikleri kredilerin geri ödenmemesi durumudur. Bankalar fon talep edenlerle fon arz edenler arasında aracılık yaparken kredi verme işlevlerini yerine getirirler. Bankaların kredi kullandırırken dikkat ettiği en önemli unsur kredilerin geri ödenme olasılığının yüksek olmasıdır. Bunun için bankalar öncelikle müşterileriyle ilgili istihbarat çalışması yapar ve müşterilerin finansal durumlarını, varsa geçmiş kredi kullanımlarını ve kredi kartı ödemelerini, diğer finansal işlemlerini inceleyerek kredi kullandırıp kullandırmama konusunda karar verirler. Burada bankaların kredi kullandırırken göz önünde bulundurduğu unsurlar kredilerin ödeme tarihlerinin aksamaması ve kredilerden en yüksek seviyede getiri elde etmektir.[34]

Kredinin unsurlarından bir tanesi zaman unsurudur. Kredinin şimdiki zamanda verilmesi ancak ödemesinin belirli bir vadeye bağlı olması riski oluşturan unsurlardan biridir. Vadenin uzun olmasıyla kredinin geri ödenmesi arasında ters bir korelasyon oluşmakta bu nedenle bankalar sadece kredi verirken müşterilerin mali yapısını incelememekte aynı zamanda kredi verdikten sonra da mali yapılarını incelemeye devam etmektedir. Bir diğer unsur ise verilen kredinin miktarıdır. Ne kadar yüksek meblağlı kredi verilirse banka açısından o kadar yüksek oranda risk oluşmaktadır. Çünkü yüksek meblağlı bir kredinin ödemesinin gecikmesi veya ödenmemesi durumunda bankanın geçici dahi olsa likidite sıkıntısına düşmesi fazladan bir maliyet yükleyecektir.

---

[34] COLEMAN, Risk Strategies, a.g.e., s.120.

Kredilerde önemli iki değişken bulunmaktadır; bunlar faiz oranı ve vadedir. Banka bilançosundaki etkileri açısından düşünüldüğünde kredilerin vadesinde ödenmesi banka bilançosu eşitliği açısından önem taşımaktadır. Çünkü bilançoda borçların ve alacakların vadeleri uyumu hale getirilmekte ve gelecekteki nakit akışları buna göre hesaplanarak risk izlemesi gerçekleştirilmektedir.

Kredilerin geri ödenmemesi banka karlılığını doğrudan etkilemektedir. Çünkü krediler bankaların asıl gelir kaynağını oluşturmaktadır. Bununla birlikte krediler belli bir faiz oranı üzerinden kullandırıldığından, ülkedeki faiz oranları kredi kullanımları üzerinde oldukça etkilidir. Faiz oranları ise ülkedeki enflasyon rakamlarıyla ilişkilidir. [35] Bankaların kredi kullandırırken ülkelerin makroekonomi politikalarını göz önünde bulundurması gerekir. Geleceğe yönelik beklentiler Merkez Bankası'nın ve hükümetin izlediği politikalarla uyumlu kredi politikalarının yürütülmesi gerekmektedir.

Kredi riskini oluşturan unsurlar zamanla yeni finansal araçların ortaya çıkmasıyla birlikte artmaktadır. Yeni borçlanma araçlarının ortaya çıkması, sermaye piyasalarında, tezgah üstü piyasalarda ve türev piyasalarda yaşanan gelişmeler borç alıp verme imkanını kolaylaştırmış bu durum borç alanın finansal durumu ve borcu geri ödeme yeteneğinin izlenmesini zorlaştırmıştır.

Kredi riskini oluşturan bir diğer araç ise türev araçlardır. Özellikle değişken faizli ve dövize dayalı işlemlerde kredi riski artmaktadır. Türev ürünler bireylere ve işletmelere kendilerini döviz kurunda ve faiz oranlarında meydana gelebilecek değişmelere karşı kendilerini hedge etme

---

[35] Claude ERB, Campbell R. HARVEY, Tedas E. VISKANTA, Inflation and World Equity Selection, Financial analyst Journal, November-December, 1995, s.37.

olanağı sunmaktadır. Ancak faiz oranlarındaki ve kurlarda gelecekte meydana gelecek beklenmedik değişmeler risk oluşturabilecektir. Türev piyasalardan kaynaklanabilecek riskleri azaltmanın yollarından biri ise ticari işlemlerle türev işlemleri birbirinden ayırmaktır.[36]

Kredi riskinin ortaya çıkması için doğrudan kayıp sonucuyla karşılaşılması zorunlu değildir. Bunun dışında kredi kullanmadan önce yaşanabilecek olan kayıplar da bu risk kapsamına girmektedir. Ülkelerin borçlanma gereksinimlerinin ortaya çıkması durumunda dış borç arayışına girilmekte ve yabancı kaynaklardan yararlanılmaktadır. Bu noktada uluslar arası derecelendirme kuruluşlarının belirlediği ülkelerin risk seviyeleri ülkelerin borç bulabilme kapasitesi ve borçlanma maliyetleri üzerinde etkili olmaktadır. Eğer bir ülkenin yükümlülüklerini yerine getirme konusunda endişeler varsa bu durumda söz konusu ülke daha yüksek maliyetle borçlanma imkanı bulacak, dolayısı ile kredi riskine maruz kalacaktır.[37]

Döviz piyasalarında kredi riski ise yine yükümlülüklerin sözleşmede belirtilen tarihte yerine getirilememesi halinde ortaya çıkmaktadır. [38] Borçlu tarafın iflas etmesi veya herhangi bir nedenle borçlarını ödeyemeyecek duruma gelmesi borcu plase eden taraf açısından kendi yükümlülüklerini karşılayamama sorununu ortaya çıkarabilmektedir. Özellikle bankaların aktif ve pasifinde kısa ve uzun vadeli borç ve yükümlülüklerin uyumlu hale getirilmesi nedeniyle bu durum likidite sıkıntısı oluşturabilecektir. Likidite sıkışıklığının giderilmesi için ise yeni borçlanma araçları bulunma yoluna gidilecek, dolayısı ile yeni borçlanma maliyetleri ortaya çıkacaktır. Söz konusu tarihte geçerli olan borçlanma

[36] SHIN, a.g.e., s.29.
[37] Philippe JORION, Value At Risk, McGrew Hill, Second Edition, 2001, s.16.
[38] GÜMÜŞELİ, a.g.e., s.89.

faizleri ise işletmeler, bankalar açısından fazladan maliyet unsuru oluşturacaktır.

1.1.2.9. Türev Piyasa Riski

Türev araçlar bir başka finansal varlığın ya da bir malın fiyatına bağlı olarak fiyatı değişen araçlardır. Vadeli işlem piyasaları kişilerin ve işletmelerin kendilerini çeşitli risklere karşı koruması için ortaya çıkmıştır. Türev piyasalarda gerek işletmeler gerekse bireyler kendilerini gelecekteki belirsizliklere karşı koruma altına almak amacıyla işlem gerçekleştirmektedir.

Türev piyasaların sağladığı avantajlardan biri, işlem yapmak için varlık fiyatının çok daha altında bir sermayeye gereksinim duyulmasıdır. Az bir sermaye ile yüksek meblağlı işlemler yapma imkanı sunduğundan aynı zamanda yüksek getiri imkanı sağlamaktadır. Kaldıraç etkisinden yararlanılan türev piyasalarda yüksek karlılığın yanı sıra yüksek oranda risk de bulunmaktadır. Kaldıraç etkisinden en çok yararlananlardan biri de finansal kurumlardır. Ancak kaldıraç etkisinin sistem üzerinde yarattığı risklerden dolayı bu orana bir sınırlama getirilmiş ve Amerika'daki düzenleyici otoriteler kaldıraç oranıyla ilgili sıkılaştırma politikası izlemiştir[39]. Buna rağmen düzenleyici otoritelerin uygulamalarına uyum sağlamayan finansal kurumlar olmuş ve 2008 global krizinde yüksek kaldıraç oranının bankalar üzerindeki zararları dikkat çekici boyutlara ulaşmıştır.

---

[39] THORNHILL, a.g.e., s.9.

1.1.2.10. Emtia Riski

Emtialar petrol, metal gibi fiziksel ürünler olup organize piyasalarda işlem görmektedir. Emtia risklerini ölçmek diğer risk türlerine göre biraz daha karmaşıklaşmaktadır. Çünkü fiyat hareketleri arz ve talebe göre, mevsimsel etkilere göre belirlenmektedir ayrıca emtia piyasaların likiditesi daha düşüktür.[40]

Küresel finansal piyasalardaki gelişmeler mal hareketleri emtia piyasalarına olumlu ya da olumsuz yansıyabilmektedir. Bu dalgalanmalar reel sektörde faaliyet gösteren firmaların maliyetlerini artırmakta ve finansal yapıyı bozarak sektör içindeki nakit akışının olumsuz olmasına neden olmaktadır.

Günümüzde kendilerini fiyat hareketlerinden arındırmak için hedging işlemi yapan firmalar reel sektördeki faaliyetlerinin dışında mali piyasadaki ekonomik risklerden dolayı yüksek kaldıraç oranlarıyla riske maruz kalabilmektedirler. Bu durum firmanın mali yapısını bozabilmekte riskin konu olduğu kayıpları artırabilmektedir. Oluşabilecek bu riskleri giderebilmek için en önemli stratejik yaklaşım gelecek dönemlerdeki beklentilerin gerçekleşenle paralel gitmesidir. Bundan dolayıdır ki firmalar gerçekleştirmiş oldukları reel faaliyetleri dışında mali piyasaları da yakından takip etmek zorunda olup bu piyasalardaki önemli denetleyici ve düzenleyici kuruluşların gelecekle ilgili beklentilerini takip etmek durumundadırlar. Bu kurumlar başta Dünya Bankası ve IMF olmakta ve düzenli olarak anketler yayımlamaktadırlar.

---

[40] Carol ALEXANDER, Risk Management and Analysis, Volume 1: Measuring and Modelling financial Risk, John Wiley & Sons, Second Edition, s.24.

1.1.3. Risk, Getiri ve Riskin Ölçülmesi

Risk ve getiri yatırım tercihlerinde yatırımcılar açısından oldukça büyük öneme sahiptir. Risk ve getiri pozitif korelasyona sahiptir ve yatırımcılar risk aldıkları ölçüde daha çok getiri elde etme imkanı elde ederler. Yatırım tercihlerinde risk profili getiri düzeyini belirleyeceğinden riskin ölçülmesi büyük öneme sahiptir. Bu nedenle risk ve getiri ilişkisi ile menkul kıymet ve portföy riskinin ölçülmesine değinilecektir.

1.1.3.1. Risk ve Getiri

Risk, Türk Dil Kurumu'nun yayımladığı Büyük Türkçe Sözlük'te "zarara uğrama tehlikesi, riziko" olarak tanımlanmıştır.

Risk, belli bir zaman aralığında belirlenen hedefe ulaşamama ihtimalinden doğan zarara uğrama olasılığıdır. Risk, tam ve net bilinememe, zamanla değişiklik gösterebilme, olumsuz sonuçlar doğurabilme ve yönetilebilir nitelikte olmama gibi özelliklere sahiptir. [41]

Risk sözcüğü, toplumdaki genel algı olarak olumsuz ya da istenmeyen bir duruma karşılık gelmekle birlikte, gelecekteki sonuçların bilinemeyeceğinden hareketle beklenen bir sonucun belirsizlik derecesi olarak tanımlanabilmektedir. Başka bir ifade ile risk, bir olayın ya da olaylar silsilesinin ortaya çıkma ihtimalidir. [42]

---

[41] Şenol BABUŞÇU, Basel II Düzenlemeleri Çerçevesinde Bankalarda Risk Yönetimi, Akademi Yayınları, Ankara, 2005, s. 4.
[42] Ali İhsan KARACAN, Bankacılık ve Kriz, Tütünbank Finans Dünyası Yayınları, Yayın No: 1, 1996, s. 16.

Risk kavramına finansal açıdan bakıldığında ise, bir işleme ilişkin olarak parasal kaybın meydana gelmesi ya da gider veya zarar nedeniyle ekonomik faydanın azalması şeklinde bir tanımlama getirilebilmektedir. [43]

Finans teorisi, riski finansal değişkenlerin hareketlerinde meydana gelen beklenmedik sonuçlar, değişkenlik/volatilite olarak tanımlar. Yani negatif değişimler kadar pozitif değişimler de aslında birer risk kaynağıdır.[44] Ayrıca bir yatırımla ilgili olarak olası getirilerin değişkenliğidir, yani finansal varlıklardaki risk, beklenen getiri düzeyinin elde edilmesindeki belirsizlik olarak tanımlanabilir.

Belirli bir hisse senedine özgü olup portföy içerisinde çeşitlendirme ile giderilebilen bir risk sistematik olmayan risktir. Sistematik olmayan riskin diğer bir adı da çeşitlendirilebilir risktir. Finansal risk, yönetim riski, işletme riski ve endüstriyel risk bu gruba girmektedir.

Varlık sayısı arttırılarak sistematik olmayan risk azaltılabilir ve tam bir çeşitlendirmeyle sistematik olmayan risk tamamen kaldırılabilir. Buna ek olarak da portföydeki menkul kıymet sayısı ne kadar çoğaltılırsa çoğaltılsın, risk belli bir seviyenin altına inemez bu da sistematik risktir.

Getiri yatırımdan elde edilen kazançtır. Yatırımlar için hesaplanacak getiri tek dönemlik ya da çok dönemlik olmak üzere iki kısma ayrılabilir. Getiri yatırımdan elde edilen kazançtır. Yatırımlar için hesaplanacak getiri tek dönemlik ya da çok dönemlik olmak üzere iki kısma ayrılabilir. Tek dönemlik getiri oranı şu şekilde bulunabilir:[45]

---

[43] Bülent GÜNCELER, Banka Bilançolarındaki Krizlerin Nedenleri ve Karşı Karşıya Kalınan Riskler, Ankara, TBB Yayınları, 2001, s. 5.

[44] Öztürk EVREN, Sermaye Piyasalarında Asimetrik Bilginin Etkileri, Yüksek Lisans Tezi, İstanbul, 2006, s. 3.

[45] KARAN, Yatırım Analizi ve Portföy Yönetimi, a.g.e., s.135.

Getiri Oranı = Dönem Sonu Değer-Dönem Başı Değer/ Dönem Başı Değer

Hisse senedi ve tahvil gibi menkul kıymetlere yatırım yapanlar sermaye kazancı ve hisse senetleri için temettü, tahviller için faiz ödemeleri olmak üzere iki türlü getiri elde ederler; yani hisse senetlerine yatırım yapanlar için toplam getiritemettü ile sermaye kazancının toplamına eşittir. Aynı şekilde tahvillere yatırım yapanlar için toplam getiri faiz ödemeleri ile sermaye kazancının toplamına eşittir.

Sermaye kazancı alım ve satım fiyatı arasındaki farktan oluşur. Getiri oranını yeniden formüle edecek olursak herhangi bir hisse senedi içinbeklenen getiri oranı aşağıdaki eşitlik ile bulunabilir: [46]

Hisse senedi için beklenen getiri oranı = (Sermaye Kazancı+Temettü) / Başlangıçtaki hisse senedi değeri

Getiri oranı tek bir elde tutma dönemi için ölçülebileceği gibi birden çok dönem içinde ölçülebilir. Bir yatırım birden fazla dönem için elde tutulursa birbirini izleyen getiri oranlarının nasıl hesaplandığını bilmek gerekir. Bu konuda aritmetik ve geometrik ortalama olmak üzere iki türlü ortalama kullanılmaktadır.

1.1.3.2. Portföy Riski

Geleneksel bakış açısıyla portföy, yatırımcının geleceğini tayin eden harcama kararlarının bütünüdür. Portföy, belirli amaçları gerçekleştirmek isteyen yatırımcıların sahip olduğu, birbirleriyle ilişkili ve

---

[46] KARAN, Yatırım Analizi ve Portföy Yönetimi, a.g.e., s.136.

kendine öz ölçülebilir nitelikleri olan yeni bir varlık ya da varlıklar bütünüdür.

Klasik portföy analizinde tek dönem bulunduğu varsayılmaktadır ve getiri, risk ve korelasyon katsayılarının bu tek dönem için hesaplanmış olduğu ve yatırımcının risk ve getiriye ilişkin fayda tercihlerini maksimize edecek bir portföyü seçeceği kabul edilmektedir. Bu açıdan bakıldığında klasik yaklaşımın amacı, menkul kıymetler arası ilişkiye dikkat edilmeden aşırı çeşitlendirmeye gidilerek portföyün riski azaltılmaya çalışılırken, yatımcının yatırımından sağlayacağı faydayı maksimize etmektir.[47]

Portföy riskinin ölçülmesi, tek bir finansal varlık riskinin ölçümünden çok daha farklı ve çok daha karmaşıktır. Bu bakımdan, portföy riskinin ölçülmesinde portföyde yer alan finansal varlıkların getirileri arasındaki ilişki, istatistiki açıdan önem kazanmaktadır. Yalnızca bu şekilde bir çeşitlendirme yapılarak riskin ne ölçüde düşürülebileceğini tahmin etmek mümkün olmaktadır. Markowitz, belli varsayımlar altında bir portföyün beklenen getirilerinin varyansının söz konusu portföyün riskinin ölçülmesinde kullanılabilecek iyi bir araç olacağını düşünmüş ve portföy varyansının ölçülebilmesi için gerekli formülü ortaya koymuştur.[48]

Geleneksel portföy kuramında portföyün ne kadar çok sayıda hisse senedine ve sektöre dağıtılırsa çeşitlendirmenin o derece başarılı olacağı ve riskin düşeceği kabul edilmekteyken, Markowitz, çeşitlendirmenin hisse senetlerinin getirileri arasındaki ilişkiye dayanması gerektiğini ve belli bir hisse senedi adedinden sonra portföye dahil edilen hisse senetlerinin

---

[47] Hasan ÇATALCA, Bora AKTAN, Halit SOYDAN, Ticari Bankalarda Piyasa Riski Yönetimi, Basel Sermaye Uzlaşısı Kapsamında Riske Maruz Değer Yaklaşımı, Siyasal Kitabevi, Ankara, 2008, s. 125.

[48] Gürel KONURALP, Sermaye Piyasaları: Analizler, Kurumlar ve Portföy Yönetimi, 2. Basım, Alfa Yayınları, İstanbul, 2005, s. 28.

portföy riskinin düşürülmesinde faydası olmayacağı görüşünü ortaya atmıştır.

1.1.3.3. Kovaryans

Kovaryans, iki riskli menkul kıymetin getirisinin ne ölçüde birlikte hareket ettiğini göstermektedir. Hesaplanan kovaryans katsayısının pozitif değer alması, menkul kıymet getirileri arasında eş yönlülük olarak yorumlanmaktadır. Kovaryans katsayısının negatif olduğu durumlarda ise menkul kıymet getirileri arasında ters yönlü bir ilişki söz konusudur. İ ve K menkul kıymetleri arasındaki geleceğe dönük kovaryansın hesaplaması şu şekildedir[49]:

$$COV_{RiRk} = \sum_{j=1}^{N} P_{ij} \left| (R_{ij} - E(R_i)(R_{kj} - E(R_k)) \right|$$

Diğer bir ifade ile kovaryans, getirilerdeki sapmaların çarpımları toplamının menkul kıymetin sayısının bir eksiğine bölünmesi ile hesaplamaktadır. Bu durumda İ ve K menkul kıymetleri arasındaki geçmişe dönük kovaryans ise şu şekilde hesaplanmaktadır:[50]

$$COV_{R_iR_k} = \frac{1}{(1-n)} \cdot \sum \left| (R_{ij} - E(R_i)(R_{kj} - E(R_k)) \right|$$

1.1.3.4. Korelasyon Katsayısı

Menkul kıymetin getirileri arasındaki ilişkinin bilinmesinde kullanılan ölçütlerden bir diğeri ise korelasyon katsayısıdır. Korelasyon, iki menkul kıymetin getirilerinin ne ölçüde ve ne yönde değişeceğini gösteren

[49] Gareth D. MYLES, Investment Analysis, University of Exeter, 2008, U.K., s.138.
[50] MYLES, Investment Analysis,a.g.e., s.138.

katsayısıdır. Korelasyon katsayısı, kovaryansın, iki menkul kıymetin standart sapmalarının çarpımına bölünmesi ile bulunmaktadır:[51]

$$P_{1,2} = \frac{COV_{R_1R_2}}{\sigma_1\sigma_2}$$

Korelasyon katsayısı, +1 ile -1 arasında değişen değerler alabilmektedir. Korelasyon katsayısı +1 olduğunda, pozitif tam korelasyon söz konusudur. Bu gibi durumlarda, menkul kıymetin fiyatları aynı yönde artmaktadır. Korelasyon katsayısı -1 değerini aldığında ise negatif tam korelasyon söz konusudur. Bu durumda menkul kıymetlerin getirileri ters yönde ve aynı derecede değişmektedir. Portföyün getirisindeki dalgalanmaların önüne geçebilmek için, aralarında negatif tam korelasyon bulunan menkul kıymetlerle portföy oluşturmak daha mantıklıdır. Korelasyon katsayısı sıfır ya da sıfıra yakın olduğu durumlarda ise menkul kıymetler arasında ilişki olmadığı şeklinde yorum yapmak mümkündür. Portföye yeni hisse senetlerinin eklenmesiyle portföy riskinin ne ölçüde azalabileceği, hisse senetleri arasındaki korelasyonun derecesine bağlıdır. Korelasyon katsayısı küçüldükçe büyük bir portföyde kalan risk azalmaktadır. Korelasyon katsayısının sıfır ya da negatif olan hisse senetlerinden oluşan portföy kullanılırsa portföy riskini ortadan kaldırmak mümkündür.[52]

1.1.3.5. Varyans ve Standart Sapma

Risk, gerçekleşen sonuçlarla, beklenen, tahmin edilen sonuçlar arasındaki sapma olduğundan, risk hesaplamasında öncelikle gerçekleşecek sonuç hakkında bir tahminde bulunulması gereklidir. Geçmiş verilerden

---

[51] MYLES, Investment Analysis, a.g.e., s.138.

[52] F. Eugene BRIGHAM, Finansal Yönetimin Temelleri, Çev. Özdemir Akmut, Halil Sarıaslan, Siyasal Bilgiler Fakültesi Yayınları, Ankara, 1999, s. 12.

faydalanarak gelecekteki sonuçlar hakkında tahminde bulunmak için kullanılabilecek birkaç yöntem mevcuttur. En çok kullanılan yöntem ortalama hesaplamaktır. Gözlem değerinin, gözlem sayısına bölünmesi ile elde edilen ortalama uygulamada en çok karşılaşılan yöntemse de, gözlemler arasında aşırı düşük ya da aşırı yüksek bir değerin bulunması halinde ortalamanın önemli oranda etkilenmesi mümkündür.

Risk ölçüleri arasında en çok kullanılanı olan varyans, ortalama ya da beklenen değerden sapmaların karelerinin ortalamasıdır. Tahmin edicinin geçmiş değerlerinin ortalaması şeklinde hesaplandığı durumda, varyansın hesaplaması şu şekilde gerçekleştirilmektedir.

$$\text{Var (X)} = \sigma_x^2 = \frac{\sum_{i=1}^{N}(X_i - \overline{X})^2}{N} = \frac{\sum_{i=1}^{N} X_i^2}{N} - \overline{X}^2$$

N= Gözlem Sayısı

Hesaplama yönteminin doğal sonucu olarak varyansın birimi, ilgili değişkenin biriminin karesine eşittir. Ancak bu şekildeki birimlerin kolay anlaşılabilir olmamasından dolayı varyansın karekökü alınarak standart sapma hesaplanmaktadır. Standart sapmanın birimi, ilgili değişkenin birimine eşit olmaktadır. Bu özelliği nedeniyle standart sapma, en sık kullanılan risk ölçü birimi haline gelmektedir.

Dolayısıyla standart sapma;

$$\sigma_x = \sqrt{\text{Var (X)}}$$

1.1.3.6. Beklenen Getiri

Çeşitli varlıkların bileşiminden oluşan bir portföyün beklenen getirisi ($\overline{R}p$), portföydeki varlıkların getirilerinin ağırlıklı aritmetik ortalamasından oluşmaktadır ve ağırlıklar, her bir varlığa yatırılan fon miktarına eşittir. Bu durumda;

N = Portföydeki finansal varlıkların sayısı,

R_j j varlığının getirisi ve

W_j j varlığının portföy içindeki ağırlığı olmak üzere,

Portföyün beklenen getirisi;

$$\bar{R} = \sum_{j=1}^{N} W_j R_j$$

şeklinde ifade edilmektedir.

1.1.4. Risk Ölçüm Yöntemleri

Faiz oranındaki oynaklıkların etki alanları çok geniş olduğundan çeşitli ölçüm yöntemleri geliştirilmiştir. Faiz oranından kaynaklanan risklerin ölçülmesinde GAP analizi, durasyon analizi ve riske maruz değer yaygın olarak kullanılan yöntemler arasında yer almaktadır.

1.1.4.1. GAP Analizi

GAP analizi faiz oranındaki değişikliklerin banka bilançosunu nasıl etkileyeceğini göstermektedir. Kullanılan yöntemde faize duyarlı aktiflerle faize duyarlı pasifler arasındaki fark alınır. Eğer bankanın sabit faizli aktifleri daha fazlaysa bu durumda faiz oranlarında meydana gelecek olası bir artış durumunda banka zarar edecektir. Tam tersi gerçekleştiğinde yani faiz oranlarının düşmesi halinde ise banka karlı duruma geçecektir çünkü belli bir dönemde yüksek miktardan kredi kullandırmış ve şimdiki zamanda ise faizler düşmüştür.

GAP analizi uygulanırken öncelikle bir zaman periyodu belirlenir. Belirlenen zaman periyoduna göre faiz oranının etkisi değişebilmektedir. Diğer yandan GAP analizi sadece bilançolar üzerinde uygulanmakta, varlık ve yükümlülük değerlerini dikkate almak yerine sadece getiriyle ilgilenmektedir.[53]

1.1.4.2. Durasyon Analizi

Durasyon bir finansal varlığın piyasa değeri hesaplanmasında faiz oranlarına karşı elastikiyetini ölçen bir yöntemdir.[54]Aynı zamandabir bankanın faiz oranındaki değişimlerden ne yönde etkilendiğini incelemek için kullanılan bir analizidir. Durasyon öncelikle portföy yatırımlarında ise bir menkul kıymetin vadesine kadar geçen ortalama zaman olarak kullanılmıştır. Durasyon ortalama olarak bir finansal ürünün ne kadar süre içerisinde nakit ödemesinin gerçekleşeceğini gösteren bir hesaplama yöntemidir.

Faiz riskinin ölçülmesinde durasyon analizinin GAP analizine göre daha etkili bir yöntem olduğu söylenebilir. Durasyon analizi varlıkların ve borçların piyasa fiyatı ve vade dağılımlarını dikkate alarak doğru bir risk ölçümü oluşturmaktadır.

Teknik olarak bahsetmek gerekirse, durasyon, yatırımın ortalama vadeye kadar süresidir. Bir anlamda elde edilen nakit akımlarının

---
[53] DOWD, a.g.e., s.9.
[54] KURUN, a.g.e., s.16.

ağırlıklandırılarak bugünkü değerinin bulunmasıdır. Aktif pasif yönetiminde kullanılan durasyon analizi banka aktif ve pasiflerinin vadeye göre faiz oranındaki değişikliklerden etkilenmesini ölçer. Durasyon analiziyle farklı vadelere sahip olan aktif ve pasifte yer alan değerler bugünkü değerine getirilerek aralarında oluşan farklılık karşılaştırılır. [55]

1.1.4.3. Riske Maruz Değer

Piyasa riskinin ölçülmesinde kullanılan Riske Maruz Değer (RMD) yöntemi faiz oranı ve kurda meydana gelecek değişikliklerin portföy üzerinde nasıl bir etki yaratacağını ölçmektedir. 'RMD, gün olarak ifade edilen belli bir sure içinde, önceden belirlenmiş bir güven aralığında doğabilecek en fazla zararı ifade eden istatistiksel bir risk ölçüm metodudur.[56]'

Riske Maruz Değer hesaplama yöntemleri kısmi ve tam değerleme olarak ikiye ayrılmaktadır. Kısmı değerleme yöntemlerinde portföye eğer birden fazla varlık dahil edilecek olursa bu durumda varlıkların arasında ortaya çıkacak olan korelasyon sonucun yanıltıcı olmasına neden olmaktadır.

Tam değerleme yönteminde tarihi verilere dayanarak hesaplanan RMD ve Monte Carlo Simülasyon yöntemleri bulunmaktadır. Tarihi verilere dayanarak yapılan hesaplamada geçmişte yaşanmış olan olayların piyasa verilerine bakılarak senaryolar uygulanır ve bunlar sonucunda portföyde meydana gelişen değişmeler izlenir.

---

[55] KURUN, a.g.e., s.17.
[56] AKBALIK, a.g.e., s.21.

Monte Carlo Simülasyon yönteminde ise tarihi verilerden yararlanılmaz, rassal olarak değişkenlere değerler verilerek portföyün değerlendirilmesi yapılır. Monte Carlo yöntemi diğerleriyle kıyaslandığında piyasalarda meydana gelebilecek beklenmedik olayları daha fazla dikkate almaktadır[57]. Tarihte gerçekleşmiş olaylardan hareket etmediğinden daha fazla olasılıkla değerlendirme yapma imkanı vererek riskleri ortaya koyması açısından daha anlamlı olduğu söylenebilir.

[57] AKBALIK, a.g.e., s.28.

İKİNCİ BÖLÜM

PORTFÖY YÖNETİMİ VE TEORİLERİ

2.1. Portföy ve Portföy Yönetimi Kavramı

Finansal piyasaların ve portföy yönetiminin ortaya çıkışında ekonomi içerisinde yer alan birimlerin var olması etkili olmuştur. Ekonomi içerisinde dört tane birimin varlığından söz etmek mümkündür. Bunlar; hanehalkı, devlet, şirketler ve aracılardır. Birimlerin gelir ve giderleri arasındaki kimi zaman tasarruf fazlalığı, kimi zamansa tasarruf azlığı borç-alacak ilişkisinin doğmasına neden olmuştur. Fon açık ve fazlasının taraflar arasında transferinin gerçekleşmesi ise finansal piyasalarda faaliyet gösteren aracılar sayesinde gerçekleşmektedir.

Finansal piyasalar bu noktada varlık fiyatlarının belirlenmesi dahil üç tane fonksiyonu üstlenmektedirler. Alıcı ve satıcılar finansal piyasalarda karşılaşarak finansal varlıkların fiyatlarının ve sağlaması gereken getirilerinin belirlenmesine yardımcı olur. Böylece varlıkların likiditesinin yükselmesi de sağlanmış olur. Bir diğer önemi ise finansal piyasalar aracılığıyla, firmalara ait bilgilerin tamamı ulaşılabilir olmasıyla varlık fiyatlarının doğru oluşmasını sağlar.

Finansal piyasalar varlıkların işlem gördüğü piyasalar olması finansal piyasaların etkinliğinin önem kazanmasına neden olmaktadır. Finansal piyasalardaki varlıkların biraraya getirilmesiyle oluşturulan portföyler uzman kişiler tarafından yönetilmekte ve bu süreçte birçok unsur göz önünde bulundurulmaktadır. Çalışmanın konusu olan finansal varlık fiyatlama modellerinin karşılaştırılmasına yönelik olarak öncelikle portföy ve portföy yönetimi konuları açıklanacaktır.

2.1.1. Portföy Kavramı

Portföyün kelime anlamına bakıldığında kısaca cüzdan olarak tanımlanmaktadır. Portföy aynı zamanda menkul kıymetlerden oluşan topluluğu ifade etmektedir. Portföy oluşturulabilmesi için öncelikle iki ya da daha fazla menkul kıymetin bir araya gelmesi gerekmektedir. Menkul kıymetler belli bir değeri temsil eden, dönemsel gelir getiren kıymetli evrak niteliğindedir ve kendi içlerinde farklı özelliklere sahiptirler. Menkul kıymetlerin özellikleri vadelerine, getirilerine, likiditesine, risklerine, yatırımcıya sağladığı haklara göre farklılık göstermektedir. Söz konusu menkul kıymetler yatırımcının beklentisini, risk ve getiri tercihlerini göz önünde bulundurularak bir araya getirilerek portföy oluşturulur. Portföye farklı menkul kıymetler dahil etmekteki amaç ise tamamen yatırımcının tercihleri doğrultusunda risk ve getiri dengesini belirlemek içindir[58].

Portföy yönetimi ise, yatırım hedefleri ve sınırlamaları doğrultusunda piyasadaki gelişmeler göz önüne alınarak varlıkların çeşitli stratejiler ile bir araya getirilmesidir. Portföy yönetiminde amaç, riski minimize ederken getirinin maksimize edilmesidir. Farklı finansal veya finansal olmayan varlıkların bir araya getirilerek portföy oluşturulmasındaki amaç, farklı özelliklere sahip menkul kıymetlerle birlikte portföyün çeşitlendirilmesidir.

Portföy, çeşitli menkul kıymetlerden meydana gelen, ağırlıklı olarak hisse senedi, tahviller gibi menkul kıymetlerden ve türev ürünlerden oluşan, belirli bir kişi veya grubun elinde olan finansal nitelikteki kıymetler olarak tanımlanabilir[59].Bilindiği gibi, menkul kıymetlere yatırım, belirli

---

[58] USTA, a.g.e., s.283.
[59] Erwin Eser MEMBERS, Dictionary Of Economics and Business, New Jersey: Littlefields, Adams Co., 1976, s. 334.

amaçlara ulaşmak için yapılmaktadır. Her ne kadar portföy belirli menkul kıymetlerden oluşsa da bu kıymetler arasında bir ilişkiolduğundan, portföy, kendine öz, ölçülebilir nitelikleri olan bir varlıktır. Bu nedenle, portföy, içeriği menkul kıymetlerin basit bir toplamı değildir[60].

Teknik açıdan portföy, yatırımcının risk ve getiri tercihlerini yansıtan tüm reel ve finansal varlıkları kapsamaktadır. Daha geniş anlamıyla portföy, belirli amaçları gerçekleştirmek isteyen yatırımcıların sahip olduğu, birbirleriyle ilişkisi olan ve kendine öz ölçülebilir niteliklere sahip bir varlıktır[61].

Portföy yönetimi kavramı özellikle son 50 yılda, Harry Markowitz'in çalışmaları ile hız kazanmıştır. Markowitz, belirli bir varlığını menkul kıymetlere yatırım yapan yatırımcının dönem sonunda elde edeceği getiriyi bilemeyeceğinden yola çıkarak, o menkul kıymetin geçmiş dönem risk ve getiri analizlerini kullanarak bazı tahminlerde bulunmaya çalışmıştır. Markowitz tarafından ortaya atılan Modern Portföy Yönetimi teorisi daha sonra Finansal Varlık Fiyatlama Modeli, Arbitraj Fiyatlama Modeli (APT) ve Etkin Piyasalar Hipotezi kavramları sayesinde hızla gelişmiştir. Risk ve getiri analizleri ile portföy yönetimi kavramı zamanla daha fazla ön plana çıkmış ve günümüzde portföylerin dağılımı çeşitli istatistiksel yöntemler ve parametreler kullanarak daha etkin bir şekilde takip edilir hale gelmiştir.

---

[60] A. George CHRISTY, C. John CLENDENIN, Introduction To Investments, Sixth Edition, New York: Mcgraw-Hill Book Company, 1974, s. 645.

[61] Ali CEYLAN ve Turhan KORKMAZ, Uygulamalı Portföy Yönetimi, Ekin Kitapevi, Bursa, Haziran 1993, s.7.

2.1.2. Portföy Yönetimi ve Önemi

Portföy yönetimi, portföye dahil edilecek varlıkların seçilmesi ve seçilen varlıkların portföy içindeki ağırlıklarının belirlenmesi sürecini kapsamaktadır. Portföy oluşturmanın temel amacı, yatırım riskini azaltarak mevcut risk seviyesinde maksimum getirinin sağlanmasıdır. Portföy yönetimi finansal varlıkların yatırımcıların belirleyeceği sınırlamalar doğrultusunda vekil sıfatıyla portföyün yönetilmesidir. Portföy oluşturularak minimum risk seviyesinde maksimum getirinin sağlanması optimal portföy düzeyi olarak adlandırılır.

Portföylerin yönetilmesindeki amaç riskin azaltılmasıdır. Riskin düşürülmesi ise portföy çeşitlendirilmesi yoluyla sağlanmaktadır. Portföye dahil edilen farklı özelliklere sahip menkul kıymetlerin bir arada bulunmasıyla birlikte, kayıpların ve kazançların dengelenmesi amaçlanmakta böylelikle beklenen getirinin kayıplardan fazla olarak gerçekleşmesi hedeflenmektedir. Portföy yönetim süreci yatırımcı tipine karar verilerek portföye alınacak olan finansal varlıklara karar verilmesi ve aktif bir yönetim süreciyle hangi finansal enstrümanlarla devam edileceğine karar verilmesi ve portföy performansının ekonomik koşullarla birlikte analiz edilmesiyle birlikte yeni finansal araçların portföye dahil edilmesi ya da portföyden çıkarılması süreçlerini kapsamaktadır.[62]

Ülkelerin gelişmiş finansal piyasalara sahip olması aynı zamanda portföy çeşitlendirmesi konusunda da yeni olanaklar sağlamaktadır. Vadeli işlemler ve opsiyon borsası, hem riskin azaltılabileceği hem de alternatif bir portföy yatırım aracı olması nedeniyle gelişmiş ülkelerde yoğunlukla portföylerde kullanılmaktadır. Ancak piyasaların gelişmiş olması, bir

---

[62] Frank FABOZZI, Investment Management, Prentice Hall International Inc., 1995, USA, s.60.

yandan finansal araçların likiditesinin yüksek olmasını sağladığından riskin en düşük düzeyde olabilmesi için piyasada çok sayıda alıcı ve satıcının bulunması gerekmektedir.

Portföy yönetimi yatırımcının elde etmek istediği getiriye göre aktif veya pasif şekilde gerçekleştirilebilir. Aktif portföy yönetim sürecinde sürekli olarak portföyün beklenen ve gerçekleşen getirisi takip edilerek, getirinin istenen seviye çekilebilmesi için çeşitli portföy revizyonları gerçekleştirilmektedir. Pasif portföy yönetimi stratejisinde ise portföye alınan varlıklar risksiz varlıklar olup, genelde vade sonuna kadar elde tutularak sabit bir getiri elde edilmesi hedeflenir. [63]

Getirinin artırılması ancak portföyün etkin bir şekilde yönetilmesiyle mümkün olabilmektedir. Değişen ekonomik koşullarla birlikte portföyün de yeniden gözden geçirilmesi ve beklentilerle uyumlu hale getirilmesi gerekmektedir.

Paranın zaman içerisinde değer kaybetmesi enflasyon olarak adlandırılır ve sürekli gerçekleşen fiyat artışları kişilerin alım gücü üzerinde olumsuz etki yaratır. Kişilerin fiyat artışlarına karşı varlıklarını koruma isteği, onları çeşitli yatırım araçlarına yöneltmektedir. Ülkemizde kullanılan en güvenilir yatırım araçları daha çok döviz, altın ya da mevduatlara ödenen faiz olarak görülmektedir. Ancak zaman içerisinde ekonomilerde yaşanan olumsuzlukların geleneksek yatırım araçlarına da yansımış olması kimi zaman kişilerin enflasyona karşı korunmasını engellemektedir. Bu nedenle zaman içerisinde alternatif yatırım araçları gelişmektedir.

---

[63] Frank K. REILLY, Investment Analysis and Portfolio Management, Fourth Edition, 1994, s.185.

Alternatif yatırım araçları arasında hisse senetleri en başta tercih edilen araçlardan bir tanesidir. Ancak hisse senetleri borsada işlem görüdüğünden diğer yatırım araçlarına göre riskli olarak görülmektedir. Şüphesiz ki hisse senetlerinin risk taşımasındaki en önemli nedenlerden biri de piyasaların sığ olması ve yerli yatırımcıların yüksek bir oran taşımamasından kaynaklanmaktadır.

Yatırım vadesi açısından bakıldığında hisse senetleri uzun vadeli yatırımlardır. Ancak ülkemizde daha çok spekülatif amaçlı, kısa süreli alım satımlarla kar elde edilmeye çalışıldığından borsanın volatilitesinin yüksek olmasına neden olmaktadır. Uzun vadeli bir yatırım aracı üzerinde gerçekleştirilen spekülatif hareketler ve borsaların volatil hale gelmesi piyasaların riskliliğini ve yaşanabilecek kayıpların olasılığını daha da artırmaktadır.

Kişilerin yatırım araçları hakkında tam anlamıyla bilgiye sahip olması ve yatırımlarını buna göre yönlendirmesi piyasaların etkin olarak işlemesi konusunda en önemli etkenlerden biridir. Bu nedenle finansal okur-yazarlık seviyesinin artırılması ve kişilerin finansal enstrümanlar konusunda tam bir bilgiye sahip olması gerekmektedir. 2008 yılında ABD kaynaklı başlayan krizde görülmüştür ki yatırım sahipleri yatırım yaptıkları finansal araçlar ve üstlendikleri riskler konusunda tam olarak bilgilendirilmediklerinden maruz kaldıkları zarar büyük olmuştur.

Söz konusu bilgilendirme ve yatırımların yönlendirilmesi ise uzmanlık gerektiren kişiler tarafından gerçekleştirilmelidir. Bunları ise ülkemizde aracı kurumlar ve yatırım danışmanları üstlenmektedir. Yatırımcılar, portföy danışmanı aracılığıyla borsada işlem gerçekleştirdiğinde hem yatırımların risk düzeyi azalacak, hem de piyasalara olan güven artacaktır. Yatırımcıların bilgilendirilmesi istikrarlı borsa elde etme yönünde atılacak en önemli adımlardan biridir. Borsanın derinliğinin olmamasından kaynaklı olarak riskli görülen ülkemiz borsası istikrarlı hale getirilerek böylelikle yeni yatırımcıların da birikimlerini borsada değerlendirmesini sağlayacaktır.

Borsaların finansal piyasaların ve ülke ekonomisinin gelişimine katkısı büyüktür. Borsalar şirketleri alternatif finansman kaynaklarından biridir. Şirketler borçlanmalarını dış kaynaklarla gerçekleştirmek istediklerinde bankalardan kredi alabilirler ancak bu durumda bankaların katlanması gereken faiz maliyeti söz konusu olmaktadır. Ancak gelişmiş ülke piyasalarına bakıldığında, şirketlerin finansman kaynaklarından birinin halka arz olduğu görülmektedir. Şirketler birincil piyasalarda daha düşük maliyetle kaynak bulabilmektedir. Bununla birlikte şirketlerin halka arz edilmesi, şirketlere yeni yükümlülükler getirmekte ve bunlar denetiminin yapılması gerekmektedir. Dolayısı ile halka arzla birlikte şirketlerin yükümlülüklerini yerine getirmesi ve sermaye piyasalarının denetiminin yapılması güven sağlayan unsurlardan biri olacaktır.

2.1.3. Portföy Yönetiminin Amaçları

Portföy yönetiminin temel amacı, yapılan yatırımlardan fayda sağlamaktır[64].Sağlanan faydanın ne kadar olacağı ise yatırımcının tercihleri doğrultusunda şekillenecektir. Yatırımlardan sağlanacak olan getiriler portföy için seçilen menkul kıymetlerin türlerine göre farklılaşmakla birlikte temelde yatırım yapmaktaki amaçlar aynıdır. Getirilerin faiz geliri, kar payı ve sermaye kazancı şeklinde olabilmesi menkul kıymet çeşitlerine

[64] Frederick AMLING, Investments: An Introduction To Analysis and Management, Sixth Edition, New Jersey: Prentice-Hall Inc., 1988, s. 636-638.

göre farklılık arzetmektedir. Yatırımcı açısından bakıldığında gelecekte ekonomide yaşanacak olan gelişmeler öngörülemediğinden olası gelişmeler üzerinden tahmin yürütülerek yatırım planlaması gerçekleştirilmektedir. Yatırım planlamasının amacı ise yaşanacak gelir kayıplarının azaltılmasıdır. Bunun için ise portföyde çeşitlendirme yoluna gidilmektedir.

Yatırım yapmaktaki amaçlardan biri, paranın zaman değerinin korunmasıdır. Portföy yönetiminde getirinin artırılması amaçlanırken diğer yandan sermayenin değerinin korunması istenmektedir. Özellikle enflasyonun yüksek olduğu dönemlerde enflasyon seviyesinin üzerinde getiri elde edilmesi amaçlanmaktadır. Bu nedenle yatırım yapmaktaki amaçların gerçekleştirilebilmesi için menkul kıymetin değer artışının enflasyon seviyesinin üzerinde gerçekleşmesi gerekmektedir.[65]

Yatırımın amaçları yatırımcı tipine göre değişiklik göstermekle birlikte gelir düzeyinin artırılması ortak amacı oluşturmaktadır. Bu kapsamda yatırımcının belirli bir dönem içerisinde düzenli olarak gelir elde etmek istemesi söz konusu olacaktır. Düzenli ve sabit bir getiri elde etmek isteyen yatırımcılar düzenli kar payı dağıtan hisse senetlerini ya da ara dönemlerde kupon ödemesi olan tahvilleri tercih edeceklerdir.

Değer artışı amacını güden bir yatırımcının temel hedefi; sürekli elde edilecek gelir ve değer artışları yolu ile verimliliği arttırmak, başka bir deyişle servetini maksimum kılmaktır[66]. Daha fazla getiri elde etmek isteyen yatırımcılar ise bunu ancak portföylerine dahil edecekleri hisse senetleriyle gerçekleştireceklerdir. Yüksek getiriyle birlikte üstlenilen yüksek risk oranı ise portföyde yapılacak olan çeşitlendirmeyle azaltılabilir.

---

[65] Semih BÜKER, Hisse Senetlerini Değerleme Yöntemleri, Eskişehir: İ.T.İ.A. Yayın No:156/98, 1976, s. 5-7.

[66] Ahmet AKSOY, Menkul Kıymet Yatırımlarının Analizi, İkinci Baskı, Ankara: 1988, s. 14.

Hisse senetlerinin işlem gördüğü borsalarda riskin yüksek olmasının nedenlerinden biri, hisse senedi fiyatlarının çeşitli faktörlere gore değerinde değişiklik yaşanmasıdır. Söz konusu değişme hisse senedinde gerçekleşecek değer kaybıyla sonuçlandığında bu durum getiri kaybı olarak yansıyacaktır. Borsada geçerli olan bir kural ise hiçbir hisse senedi sürekli olarak değer kazanmaz. Bu nedenle fazla değer kazanan hisse senetlerine talebin yüksek olacağı düşünülecek olursa, bir sure sonra söz konusu hisse senetlerinin değer kaybı yaşayacağı da göz önünde bulundurulmalıdır. Bu nedenle borsada kısa sureli al-sat hareketleri gerçekleştirilerek daha fazla elde etmek isteyen yatırımcılar temel ve teknik analiz yöntemleriyle geleceğe yönelik öngörüde bulunmaya çalışmaktadır.

Yatırım yapmaktaki daha fazla getiri elde etme amacının gerçekleştirilmesi için önemli konulardan bir diğeri ise menkul kıymetlerin likiditesidir. Bir menkul kıymetin likiditesinin yüksek olması, söz konusu menkul kıymetin istenilen zamanda ve değerinden kaybetmeden nakde dönüştürülebilmesi anlamına gelmektedir. Likiditenin yatırımcılar açısından önemi ise portföylerine bulundurdukları menkul kıymetleri istedikleri nakde dönüştürülmesi açısından ortaya çıkmaktadır. Oluşabilecek önemli fırsatlardan yararlanmak veya değer kaybettiğinde portföyünden menkul kıymeti elden çıkartabilecek durumun söz konusu olması, yatırımcıya hem fırsatlardan yararlanma hem de olası kayıplardan korunma anlamına gelecektir. Bu nedenle portföy oluşturulurken en önemli amaçlardan biri de portföyün likiditesinin yüksek olmasıdır.

Yatırım yapmak finansal araçlara sahip olmayı ve finansal araçların sağladığı haklardan elde tutulan vade içerisinde faydalanmayı ifade etmektedir. Ancak bununla birlikte yatırım sahipleri varlıkların riskini de beraberinde taşımaktadırlar. Bu nedenle finansal araçların diğer yandan risklerden de koruması gerekmekte bu nedenle risk yönetimi önemkazanmaktadır.

2.1.4. Portföy Yönetim Süreci

Portföy yönetiminin zaman içerisinde yaşanan farklılaşma, küreselleşmenin artması ve finansal enstrümanlarda oluşan çeşitlilikten kaynaklanmıştır. Bu nedenle portföy yönetimine yeni bakış açılarının getirilmesi durumu ortaya çıkmıştır.

Portföy yönetim süreci yatırımcının tercihleri doğrultusunda şekillenmektedir. Bu süreçte yatırımcının, yatırımdan beklentileri göz önünde bulundurularak pozisyon alınmaktadır. Portföy yönetiminin içermesi gereken unsurlar, portföy yönetiminin sürekli olması, esnekliği ve dinamikliğidir[67]. Portföy yönetiminin sürekli, dinamik ve esnek olması zamanla değişen ekonomik koşullara uygun portföyün yeniden yapılandırılması gerekliliğinden kaynaklanmaktadır. Portföyün piyasalarda meydana gelen değişiklikler karşısında yeniden düzenlenmesi ne kadar mümkünse esnekliği o kadar fazla olacaktır.

Portföy yönetimi aktif ve pasif olmak üzere iki şekilde olabilmektedir. Pasif portföy yönetim stratejisinde potföy yönetim unsurlarının geçerli olduğunu söylenemez. Bu stratejide öncelikle portföyde yer alması istenen menkul kıymetler seçildikten sonra, menkul kıymetler vade sonuna kadar elde tutulur. Daha çok tahvillerin dahil olduğu sabit getirili menkul kıymetlerden oluşan portföy daha çok risksiz yatırım isteyen yatırımcılar tarafından tercih edilmektedir. Aktif portföy yönetim sürecinde ise portföydeki menkul kıymetlerin değerlerinin devamlı olarak

---

[67] Mustafa ÖZÇAM, Varlık Fiyatlama Modelleri Aracılıyla Dinamik Portföy Yönetimi, SPK Yayın No: 104, Ankara, 1997, s.5.

takip edilmesi ve beklenen getiri doğrultusunda portföyün yeniden şekillendirilmesi sürecini içermektedir[68].

Portföy yönetimi uzmanlık isteyen bir iştir ve bankalar, aracı kurumlar ve uzman kuruluşlar tarafından yapılır. Yine bu süreçte de yatırımcı aktif olarak isterse portföy yönetiminde yer alarak al-sat emirlerini verebilir ya da tamamen uzmanın tercihlerine bırakarak sürecin dışında kalabilir.

Yatırımları reel ve finansal yatırımlar olmak üzere iki kategoriye ayırmak mümkündür. Arsa ve gayrimenkul gibi fiziksel malları kapsarken, finansal yatırımlar ise fiziki olmayan gelecekle ilgili ortaklık veya alacaklılık hakkı veren senetlerdir.[69]

Portföy yönetimi tanımlanırsa, kıymetli madenlere dayalı olanlar dahil olmak üzere sermaye araçlarından oluşturulan portföylerin kendi adlarına ya da müşteriler hesabına vekil sıfatıyla yönetilmesidir[70].

Portföy yönetimi dinamik bir süreç olup beş aşamadan oluşmaktadır. Bu aşamalar şunlardır[71] :

- Portföy Planlaması
- Yatırım Analizi
- Portföy Seçimi
- Portföy Degerlendirilmesi

[68] Sergio M. FOCARDI, Frank J. FABOZZI, The Mathematics of Financial Modeling & Investment Management, Fabozzi Series, Wiley Finance, 2004, s. 2.
[69] KARAN, Yatırım Analizi ve Portföy Yönetimi, a.g.e., s.3.
[70] Sermaye Piyasası Kurulu, http://spk.gov.tr/indexpage.aspx?pageid=447&submenuheader=-1, 23.04.2014.
[71] Niyazi BERK, Finansal Yönetim, Türkmen Kitapevi, 6.Baskı, İstanbul, 2002, s.365.

- Portföy Revizyonu

Portföy belirli menkul kıymetlerden oluşsa da portföyde yer alan menkul kıymetlerin birbirleri arasında da ilişkiler söz konusudur. Bu nedenle portföy yönetim sürecinde dikkat edilmesi gereken bir diğer husus menkul kıymetler arasındaki korelasyondur. Menkul kıymetlerin bir arada hareket etme eğilimlerinin belirlenmesi portföyün riskini azaltacağından portföyü yalnızca bir araya getirilecek menkul kıymetler olarak düşünmemek gerekir.

2.1.4.1. Portföy Planlaması

Portföy planlaması, portföy yönetiminin ilk aşamasıdır ve aşağıda belirtilen başlıkların saptanmasına yöneliktir:

- Yatırımcının durumunun incelenmesi,
- Yatırım uzmanının veya portföy yöneticisinin durumunun saptanması,
- Yatırımcı adına faaliyette bulunan portföy yöneticisine yol gösterecek yatırım ölçütlerinin saptanmasıdır.

Portföy planlamasında belirlenmesi gereken, yatırımcının beklentisidir. Yatırımcı bu yatırımdan ne beklemektedir ve vade sonunda ne elde etmek istemektedir. Portföy planlamasında yatırımcının durumunun belirlenmesinde önemli unsurlardan bir diğeri yatırımcının riske yatkınlık derecesidir. Aslında riske yatkınlık sadece portföy planlama sürecinde değil, portföy yönetim süreci boyunca alınan kararları etkileyecek bir unsurdur. Bunun sonucunda yatırımcının beklentileri ve risk isteği doğrultusunda her ikisinin kesiştiği ortak bir noktada optimal portföy oluşturulacaktır.

Yatırımcının risk iştahı yanında bir diğer unsur ise yatırıma ayırılacak olan süre ve tutardır. Yatırım süresi boyunca yatırımcının portföye ayıracağı tutar, zaman içinde meydana gelebilecek değişiklikler dahilinde portföye dahil edeceği veya çıkarmak isteyeceği tutar yatırım kararını etkileyen bir diğer unsurdur.

Yatırım yapılırken yatırımcının üzerinde durduğu bir diğer konu ise yatırım süresince meydana gelecek fon hareketlerinin tahmini edilmesidir[72].

Yatırımcının gerçekleşmesini arzu ettiği amaca ve yatırımcı adına faaliyette bulunan portföy yöneticisinin ulaşmak istediği sonuca yönelik yatırım ölçütünün saptanması, portföy planlamasının son aşamasını oluşturmaktadır. Portföy yöneticisi, yatırım ölçütünü hem yatırımcının hedeflerine hem de kendi beklentilerine cevap verecek şekilde belirlemelidir. Portföy yöneticisinin durumu değerlendirilirken; yatırımcının kendisinin oluşturduğu portföyden sağlayabileceği sonuçlardan daha iyi sonuçlar alması veya geçerliliği kanıtlanmış tesadüfi yatırım yöntemleri ile sağlanabilecek sonuçlardan daha iyi sonuçlar alması gibi faktörlerin incelenmesi gerekmektedir.

[72] Işık İNSELBAĞ, Portföy Yönetimi, Ankara: Sermaye Piyasası Kurulu Araştırma Raporu, 1989, s. 2- 3.

2.1.4.2. Yatırım Analizi

Yatırımcı açısından bakıldığında, portföy oluşturulması sadece menkul kıymetlerin rastgele seçilerek bir araya getirilmesi değildir. Menkul kıymetlerle sonsuz sayıda portföy oluşturulması mümkündür. Özellikle finansal enstrümanların ve yatırım fırsatlarının arttığı günümüzde durum daha da karmaşık hale gelmiştir. Ancak yatırımcı açısından önemli olan sonsuz sayıdaki portföy açısından, kendisine en fazla getiriyi sağlayacak olan optimal portföyün seçilmesidir.

Yatırım analizi, portföy yönetiminin ikinci aşamasıdır ve bu aşamada amaç portföye dahil edilmesi planlanan menkul kıymetlerin özelliklerinin araştırılması ve menkul kıymetlerle ilgili analizlerin yapılarak ileriye yönelik tahminlerde bulunulması sürecini kapsamaktadır. [73]

Yatırım analizi aşamalarını aşağıdaki şekilde sıralamak mümkündür: [74]

- Ekonomi analizi,
- Sektör analizi,
- Menkul kıymetler arasından ilk seçim,
- Tahmin analizi.

Ekonomi analizinin yapılmasındaki temel nedenlerden biri, ekonomide yaşanan gelişmelerin şirketleri doğrudan etkiliyor olmasıdır. Ekonomik verilerdeki değişmeler izlenerek, işletme faaliyetleri üzerinde yapacağı etkiler tahmin edilebilir. Diğer yandan ülke ekonomisinin büyüme

[73] MYLES, a.g.e., s.6.
[74] BOZKURT, a.g.e., s.142.

yönünde olması, işletmenin de büyümesi anlamına geleceğinden karlılıkları yükselecek ve dağıtacağı temettü oranında da artış meydana gelecektir. Bu durum da yatırımcıların daha fazla getiri elde etmesi anlamına geleceğinden ekonomide yaşanan gelişmelerin yakından takip edilmesi oldukça önemlidir.

Portföy yönetiminde değerlendirilmesi gereken sadece ulusal ekonomik gelişmeler değildir. Aynı zamanda küresel ekonomide meydana gelen gelişmeler de takip edilmelidir. Özellikle ekonomilerin birbirine bağımlı halde geldiği günümüzde, diğer piyasaların izlediği seyrin takip edilmesi büyük önem taşımaktadır. Özellikle ülkelerin finansal işlem hacminin yüksek olduğu ülkelerde yaşanan gelişmeler doğrudan ülke piyasalarını etkileyebilmektedir.

Ülkenin genel ekonomik durumuyla ilgili yorum yapabilmek için çeşitli göstergelerden yararlanılmaktadır. Bunlardan bazılarını aşağıdaki gibi sıralamak mümkündür[75]:

- Gayri safi milli hasıla,
- Kişi başına düşen milli gelir,
- Para ve kredi arzı,
- Faiz oranları,
- İstihdam düzeyi,
- Fiyatlar genel düzeyi,

[75] Christine BRENTANI, Portfolio Management in Practice, Elsevier Ltd, 2004, U.K., s.104.

- Ödemeler dengesi,
- Kamu ve özel kesim harcamaları,
- Sınai, tarım ve hizmet üretimleri,
- İnşaat endüstrisindeki gelişmeler,
- Para ve maliye politikaları,
- Ücretler genel düzeyidir.

Ekonomi konusunda geleceğe yönelik tahminlerde bulunabilmek için gerçekleştirilen ekonomi analizi ülkenin içinde bulunduğu konjonktürel durumun analiz edilmesi ve gelecekte yaşanması olası gelişmeleri öngörmek için kullanılmaktadır.

Ülke ekonomisi eğer büyüme eğilimi içerisindeyse ve gelişmeye devam edecekse, bu durum sektörel büyümeden kaynaklanabileceği gibi aynı zamanda sektörlerin büyümesini de destekleyecek nitelikte olacaktır. Bu nedenle ekonomik göstergelerin, ekonominin büyüme yönünde mi yoksa daralma eğiliminde mi olduğunu göstermesi açısından önem taşımaktadır. Bununla birlikte ekonomik büyümeyle birlikte bazı sektörlerin büyümesi daha hızlı yaşanırken, diğer sektörlerde ise büyüme daha yavaş bir seyir izleyebilmektedir[76].

Ekonomi analizi yapılırken yararlanılan ekonomik göstergeler, paranın kullanım maliyetini ve piyasalardaki para miktarını ifade etmekle birlikte, hanehalklarının refah düzeyini de göstermektedir. Söz konusu

---

[76] MYLES, a.g.e., s.18.

göstergeler genel ekonomik görünümden yararlanarak, finansal piyasalarda yaşanacak gelişmelerle ilgili öngörüde bulunmayı kolaylaştırmaktadır. [77]

Menkul kıymetlerin bazı ortak özellikleri vardır. Ancak menkul kıymetler vade yapısı, getiri türü gibi konularda farklılık gösterebilmektedir. Örneğin farklı şirketlerin çıkardıkları hisse senetlerine bakıldığında, firmanın yönetimi, kazancı, büyüme potansiyeli ve piyasadaki likiditesi konularına bağlı olarak farklı getiri seviyelerine sahip olabilmektedir. İşletmelerin yönetiminden ve faaliyet gösterdiği sektörün içinde bulunduğu konjonktürden etkilenen getiri oranları takip edilmesi gereken bir diğer unsur olarak ön plana çıkmaktadır.

Etkin piyasalar hipotezine göre, finansal piyasalardaki tüm bilgilerin piyasaya yansıdığı durum piyasaların etkin olduğu durumdur ve varlık fiyatlarının doğru olarak oluşmasını sağlar. Eğer finansal piyasalarda bilgiye ulaşımda eksiklik varsa, bu durumda finansal varlıkların fiyatları gerçeği yansıtmayacaktır. Yatırımcılar açısından bakıldığında fiyatlarn doğru oluşması getiri seviyelerinin tahmin edilebilirliği açısından önem taşımaktadır. Bilgilerin fiyatlara doğrudan yansıması menkul kıymetin beklenen getirisiyle gerçekleşen getirisinin birbirine yakın olmasını sağlayacak, böylelikle finansal varlıkların standart sapması azalacaktır. Bu durum ise beklenen getiri seviyesinden negatif uzaklaşma ihtimalini azaltacaktır.

Finansal piyasalardaki yatırımcılar açısından en çok önem arz eden konu şüphesiz ki menkul kıymet fiyatlarının tahmin edilebilir olmasıdır. Böylelikle menkul kıymetlerin fiyatlanmalarını doğru tahmin edebilen yatırımcılar daha fazla getiri elde edebileceklerdir. Bununla birlikte

---

[77] BRENTANI, a.g.e., s.104-105.

fiyatların tahmin edilebilmesi için birçok bilginin toplanıp değerlendirilmesi ve bunların fiyatlar üzerinde göstereceği etkinin tahmin edilmesi gerekmektedir.

Yatırım analizinde değerlendirilen bir diğer kriter ise sektör analizidir. Sektör analizi yapılmasındaki amaç, yatırım yapılması düşünülen şirketlerin sahip olduğu sektörel avantajlar veya dezavantajlar varsa bunların ortaya konması ve risklerin tespit edilmesi amacını taşımaktadır. Sektörel gelişmelerin firmaların yatırım pozisyonlarını etkilediği gibi aynı zamanda sahip olunan yatırım fırsatları da bir başka unsuru oluşturmaktadır. Yatırım fırsatları firmanın ve aynı zamanda sektörel alanda yaşanacak olan büyümenin göstergesi niteliğindedir. Yatırım fırsatları ise sektörün içinde bulunduğu durumla ilgili olduğu gibi aynı zamanda firmanın finansal durumuyla doğrudan bağlantılıdır. Diğer yandan sektörel gelişmeler incelenirken de üzerinde durulması gereken bir diğer konu ise makroekonomik gelişmelerin sektör üzerinde yapacağı etkilerdir. Bu nedenle ekonomik göstergelerin firma bütçesi üzerinde yapacağı etkiler üzerinde durmak gerekmektedir.

Firmaların bir dönem içinde elde etmiş olduğu getiriler, geleceğe yönelik projeksiyon yapılmasını kolaylaştırmakta ve firmanın yapacağı yatırımlar hakkında yorum yapabilme imkanı sunmaktadır. Bununla birlikte yönetimin aldığı kararlar yakından takip edilerek stratejileri hakkında bilgi sahibi olmak yine beklentilerin yönlendirilmesinde kolaylık sağlayacaktır.

Ekonomi analizi kadar önemli olan bir diğer konu ise, işletmenin içinde bulunduğu sektörün analiz edilmesidir. Sektör analizinin yapılmasındaki neden sektörlerin ekonomide meydana gelen gelişmelerden farklı seviyelerde etkilenmesinden kaynaklanmaktadır. İşletmelerin sektör içerisindeki durumu, sektörün gelişme potansiyeli ve teşvik alma durumu değerlendirilerek menkul kıymetlerin gelecekteki potansiyeli öngörülmeye çalışılır. Diğer yandan sektör performanslarının birbiriyle karşılaştırılması ve içinde bulundukları sektörün gelişme eğilimi değerlendirilerek menkul kıymet performansları hakkında tahmin yürütülmesi mümkündür.

Ekonominin içinde bulunduğu durum, dış ticaret ve dış ticaret yapılan ülkelerin konjonktürel durumu menkul kıymetlerin ilerideki değeri hakkında bilgi elde etmeye yardımcı olacaktır. Diğer yandan sektörlerin ekonomideki dalgalanmalardan farklı şekillerde etkilendiğinden bahsedilmişti. Örnek vermek gerekirse ekonomik daralmanın yaşandığı dönemlerde, en çok küçülen sektörlerin otomotiv ve inşaat sektörü olduğu belirlenmiştir. Aynı zamanda ekonomideki dalgalanma dönemlerinde şirketlerin üretim maliyetleri artıp karlılıklarının azalması halinde bu durum yatırımcılara da yansıyacak ve getirilerinin azalmasına neden olacaktır.

Tüm bu çalışmaların sonucunda tahmin analizinde yatırım uzmanı, menkul kıymetlerin göstereceği performansları hakkında nicel tahminlerde bulunmaya çalışır. Yapılan analizlerde menkul kıymetlerin geçmiş dönemde gösterdiği performanslardan, ileriye yönelik tahmin yapmak amacıyla faydalanılmaktadır. Böylelikle yapılacak olan sayısal analizlerle dönem sonunda dağıtılacak temettü miktarı, işletmenin karlılığı, faiz oranları ve menkul kıymetlerin değeriyle ilgili tahminler ortaya konabilmektedir[78]. Diğer yandan dönem sonunda elde edilmesi hedeflenen beklenen getirinin yanında, portföy değerinde meydana gelebilecek

[78] Tülin ÇAĞLAR, "Portföy Yönetimi", İstanbul Üniversitesi İşletme Fakültesi Muhasebe Enstitüsü Dergisi, Yıl:3, Sayı: 7, Şubat 1977-1, s. 95.

sapmaların da tahmin edilmesi gerekir. Özellikle portföyde çeşitlendirme yapılması halinde, menkul kıymetlerin hangi oranda birlikte hareket ettiklerinin saptanması gerekmektedir.

Piyasaların birbirine bağımlı hale geldiği günümüzde artık yalnızca ulusal ekonominin içinde bulunduğu durum değil aynı zamanda uluslar arası piyasalarında ekonomisi göz önünde bulundurulmalıdır. Özellikle yatırım yapılacak olan sektörlerde bulunan şirketler yabancı sermayeliyse ya da ticari ilişkilerin bulunduğu bir ülkeyse bu durum daha da fazla önem taşımaktadır. Söz konusu analizlerle, yatırım için uluslararası veya ulusal ekonomik şartların uygun olup olmadığı ortaya konabilmektedir.[79]

2.1.4.3. Portföy Seçimi

Portföy seçimi aşaması, yatırım yapılması planlanan fon tutarının alternatif yatırım araçları arasındaki dağılımına ve herbirine ayrılacak olan fon tutarına karar verilme sürecinden oluşmaktadır[80]. Bir anlamda portföy seçiminde, gelecek zamanda elde edilmesi planlanan getiri miktarı doğrultusunda finansal varlık seçimleri yapılmaktadır[81].

Portföy yöneticileri optimal portföyü seçemeyebilirler; ancak bir portföy seti içerisinde bir portföyün optimal olup olmadığına karar verirler. Dolayısı ile portföy yöneticisi açısından bakıldığında portföy seçiminin amacı optimal portföy setini belirlemek ve Portföy yönetiminde yatırımı bir süreç olarak düşünmek mümkündür ve bu süreç içerisinde yatırımın amaçlarını belirledikten sonra, yatırımcının finansal varlıklar arasında

[79] Gültekin RODOPLU, "Portföy Oluşturulmasında Ekonomik, Sektör ve İşletme Analizleri", Marmara Üniversitesi Muhasebe Araştırma ve Uygulama Merkezi Muhasebe Dergisi, Yıl:1, Sayı: 1, Haziran 1986, s. 78.
[80] BOLAK, a.g.e., s.163.
[81] Harry Max MARKOWITZ, Portfolio Selection, Journal of Finance, Vol:7, 1952, s.77.

yapacağı seçim ve portföyü çeşitlendirme tercihi portföy yönetiminin en önemli aşamalarından birini oluşturmaktadır. Çünkü yatırımcı bu noktada vereceği kritik kararlar sonrasında getiri ve risk tercihini belirtmiş olacak ve süreç sonunda bu kararları karşılığında bir getiri elde edecektir.

Bir yatırımdan beklenen fayda ne kadar yüksekse, beklenen getirideki belirsizlik de o kadar yüksek olacaktır. Bu da yatırımdaki risk oranının yüksek olduğunu ifade etmektedir. Yatırımcının tercih edeceği risk seviyesine göre belirlenen portföy kompozisyonunda, yatırım yapılması düşünülen tutar kadar menkul kıymetler arasında dağıtım gerçekleştirilir. Örneğin yatırımcı daha yüksek riskli bir yatırımı tercih ediyorsa, bu durumda hisse senedi portföy varlıklarının içerisinde daha yüksek bir paya sahip olacaktır.

Portföy yöneticisinin görevi bu noktada yatırımcı için optimal portföy seçeneklerinin ortaya konulmasıdır. Yatırımcı portföy yöneticisini doğrudan karar vermekle yetkilendirebileceği gibi, kendisi son kararı vermek de isteyebilir.

2.1.4.4. Portföy Değerlendirmesi

Portföy yönetimi sürecindeki dördüncü aşamayı portföy değerlendirmesi oluşturmaktadır. Portföy yönetimi dinamik bir süreç olmayı gerektirdiğinden, portföyde zaman içerisinde meydana gelen değişikliklerin gözden geçirilmesi ve portföy değerlendirmesi yapılması gerekliliğini ortaya çıkarmaktadır. Portföy değerlendirmesi yapılırken öncelikli olarak sürecin başında belirlenen yatırım amaçları ve hangi yatırım kriterleriyle söz konusu getirinin elde edildiği incelenir. Öncelikli kriter şüphesiz ki yatırımcının amaçlarıyla yatırımcının belirlediği ölçütlerle ulaşılan sonucun uyumlu olup olmadığı değerlendirilmektedir[82].

Portföy değerlendirmesi, gerek seçilmiş olan finansal varlıklarının performansının, gerekse yatırım danışmanının performansının değerlendirilmesi açısından önem taşımaktadır. Bu nedenle belirli zaman aralıklarıyla başlangıçta oluşturulmuş portföyün zaman içerisinde gösterdiği değişimin ölçülmesi ve eğer gerekiyorsa finansal varlıkların dağılımıyla ilgili revise yapılması gerekmektedir.

Portföy değerlendirmesi iki aşamada gerçekleşebilir. İlk olarak portföyde yer alan varlıkların tek tek değerlerinde meydana gelen değişiklik ve bir bütün olarak portföyün değerinde zaman içerisinde meydana gelen değişiklik ölçülebilir.

Belirli zaman aralıklarıyla portföyün değerlendirilmesi başlangıçta oluşturulan portföyün değerinde meydana gelen değişmeleri takip etmek ve gerekiyorsa portföyü revize etmek için oldukça önemli bir aşamadır. Portföyün belirli bir zaman aralığı içerisinde gösterdiği performansın ölçülmesinin çok çeşitli yolları olmasıyla birlikte kullanılan en temel performans ölçüm yöntemi, portföyün pazar portföyüyle yani ulusal endeksle karşılaştırılması yöntemidir[83]. Bununla birlikte pazar portföyü dışında, olası diğer portföylerle performans karşılaştırması da gerçekleştirilebilir. Böylelikle alternatif finansal varlık bileşimlerinin, belirli bir zaman içerisindeki getirileriyle, mevcut portföy performansı arasında bir karşılaştırma gerçekleştirilmiş olur.

---

[82] Noel AMENC ve Veronique Le SOURD, Portfolio Theory and Performance Analysis, Wiley Finance, 2003, s. 6-8.
[83] David M. STEIN, Measuring and Evaluating Portfolio Performance After Taxes, The Journal of Portfolio Management, 24 (2), 1998, s.117-124.

Portföy değerlendirme işlemi porföydeki varlıkların tek tek performansının ölçülmesi şeklinde olabileceği gibi ve bir bütün olarak portföyün performansının değerlendirilmesi şeklinde de olabilmektedir. Performans ölçümünde belirli bir zaman aralığında portföyün verimliliği değerlendirilmiş olur. Böylelikle yatırım kararlarının isabetli olup olmadığı konusunda bir sonuca varılmış olur. Süreklilik gerektiren portföy değerlendirme işlemi sonuncunda eğer beklenen değerle gerçekleşen değer arasındaki fark, varlık bileşimlerinin revizyonunu gerektirebilmektedir[84].

2.1.4.5. Portföy Revizyonu

Portföyün performansı ölçüldükten sonra portföyde değişiklik yapılıp yapılmayacağı, eğer yapılacaksa hangi menkul kıymetlerde ve hangi oranlarda değişiklik yapılacağı portföy revizyonu aşamasında belirlenmektedir. Aktif portföy yönetimiyle birlikte yatırımın gerçekleşen getirisinin beklenen getiriden sapma oranı tespit edilerek performans değerlendirmesi yapılabilecektir. Portföy yönetimi sürekli analiz gerektiren bir sureç olduğundan, ekonomik, sektör ve menkul kıymet analizlerinin sadece portföy oluşturulurken değil, süreç içerisinde sürekli olarak yapılması gerekmektedir. Portföy revizyonu sayesinde, sürekli takip yapıldığından piyasada oluşacak fırsatlar tam zamanında değerlendirilebilir. [85]

Portföy planlamasında gerçekleştirilen aşamalar, portföy revizyonunda da bir anlamda tekrarlanmaktadır. Portföye dahil edilecek menkul kıymetelere karar verilmesi sürecinden sonra, zaman içerisinde gerek sektörlerde, gerekse genel ekonomik göstergelerde meydana

[84] Robert L. HAGIN, Investment Management, Portfolio Diversification, Risk, and Timing-Fact and Fiction, John Wiley and Sons Inc., Canada, 2004, s.183.
[85] Andrew H. Y. CHEN, Frank C. JEN and Stanley ZIONTS *The Journal of Business* Vol. 44, No. 1 (Jan., 1971), The University of Chicago Press, s.51.

gelebilecek değişmeler portföyün yeniden gözden geçirilmesi ve finansal varlıkların ağırlıklarının veya türlerinin değiştirilmesini gerektirebilmektedir. Dolayısı ile piyasalar sürekli olarak takip edilerek aktif bir portföy yönetim süreciyle birlikte portföyün performansı artırılabilmektedir[86].

Portföy revizyonuna gidilmesi sadece portföy performansının ölçülmesiyle portföyün gözden geçirilmesi sürecini içermez; aynı zamanda yatırımcının zaman içerisinde risk ve getiri tercihlerinde değişiklik meydana gelebilmektedir. Yatırımcı yatırım süresi boyunca elde ettiği getiri seviyesinden memnun kalmayarak farklı yatırım araçlarını portföye dahil etmek isteyebilir. Ya da yatırımcı yüksek riskli yatırım araçlarını tercih ederek gelir kaybı yaşadıysa riskten kaçınmak isteyebilir. Dolayısı ile bu değişikliklerin portföye yansıtılması gerekmektedir. Böylelikle portföy revizyonunda yatırım uzmanı tarafından yapılması gereken, portföye dahil edilen ve edilmeyen menkul kıymetlerin genel eğiliminin izlemesi ve pazar koşullarında değerlendirmesi olacaktır.

2.2. Uluslararası Portföy Yönetimi

Ülke sınırları içerisinde yapılan portföy yatırımlarından farklı olarak, uluslararası pazarlarda yapılan portföy yatırımları bireysel veya kurumsal yatırımcıların, kendi risk ve getiri terccihleri doğrultusunda, hisse senedi, tahvil gibi yatırım araçlarına, yatırım yapılan ülkeden kaynaklanabilecek riskleri de üstlenerek yatırım yapılmasıdır.[87]

---

[86] Robert L. HAGIN, Investment Management, a.g.e., s.138.

[87] Mehmet CİVAN, Sermaye Piyasası Analizleri ve Portföy Yönetimi, Gazi Kitabevi, 2007, Ankara, s.331.

Uluslararası yatırımlar doğrudan ve dolaylı olmak üzere iki şekilde gerçekleşir. Doğrudan yatırımlar, bir ülkede mal ve hizmet üretimine katkı sağlayacak olan yatırımlardır. Yabancı sermaye sahiplerinin bir başka ülkede, bir şirket satın alması, şirket birleşmeleri gibi sermaye akımları doğrudan yatırımlardır. Dolaylı yatırımlar ise yabancı sermayenin para ve sermaye piyasasında işlem gören enstrümanlara yatırım yapması şeklinde gerçekleşmektedir. Yabancı yatırımların bir ülkenin carı açığına ve ekonomik büyümesine katkı sağlayabilmesi için söz konusu yatırımların doğrudan yabancı yatırım olarak bir ülkeye girmesi gerekmektedir. Çünkü dolaylı yatırım olarak adlandırılan yabancı portföy yatırımlarının ülke finansal piyasalarında işlem yapması, söz konsu ülke borsasını dışsal şoklara karşı daha korunmasız ve duyarlı hale getirmektedir.

2.3. Portföy Çeşitleri

Portföy teorisine göre yatırımcılar, genelde tek bir menkul kıymete yatırım yapmazlar. Yatırımcılar, tasarruflarını çeşitli menkul kıymetler arasında dağıtmaktadırlar. Bununla amaçlanan, yatırımcıların tasarruflarını çeşitli menkul kıymetler arasında en uygun bir şekilde paylaştırmaktır[88]. Değişik menkul kıymetlerden veya yatırım araçlarından çok sayıda portföy oluşturmak mümkündür.

Bir yatırımcının tercihlerini güvence,gelir ve randıman, değer artışı ve likidite olarak sınırlamak mümkündür[89]. Güvence ve buna bağlı olarak risk, portföy oluşturmada temel unsur olarak ortaya çıkar. Portföyden elde edilecek gelir de, riske paralel olarak artış veya azalış gösterir.

[88] Öztin AKGÜÇ, Finansal Yönetim, Avcıol Basım Yayını, 7.Baskı, İstanbul, 1999, s.872.
[89] Haydar HAYDAROĞLU, "Belirli Bir Risk Seviyesinde Maksimum Gelir", Uzman Gözüyle Bankacılık Dergisi. Haziran, 1993, s.76.

Birçok yatırım aracı göz önüne alınarak bir gözlem yapılırsa, değişik risk sevilerinde ve değişik karlılık düzeylerinde yüzlerce portföy seti oluşturulabilir. Yapılan bileşimlerden amaç, kabul edilebilecek risk seviyesinde en yüksek getiriyi sağlayacak portföyün ya da beklenen getiriyi sağlayacak en düşük riskli portföyünün seçilmesidir.

Yalnız tahvillerden bir portföy oluşturulabileceği gibi, yalnız hisse senetlerinden de bir portföy oluşturulabilir. Ancak, yatırımcıların en çok tercih ettiği portföyler, karma portföylerdir. Bununla birlikte, diğer yatırım araçlarından oluşan portföylerden de söz etmek mümkündür. Yatırımcı, tercihini yaparken, en ideal bileşimi yapmaya çalışacaktır. Riski seven bir yatırımcı ile riskten kaçan bir yatırımcının hazırlayacakları portföyler farklı olacaktır.

2.3.1. Tamamen Tahvillerden Oluşan Portföyler

Bu tür portföyler, anaparasının güvenini önde tutan yani risk almayı sevmeyen piyasayı izlemekte güçlük çeken tasarruf sahiplerinin tercih ettikleri portföy çeşididir. Portföy içinde özel sektör ve devlet tahvilleri ile birlikte tahvil türevi yatırım araçları ve hazine bonoları yer almakta, genellikle ekonomik durgunluk dönemlerinde yatırımcılar tarafından tercih edilmektedir. Dolayısıyla riskleri düşük ve sağlayacakları gelirler de kısıtlıdır[90].

Tahvillerin, dolayısıyla bu enstrümandan oluşan portföylerin taşıdığı en önemli risk, faiz riskidir. Yüksek faiz oranlarında tahvil fiyatları düşerken, düşük faiz oranlarında ise yükselmektedir. Faizlerin dalgalanma gösterdiği ve özellikle yükselme eğiliminde olduğu ortamlarda yatırımcılar

---

[90] USTA, a.g.e., 284.

faiz riskini minimize etmek için, ellerinde geniş tahvil portföyleri tutmak istememektedirler[91].

2.3.2. Hisse Senetleri ve Tahvillerden Oluşan Portföyler

Birçok yatırımcı tasarrufları tek bir enstrümana bağlı tutmak istememekte, bu nedenle sahip olduğu yatırım araçlarını çeşitlendirmeyi tercih etmektedirler. Riski dağıtmak isteyen yatırımcılar, ekonomideki gelişmeleri de göz önünde bulundurarak farklı yatırım araçlarına yönelmekte ve böylelikle karma portföyleri oluşturmaktadır.

Karma portföyler, hisse senedi ve tahvillerden oluşabileceği gibi, bu iki araca ilave diğer yatırım araçlarını da kapsayabilmektedir. Bu tür portföylerde amaç emniyet ve karlılık unsurlarının birleştirilmesiyle dengeli bir portföy oluşturmaktır. Ekonomideki gelişmeler, gerek ülke içindeki gelişmelere bğlı olarak, gerekse uluslararası piyasalardaki gelişmelere bağlı olarak, zaman içerisinde farklılık göstermektedir. Genelde ekonominin durgun olduğu dönemlerde tahvil piyasasında bir canlanma, ekonominin canlandığı dönemlerde ise hisse senedi piyasasında bir hareketlilik görülmektedir. Bu nedenle yatırımcılar, portföylerini genel ekonomiye kolayca uydurarak getiri elde etmeye çalışmaktadırlar.

2.3.3. Tamamen Hisse Senetlerinden Oluşan Portföyler

Yalnızca hisse senetlerini kapsayan portföy türüdür. Bu portföylerde yatırımcının tipine ve istenilen risk düzeyine uygun yatırım yapmak mümkündür. Hisse senetlerinden oluşan portföyler ekonominin istikrarlı oldugu dönemlerde başarıyla yönetilebilen portföy çeşitleridir. Ayrıca yatırımcı tipinin portföy oluşturma kararına etkisi çok yüksektir. Bu

[91] CEYLAN ve KORKMAZ, a.g.e., s.129.

nedenle, böyle bir portföyün oluşturulabilmesi için piyasanın dikkatli bir şekilde izlenmesi ve portföydeki hisse senetlerinin likiditelerinin yüksek olması gerekmektedir[92].

Hisse senedinden beklenen gelir ile gerçekleşen gelir arasındaki fark risktir ve genellikle riski yüksek olan menkul kıymetlerin getirileri de yüksek olmaktadır[93]. Tamamı hisse senetlerinden oluşan portföylerde, risk de portföyünün gelirindeki oynamalardan oluşmaktadır.

Bir portföyünün tamamını hisse senetlerinden oluşturulabilmesi için, hisse senedi piyasasının, dolayısıyla hisse senetleri fiyat hareketlerinin dikkatli bir şekilde izlenmesi ve istenildiğini anda alım satım yapabilme özelliğinin olması gerekmektedir. Portföyde bulunan enstrümanlar, değişen konjonktür, hisse senedi ve/veya sektör bazında meydana gelen değişiklikler ve fiyat dalgalanmaları yüzünden yenileriyle değiştirilerek zaman içinde yenilenmelidir.

Portföye dahil edilecek hisse senetleri iki grupta incelenebilir:

• Kısa vadede prim yapabilecek hisse senetleri: Bunlar çeşitli nedenlerle üretimlerini kısan, dolayısıyla hisseleri piyasada durgunlaşan veya gerileyen şirketlerin hisseleri olabilir. Sorunların çözüleceği hissedildiği zaman alım yapılmalıdır. Çünkü çözüm süreci sonrasında hisse senetlerinde değer artışı gözlenecektir.

• Uzun vadede prim yapabilecek hisse senetleri: .uzun vadede istikrarlı bir duruma gelerek prim yapabilecek şirketlerin hisseleridir. İşletmelerin yatırım dönemlerinde, piyasada bu tür hisseleri ucuza bulmak

---

[92] USTA, a.g.e., 284.
[93] GÜVEN, a.g.e., s.226.

mümkündür. Genellikle bu tür yatırımlarda, uzun vadede yüksek kazanç elde edilebilir.[94]

2.3.4. Diğer Yatırım Araçlarından Oluşan Portföyler

Diğer yatırım araçlarından oluşturulan portföyler hisse senedi ve tahvil gibi temel menkul kıymetler dışındaki yatırım araçlarıyla oluşturulan portföylerdir. Bir portföy, hisse senedi ve tahvil gibi temel menkul kıymetler dışındaki yatırım araçlarıyla da oluşturulabilir. Bu tür portföyler oluşturulurken, yatırım araçları arasında karşılaştırma yapılır. Yatırımın süresi boyunca hangi tür varlıkların daha verimli olacağı çeşitli istatistiki tekniklerle hesaplanarak tahmin edilir. Bu tür varlıklar seçilerek portföye dahil edilir. Hisse senedi ve tahvil dışındaki yatırım araçları şu şekilde sıralanabilir:[95]

- Varlığa Dayalı Menkul Kıymet,
- Finansman Bonoları,
- Hazine Bonoları,
- Gelir Ortaklığı Senetleri,
- Banka Bonoları ve Banka Garantili Bonolar,
- Mevduat ve Mevduat Sertifikaları,
- Repo,
- Döviz ve Döviz Tevdiat Hesapları,

---

[94] İNAM, age, s. 224-225.
[95] CEYLAN ve KORKMAZ, a.g.e., s.21.

- İmtiyazlı Hisse Senetleri,
- Kar Zarar Ortaklığı Belgesi,
- Vadeli Sözleşmeler.

Söz konusu finansal varlıklardan bir portföy meydana getirilerek, çeşitlendirme yapılabilir. Oluşturulacak portföylere hangi varlıkların alınacağı, yatırımcının risk karşısındaki tutumu ile doğrudan ilgilidir. Ayrıca, yatırım araçlarının risk ve getiri karşılaştırmalarının yapılması gerekir.

2.3.5. Yatırımcıların Tercihlerine Göre Sınıflandırma

Her yatırımcının portföyünden beklentileri farklı olabilecegi için yatırımcıların amaçları göz önüne alınarak farklı portföy sınıflandırılmaları yapılabilir. Bu sınıflandırmalar çok sayıda portföy yönetmek durumunda kalan profesyonel portföy yöneticilerinin işlerini kolaylastırabilecegi gibi, yatırımcının tercihlerini daha kolay belirlemesini sağlanabilir.

Son yıllarda yatırımcılar için yatırım fırsatlarında artışlar gözlenmektedir. Örneğin; bazı şirketler, birkaç menkul kıymetin özelliklerini bir menkul kıymette toplayan hibrid kıymetler ihraç etmektedirler. Bu tür menkul kıymetler, hem adi hem imtiyazlı pay senetlerinin hem de tahvillerin özelliklerini bünyelerinde taşımaktadırlar. Böylece, ihraç edilen imtiyazlı pay senetleri, yatırımcıların isteği doğrultusunda adi pay senetlerine veya değiştirilebilir tahvillere dönüştürülebilmektedir[96].

---

[96]İNAM, age, s. 225.

Yatırımcının tercihlerine göre oluşturulacak portföyler beş grupta toplanabilir. Tablo 2.1'de yatırımcı tercihlerine göre portföy türleri verilmiştir.

Tablo 2.1: Yatırımcı Tercihlerine Göre Portföy Türleri

Portföy Tipi	Portföydeki Menkul Kıymet Oranları	Yatırımcının Tercihi
A	%100 Tahvil	Verim – Emniyet
B	%50 Tahvil, % 50 Hisse Senedi	Verim – Değer Artışı
C	% 75 Hisse Senedi, % 25 Tahvil	Değer Artışı – Verim-AzRisk
D	% 100 Değer Artışı Sağlayan Hisse Senedi	Sınırlı Risk Değer Artışı
E	% 100 Hızlı Değer Artısı Sağlayan Hisse Senedi	Fazla Risk Fazla Değer Artışı

Kaynak: Karslı, 1994; 524.

Uygulanması kolay olan bu yöntemin portföy yöneticisi veya yatırımcı açısından bazı avantajları vardır. Bir yandan piyasa ve borsadaki fiyat değişikliklerin izlenmesini sağlarken, diger yandan toplu hisse senedi alımında yatırımcıya fiyat ve zaman avantajı sağlamaktadır. Böylece, portföy yöneticisinin daha kolay yönetebilecegi bir portföy ortaya çıkmaktadır.

• Tabloya göre ilk grupta büyük şirketlerin hisse senetleri gelir. Bu şirketler, bütün piyasada tanınmış, isabetli yönetimi, idare politikası ve karlılık düzeyiyle hisse senetlerine itibar sağlamış olan şirketlerdir. Uzun yıllar boyunca temettülerinin düzenli olarak ödenmiş olması, bu gruptaki hisse senetlerinin en önemli niteliğidir.

• Değer artışı hisse senetleri ise ikinci grupta yer alır. Bu senetlerde uzun vadede piyasa ortalamasının üstünde değer artışları gerçekleşir. Bu değer artışları, senetlerin ait olduğu şirketlerin devamlı bilimsel araştırmalar yaparak kendi alanlarında ilerlemelerinden, çok talep edilen malları pazarlamalarından, yeni pazarlar ele geçirmelerinden ve çok çeşitli alanlarda faaliyet göstermelerinden ileri gelir. Ancak, bu şirketlere yapılan yatırımın riski ilk gruptan daha fazladır.

• Diğer grupta ise, daha da hızlı değer artışı gösteren, ancak, daha yüksek risk taşıyan hisse senetleri toplanabilir. Başka bir ifadeyle, bunlar spekülatif hisse senetleridir. Piyasaya yeni tanıtılan ürünlere sahip, henüz kara geçmemiş, siyasi ve konjonktürel dalgalanmalara karşı hassas olan şirketlerin hisse senetleri bu gruptadır.

Yukarıdaki esaslara göre oluşturulan portföylerin, piyasa ve borsadaki fiyat hareketlerinin ve istihbaratlarındaki değişikliklerin izlenmesi kolaydır. Aynı tip portföylere ilave edilmek üzere belli hisse senetlerinden toplu alımlar nedeniyle, fiyat avantajlarından yararlanma imkanı sağlanır[97]. Böylece, zaman ve maliyet tasarrufu söz konusu olur. Portföy yöneticisi açısından bir başka avantajı, kolay yönetimdir.

---

[97] Muharrem KARSLI, , Menkul Kıymetler Kılavuzu, İstanbul: Türkiye İş Bankası Yayınları, 1978, s. 89-90.

2.4. Portföy Yönetim Yaklaşımları

Yatırımcılar çeşitli portföy alternatifleri arasında kendilerine maksimum fayda sağlayacak portföylere ulaşmak için çaba sarf etmektedirler. Bunu sağlayabilmek ise yatırımcıların risk-getiri oranı dengelerini oluşturabilmelerinden geçmektedir.

Finans literatüründe başarılı bir portföy oluşturulmasını sağlayan iki yaklaşım bulunmaktadır. Bunlardan ilki olan Geleneksel Portföy Yaklaşımı, 1950'li yıllara kadar kullanılan ve yatırımcıların portföyde yer alan finansal varlık getirileri arasındaki ilişkiyi dikkate almadan, yalnızca portföydeki finansal varlık çeşitliliğini arttırarak riski azaltabileceklerini öngörmektedir. Daha sonra geliştirilen Modern Portföy Yaklaşımı ise sadece portföy çeşitlendirmesiyle riskin azaltılmasının mümkün olmadığını, aynı zamanda portföye dahil edilen finansal varlıkların birlikte hareket etme eğiliminin de önemli olduğunu ortaya koymaktadır.

2.4.1. Geleneksel Portföy Yönetimi Yaklaşımı

Geleneksel portföy yönetimi yaklaşımı, portföye alınan menkul kıymet sayısını arttırarak, çeşitlendirme yapmayı amaçlar. Buna göre ne kadar çok menkul kıymete yatırım yapılırsa risk, o kadar çok dağıtılmaktadır[98]. Geleneksel Portföy Teorisi (GPT), 1950'li yıllara kadar hem teoride hem de pratikte yaygın olarak kullanılmıştır. Yaklaşımın bilimsel bir dayanağı olmamasına rağmen, uygulama kolaylığı olmasından dolayı bir çok yatırımcı tarafından hala kullanılmaktadır. Geleneksel yaklaşım, günümüz yaklaşımının temelini oluşturmaktadır. Geleneksel portföy yönetimi yaklaşımı; yatırımcıya ait bilgilerin toplanması, portföy

---

[98] MARKOWITZ, 1952, a.g.e., s.78.

amacının saptanması, yatırım politikalarının saptanması ve portföye dahil edilecek finansal varlıkların seçimi aşamalarından oluşmaktadır [99].

Geleneksel Portföy Teorisinde yatırımcılar tahvil, hisse senedi, hazine bonosu gibi çeşitli menkul kıymetlere yatırım yaparak portföylerinde çeşitlendirmeye gitmektedirler. Çeşitlendirme farklı sektördeki şirketlerin hisse senetlerinin alınması, farklı özelliğe sahip yatırım araçlarının alınması, çeşitli mal ve hizmet üreten şirketlerin hisse senetlerinin alınması ile gerçekleştirilebilir. Bu şekilde seçilmiş 10-15 menkul kıymetten oluşan portföyün riskinin sistematik risk seviyesine indirildiği düşünülür[100].

GPT, portföyü oluşturan menkul kıymetler arasındaki ilişkiyi dikkate almadığından, portföy menkul kıymet artışı kadar çeşitlendirilmiş olur[101]. Matematiksel ve istatistiksel hesaplamalardan uzaktır. Bu açıdan bu yaklaşımı "bütün yumurtaları aynı sepete koymamak" biçiminde de açıklamak mümkün olacaktır.[102] Yalın çeşitlendirmede menkul kıymetler arasındaki kovaryans dikkate alınmadığından, risk genellikle bu seviyeye indirilemez[103]. Portföyün getirisi, belli bir dönemde meydana gelen fiyat artışları ve kar payları ile hesaplanmaktadır. Hangi yaklaşım uygulanırsa uygulansın uzun dönemde başarılı sonuçlar alınabilmesi ancak yatırımcının içinde faaliyet gösterdiği ekonomik ve endüstriyel çerçevenin sürekli incelenmesi ve sürekli portföy analizi ile mümkün olabilmektedir[104].

---

[99] P. Charles JONES, L. Donald TUTTLE ve P. Cherill HEATON,*Essential ofModern Investment*. The Ronald Pres Company: New York/USA, 1977, s.327.

[100]Serpil A. GÖKBEL, Süre Temelli Portföyler ve İMKB'de Uygulanabirligi, SPK yayın No: 143, İlk Baskı, Ekim 2003, s.21.

[101]FISHER ve JORDAN, a.g.e., s. 559.

[102] EVANS ve ARCHER, 1968, a.g.e., s.761-767.

[103] GÖKBEL, a.g.e., s.21.

[104] MARKOWITZ, 1976, a.g.e., s.160.

Teorinin varsayımlarından biri, varlık fiyatlamaları ve kurumsal finansmanın tam rekabet piyasasında gerçekleştiğidir. Ancak gerçekçi olarak bakıldığında piyasaların tam rekabet piyasası olduğunun söylenmesi mümkün olmamaktadır. Piyasalardaki işlem maliyetlerinin yüksek olması bunun nedenleri arasında gösterilebilir.

Menkul kıymet çeşitlendirmesiyle riskin azaltılabileceği görüşünü savunan GPT'de, aşırı çeşitlendirme yapılması durumunda bazı sakıncalar ortaya çıkabilmektedir. Çeşitlendirmenin artmasıyla birlikte, düşük performanslı menkul kıymet satın alınması, menkul kıymet çeşitliliğinden dolayı portföy yönetiminin etkin olmaması, yüksek araştırma giderlerinin olması ve menkul kıymetin alınan yada satılan miktarına bağlı olarak değişim giderlerinin artması gibi bazı sakıncalar ortaya çıkmaktadır. Bu sakıncalara rağmen yöntemi başarısız olarak kabul etmemek gerekir[105]. Düşünülecek olursa, farklı menkul kıymetler bir araya getirilerek bir portföy oluşturulduğunda, portföyü oluşturan menkul kıymetlerin getirileri aynı yönde hareket etmeyeceğinden, portföyün riski tek bir menkul kıymetin riskinden küçük olacaktır. Geleneksel portföy teorisinin, bahsedilen sakıncalarından dolayı Modern Portföy Teorisi geliştirilmiştir.

2.4.1.1. Sermaye Piyasasının Etkinliği

Etkin piyasa olgusuyla ilgili ilk bulgular Maurice Kendall (1953) tarafından ortaya konulmuştur. Çalışmasının konusu hisse senedi ve temel madde fiyatlarının davranışı üzerine olup çalışmayı yapma amacıyla çalışma sonrası bulguları arasında farklılıklar oluşmuştur. Çalışma

---

[105] USTA, a.g.e., s.308.

sonucunda fiyatların rastgele değişme eğilimde olduğu ve fiyat hareketlerinin tamamen bağımsız olduğu ortaya konulmuştur[106].

Modern Portföy Teorisi'nin kabul görmeye başlamasıyla beraber, 1960'lı ve 1970'li yıllarda hisse senetlerinin fiyatlarını belirleyen etmenler konusunda yapılan araştırmalarhızlanmıştır. Bu tartışma ve araştırmalarbaşlangıçta, fiyat değişmelerinin birbirinden bağımsız olup olmadığı noktasında odaklanmıştı. Başka bir deyişle, hisse senedi fiyatlarında meydana gelen değişmelerin tesadüfi (random) olup olmadığı konusu araştırılmaktaydı. Eğer bu değişimler tesadüfi olursa, ki o zaman geçmiş, fiyat hareketlerine bakıp, gelecekteki fiyat hareketlerini tahmin ederek ekstra bir kazanç sağlamaolanağı söz konusu olmayacaktı.

Elde edilen ampirik bulgular fiyatların tesadüfi olarak değiştiğini desteklediğinden olayı akademisyenler dikkatlerini yüksek kazançlar sağlayabilecek fiyat oluşum sürecine çevirmişlerdir. Bunun sonucu olarak "Etkin Piyasalar Teorisi" (Efficient Market Hypothesis) oluşmuştur.

Etkin Piyasa Hipotezinin ilk tanımlaması 1970 yılında Eugene Fama tarafından yapılmıştır[107].Bu tanımlamaya göre menkul kıymet fiyatları daima ulaşılır tam bilgileri yansıttığı zaman durumda ancak "etkin bir piyasanın" varlığından söz etmek mümkün olmaktadır. Bu durumda eğer bir piyasada elde edilen bilgileri kullanarak ekstra bir kazanç elde etmek mümkün değilse, o piyasanın etkin olduğu söylenebilmektedir.

Sermaye Piyasası Teorisinin varsayımlarından biri, yatırımcıların beklentilerinin olasılık dağılımının aynı olduğudur. Dengede olan

---

[106] Richard.A. BREALEY, Stewart C. MYERS, 'Principles of corporate finance, NewYork, McGraw Hill Companies', 7. Baskı, 2002, s.280.
[107] Eugene FAMA, "Efficient Capital Markets: A Review of Theory and Emprical Work", The Journal of Finance, C.25, No 2, Mayıs 1970

piyasalarda, beklentiler değişirse, bu yeni dengelerin oluşması için bir harekete yol açar. Etkin piyasa diye tanımlanan piyasalar, bu tür durumları tamamen yansıtabilen ve bu şekilde davranan piyasalardır. Sermaye Piyasasının etkinliğini üç ayrı formda incelenebilir.

Piyasa etkinliğini ölçmenin bir yolu menkul kıymet fiyatlarını etkileyen mevcut bilgilerin ne tür bilgiler olduğunu belirlemektir[108]. Cari hisse senedi fiyatlarının mevcut tüm bilgiyi tamamen yansıttığı piyasalar etkin olarak nitelendirilmektedir. Bu tip piyasalarda, bilgiye herkesin ulaşabildiği varsayımı altında, aşırı kazanç elde etmek mümkün değildir.

Etkin piyasalar varsayımı altında, piyasaya yeni bilgiler geldikçe fiyatların bu yeni bilgiler ışığında değişeceği kabul edilir. Diğer bir deyişle etkin bir sermaye piyasasında fiyat değişmeleri tamamen rassal(tesadüfi) olur. Piyasaya gelen haberin niteliğine göre fiyatlarda olumlu veya olumsuz bir gelişme olması mümkündür ve herhangi bir yöndeki fiyat hareketi bir sonraki fiyat hareketini etkilemez. Bu yaklaşım benimsendiği takdirde, teknik analiz yöntemlerinin geçerliliği kalmamaktadır. Öte yandan temel analiz ile hisse senedi fiyatlarını hala tahmin edebilmek mümkündür. Rassal yürüyüş varsayımına göre "fiyatların hafızasının olmadığı" kabul edilmekte, geçmiş verilerden yararlanarak gelecek hakkında öngörülerde bulunulabileceği hipotezi reddedilmektedir. Rassal yürüyüş teorisinin geçerli olması için sermaye piyasasının etkin olması gerekmektedir[109].

Piyasada oluşan hisse senedi fiyatları, şirket ve hisse senetleri ile ilgili tüm bilgileri yansıtır. Böyle bir piyasada menkul değerin fiyatı, piyasaya aktarılmış bilgiler ışığında belirlenir. Eğer her türlü bilgi piyasaya

---

[108] Robert HAUGEN, Modern Investment Theory, 2001, s. 579.
[109] Mehmet BOLAK, *Sermaye Piyasası-Menkul Kıymetler ve Portföy Analizi,* İstanbul : Beta Yayınları, 2001 , s.225.

aktarılmış ve yatırımcılar tarafından değerlendirilmiş ise, herhangi bir andaki menkul değerin fiyatı hisse senedinin gerçek değerineeşit olmalıdır[110]. Bu durumda ise teknik analiz veya temel analiz yöntemlerinden yararlanılarak, hisse senedinin gerçek değerini hesaplamaya ve piyasada düşük ya da yüksek değerlenmiş, hisse senetlerini bulmaya çalışmanın hiçbir anlamı kalmamaktadır. Fiyatlar gerçek değerlerini yansıtacağına göre piyasada, yanlış fiyatlanmış, hisse senedi bulunmayacaktır.

Modern portföy teorisi ve denge modelleri (Örneğin Finansal Varlıkları Fiyatlama Modeli ve Arbitraj Fiyatlama Modeli), temelde aynı varsayıma yani piyasanın etkinliğine ve dengede olduğu varsayımına dayanmaktadır.

Etkin bir sermaye piyasasının özellikleri şöyle sıralanabilir[111]:

- Yatırımcıların temel amacı, maksimum getiriyi sağlamaktır.
- Yatırımcı, risk ve getiri temeline dayalı seçimler yapar
- Yatırımcıların risk ve getiri beklentileri homojendir.
- Yatırımcılar birbirleri ile aynı zaman ufkuna sahiptir.
- Bilgi serbestçe elde edilebilir.

Eugene Fama, piyasalardaki bilgi etkinliğini zayıf, yarı güçlü ve güçlü formda olmak üzere üç tipte incelemektedir. Etkin piyasalar hipotezine göre, zayıf biçimde etkin bir piyasada, teknik analiz

[110]Bozkurt ÜNAL, Menkul Kıymet Yatırımlarının Yönetimi, İktisat Bankası Eğitim Yayınları, No:4, 1988,s 101.
[111] Diana HARRINGTON, Modern Portfolio Theory And The Capital Asset Pricing Model, New Jersey, 1987, s.22.

kullanılarak, gelecekteki hisse senedi fiyatlarını tahmin etmek olanaksızdır. Bununla beraber yarı-güçlü etkin bir piyasada hisse fiyatlarını tahmin etmek teknik analizin yanı sıra temel analiz ile de olanaksızdır.

2.4.1.1.1. Zayıf Formda Piyasa Etkinliği

Eğer geçmiş, fiyat hareketlerine ilişkin bütün bilgiler hisse senedinin cari fiyatına yansımakta ise piyasada zayıf formda etkinlik var demektir. Söz konusu piyasa verileri geçmiş, fiyat bilgileri, alışveriş hacmi bilgileri, en yüksek ve en düşük fiyatlar gibi tüm bilgilerdir. Bu bilgiler herkese kolayca ulaşabildiğinden, bütün yatırımcılar bu ipuçlarına göre hareket edecektir. Dolayısıyla herhangi bir yatırımcı diğerlerinden farklı bir kazanç elde etme imkanı bulamayacaktır[112].

Zayıf form, etkin pazar hipotezine göre gelecekteki fiyat hareketleri, geçmiş fiyatlarından bağımsız olarak hareket eder. Dolayısı ile geçmiş fiyat hareketlerine bakarak gelecekteki fiyat hareketleri konusunda öngörüde bulunmak mümkün değildir. Zayıf tipte piyasa etkinliği 'Rassal Yürüyüş Hipotezi' olarak da bilinir ve bu durumda teknik analizin geçerli olmadığı ve analiz yöntemlerini kullanarak, yatırımcıların bu yöntemlerden yararlanarak pazarın ortalama getirisinin üzerinde bir kazanç elde edemeyecekleri sonucu ortaya çıkacaktır[113]. Etkinlik ile ilgili yapılan araştırmalarınçoğu, zayıf formda etkinlik görüşünü doğrulamaktadır. Piyasada geçmiş, fiyat hareketlerine ilişkin bilgi setine dayalı aşırı kazanç fırsatları oluşuyorsa piyasa zayıf formda etkin sayılamaz.

---

[112] İbrahim TUNA, Yatırım ve Portföy Analizi, 1991, s. 175 9 Gordon, Alexander, Francis, Jack Clark, Portfolio Analysis, Third Edition, 1986, New Jersey s.177.
[113] Mehmet BOLAK, Sermaye PiyasasıMenkul Kıymetler ve Portföy Analizi. Beta Yayınları, İstanbul, s.150.

2.4.1.1.2. Yarı Kuvvetli Formda Piyasa Etkinliği

Piyasada hisse senedi fiyatları, halka açıklanan tüm bilgileri yansıtacak şekildeoluşuyorsa, piyasada yarı güçlü formda etkinlik bulunduğundan söz edilebilir. Şayet halka hisse senetleri ile ilgili bir bilgi açıklandığında, fiyatlarda süratli ve açıklanan bilgiyi doğrudeğerlendiren bir düzeltme meydana geliyorsa söz konusu varsayım geçerlidir[114]. Bu koşullar altında temel analiz yöntemleri de doğru sonuç vermez çünkü fiyatlar zaten temel analize girdi teşkil edebilecek bütün bilgileri yansıtacak düzeyde yani 'gerçek değere'eşit biçimde oluşacaktır. Piyasanın yarı kuvvetli formda etkin olması durumunda ancak içerden bilgi edinebilen bazı kişiler (insider traders) kısa dönemli fiyat hareketlerinden faydalanarak diğer yatırımcıların elde edebileceği ortalama piyasa getirisinin üzerinde getiri elde etme imkanı bulabilirler. Temel analiz ve teknik analiz yöntemlerini kullananlar herhangi bir üstünlük sağlayamayacaklardır.

2.4.1.1.3. Kuvvetli Formda Piyasa Etkinliği

Kuvvetli formda piyasa etkinliğinde insider trading olarak ifade edilen içeriden öğrenenlerin, piyasada diğer yatırımcılardan daha fazla getiri elde etmesi mümkün olmamaktadır. Piyasada hisse senetlerinin tüm bilgileri fiyatlarına yansıttığı varsayılır ve böyle bir durumda yatırımcılar ortalama getiri oranının altında getiri beklemezler.[115]

Bu hipotez altında hem kamuoyu, hem özel kaynaklı bilgi girişi, hisse senedi fiyatları üzerinde etkilidir ve hisse senedi fiyatlarının işletmeyle ilgili kamuya açık olmayan bilgileri de yansıttığı

[114] KAZAZ, a.g.e., 1991, s.68.
[115] KAZAZ, a.g.e., s.68.

varsayılmaktadır. Yeni bilgiler fiyata anında yansıdığından dolayı, alıcı veya satıcı için avantaj söz konusu değildir. Bu formdaki piyasa etkinliğinde, yöneticiler ve çalışanlar gibi özel bilgi sahipleri bu bilgileri kullanarak sürekli ilave getiri sağlayamamaktadırlar.

Menkul kıymet piyasalarında etkinlik üç ayrı tipte incelenmektedir[116] :

Bilgi etkinliği: Bilgi etkinliği, bir menkul kıymetin herhangi bir andaki fiyatının o menkul kıymet ile ilgili bütün bilgileri yansıtmasıdır.

İşlem etkinliği: Finans teorisinde finansal sistemin esas işlevinin, işlem maliyetlerinin azaltılarak piyasa etkinliğinin artırılması ve asimetrik bilgi sorunun çözülmesi olduğu savulmaktadır. İşlem etkinliği, menkul kıymet alım satımlarının mümkün olduğu kadar düşük maliyetle gerçekleştirilmesini ifade etmektedir. İşlem etkinliği, bilgi etkinliği ile bağlantılıdır. Asimetrik bilgi sorunu ortaya çıktığında pazar dengesi ilk en iyi değerinden sapma gösterir.

Piyasa şeffaflığı, yatırımcıların işlem süreci hakkındaki bilgileri izleyebilme olanaklarını ifade etmektedir. Yasal düzenlemeler ile sağlanan daha fazla Şeffaflık, menkul kıymet piyasalarında etkinliği artıracaktır[117].

Dağıtım etkinliği: Dağıtım etkinliği, ülke kaynaklarının menkul kıymetler aracılığı ile yatırımcılar arasında optimal dağıtımının sağlanmasıdır. Dağıtım etkinliği, bilgi ve işlem etkinliğinin varlığına bağlıdır. Bunlardan herhangi birisinin yokluğunda, kaynakların optimal olmayan dağılımı söz konusu olmaktadır.

---

[116] Ferhat ÖZÇAM, , Teknik Analiz ve İstanbul Menkul Kıymetler Borsası, SPK Yayınları, Yayın No:32, Ankara, 1996, s.115.
[117] Ananth MADHAVAN, David PORTER, Daniel WEAVER, Should securities markets be transparent?, Journal of Financial Markets, 8, 2005, s.270.

Serilerin durağanlıkları analiz edilerek fiyat getirilerinin etkinliği ölçülebilmektedir. Fiyatların durağanlığı için yapılan birim kök test sonuçlarına göre seri durağan olarak bulunursa piyasanın zayıf formda etkin olduğunu söylemek mümkündür.

2.4.2. Modern Portföy Teorisi (MPT)

Modern Portföy Teorisi 1950'li yıllardan sonra ortaya çıkan ve varlıklar arasındaki ilişkileri göz önüne alarak portföy oluşturmaya dayanan bir yaklaşımdır. Markowitz, 1952 yılında yayımlanan "Portfolio Selection" adlı makalesi ile ortalama varyans modelini ortaya koymuş ve modern portföy teorisinin temellerini atmıştır[118]. Harry Markowitz, finansal varlık getirileri arasındaki ilişkilerin dikkate alınması ve tam pozitif korelasyon içinde bulunmayan varlıkların aynı portföyde bir araya getirilmesiyle beklenen getiriden vazgeçmeden riskin azaltılabileceği göstermiştir.[119] Markowitz, risk, beklenen getiri, etkin çeşitlendirme, optimum portföy gibi kavramların üzerinde durarak Modern Portföy Teorisinin (MPT) gelişmesini sağlamıştır[120].

Markowitz, portföyün varyansının portföy riskini ölçmede kullanılabileceğini ve portföyün beklenen getirisini değiştirmeden etkin çeşitlendirmenin nasıl olabildiğini ortaya koymuştur. Geleneksel portföy yönetimi yaklaşımında esas ağırlık, tek bir finansal varlık seçimi üzerindeyken, Markowitz'le birlikte risk-getiri değişimi çerçevesinde varlıkların birbirleriyle ilişkisi ortaya konulmuş, böylece çeşitlendirme ve portföyün tümünün değerlendirilmesi gündeme gelmiştir.

---

[118] Harry Max MARKOWITZ, Portfolio Selection, 1952, a.g.e., s.81.
[119] Harry Max MARKOWITZ, *Portfolio Selection, Efficient Diversification of Investment.* Yale University Pres: New Haven and London/UK, 1959, s. 79.
[120] Charles P. JONES, Investments Analysis and Management, Third Edition, John Wiley&Sons, Inc., USA, 1991, s.627.

Etkin portföy belirli bir beklenen getiri düzeyi için, en düşük riske sahip portföydür[121]. Diğer bir deyişle, Markowitz'in etkin portföy tanımına göre, belirli bir risk düzeyinde, en yüksek beklenen getiriye sahip portföy, optimum portföydür.[122]

Modern Portföy Kuramı'na göre yatırımcının beklediği getiri ve risk değerleri portföy seçimini belirleyen iki temel değişkendir. Markowitz'e göre portföy oluşturmadaki temel amaç getiriyi maksimize ederken riski minimum kılmaktır. Modern Portföy Kuramı; Geleneksel Portföy Kuramı'nın aksine menkul kıymetlerin getirileri arasındaki ilişkileri önemseyen, matematiksel ve istatistiksel yöntemlere dayanan bir kuramdır. Bu kuramda portföye dahil edilen menkul kıymet sayısı kadar, bu menkul kıymetlerin getirilerinin birbiriyle olan ilişkileri oldukça büyük önem taşımaktadır. Getirileri aynı yönde hareket eden iki finansal varlığın aynı zamanda portföye koymanın marjinal faydası yüksek değildir.

Yatırımcılar getirilerinin yüksek olmasını isterler. Ancak getirinin tanımı yatırımcıdan yatırımcıya göre farklılık gösterebilir Burada getiriyle kast edilen sprekülatörlerin hedefledikleri getiri değil, öncelikle anaparasının korumasını garanti etmek ve yatırımlarının aynı zamanda güvenli olmasını isteyen yatırımcılardır. Güvenilirlikten anlaşılması gereken ise, belirsizliği belirlilik durumu altında yatırım kararı almaya tercih eden yatırımcılardır[123].

Portföy çeşitlendirmesi yapılması durumunda ortaya çıkan durum, portföyün yüksek getiri olanağı sağlamasıyla birlikte kabul edilemez

[121] William F. SHARPE, Portfolio Theory and Capital Markets, McGraw-Hill Book Company, 1940, s.81.
[122] Harry Max MARKOWİTZ, "Portfolio Selection", Journal of Finance, Vol.7 No.1, 1952, s.77-91
[123]MARKOWITZ, 1959, a.g.e., s.6.

düzeyde belirsizliğe sahip olabililir veya bu durumun tam tersinin olması da söz konusudur. Dolayısıyla portföyün bu iki uç nokta arasındaki yatırım seviyeleri arasında yer alması gerekir.

Portföy oluşturmaktaki amaç beklenen getiriyi maksimum yaparken, beklenen getiriden sapmanın minimum olmasıdır. Bu nedenle yatırımcılar, portföylerinde tek bir menkul kıymete yer vermek yerine, daha fazla sayıda menkul kıymetten oluşan portföyler oluştururlar. Ancak çeşitlendirme yapılırken portföye alınan hisse senedi sayısı kadar bu hisse senetlerinin birbiriyle olan ilişkisi de önemlidir. Getirileri arasında tam pozitif korelasyon bulunmayan menkul kıymetlerin bir portföyde toplanması ile, beklenen getiride bir düşme olmaksızın, sistematik olmayan risk azaltılabilmektedir.[124]Böylece, portföy kuramı yatırımcının beklenen faydasının maksimize edilmesini sağlamaktadır[125].

Markowitz'e göre sadece çeşitlendirme yaparak, riski azaltmak mümkün değildir. Varlıklar arasındaki düşük korelasyon da portföy riskini azaltmaya yöneliktir. Ayrıca, Markowitz çeşitlemesi basit çeşitlendirmeden daha analitiktir[126].Tek bir finansal yatırımın değerlendirilmesinde getiri, beklenen değerle risk ise varyansla veya varyansın karekökü olan standart sapma ile ölçülmektedir[127].

Markowitz geleneksel portföy teorisine üç önemli konuda katkıda bulunmuştur[128];Portföy yönetiminde, parçaların toplamı bütüne eşit

---

[124] Diana R.HARRINGTON, Modern Portfolio Theory and The Capital Asset Pricing Model : A User's Guide, Prentice- Hall, 1983, s.173.
[125] Gürel KONURALP, **Sermaye Piyasaları Analizler, Kuramlar ve Portföy Yönetimi,** Alfa Kitapevi, 2.Baskı, İstanbul, Mart 2005, s. 315.
[126] Jack ClarkFRANCIS, Management of Investments, Third Edition,1993, s. 234.
[127] Serpil CANBAŞ ve Hatice DOĞUKANLI, *Finansal Pazarlar, Finansal Kurumlar ve Sermaye Pazarı Analizleri.* 3. Baskı, Beta Yayınevi: Adana, 2001, s.291.
[128] Metin K. ERCAN ve ÜnsalBAN, Finansal Yönetim, Gazi Kitabevi, Ankara, Ocak 2005, s. 189.

değildir. Yani Markowitz, portföy riskinin, portföyü oluşturan varlıkların riskinden daha az olabileceğini ve belirli koşullarda portföyün sistematik olmayan riski sıfır yapılabileceğini göstermiştir.

İkinci katkısı, yatırımcıların bazı portföyleri aynı getiriyi sağlamakla birlikte, daha riskli oldukları için, bazı portföyleri de aynı risk düzeyinde olmakla, daha az getiri sağladıkları için tercih etmeyeceklerini, dolayısıyla bazı portföylerin diğerlerine göre daha üstün olduklarını ve bu durumu üstünlük ilkesi olarak ileri sürmüş olmasıdır. Markowitz'e göre portföylerin seçilmesinde etkin sınır söz konusudur Etkin sınır bir çok hesaplama ile yapılabilmektedir.

Markowitz, çeşitlendirmenin hisse senetleri getirileri arasındaki ilişkiye (korelasyona) dayanması gerektiğini ve belli bir hisse senedinden sonra portföye dahil edilen hisse senetlerinin portföy riskinin düşürülmesinde faydası olmayacağı görüşünü ortaya koymuştur. Bu bağlamda, Evans ve Archer (1968) tarafından yapılan çalışmada yaklaşık 10 hisse senedinin çeşitlendirme için yeterli olduğu sonucuna varılmıştır[129].

Optimum portföy, risksiz getiri ile etkin sınırı birleştirendoğrununeğimini en yükseğe çıkaran portföy olarak tanımlanmaktadır. Risksiz varlık olması durumunda optimum portföy, yatırımcıların tercihine bağlı olmayıp, yatırımcılar, risk ve getiri arasındaki tercih yapıları ne olursa olsun, aynı optimum portföyü seçeceklerdir. Ayrım teorisine göre yatırımcılar, riskli varlıklarla, risksiz varlığın en uygun karışımını bularak, kendi tatmin düzeylerini en yükseğe çıkaracaklardır[130].

---

[129] John L. EVANS ve Archer STEPHEN H. "Diversification and The Reduction of Dispersion: An Emprical Analysis", Journal Of Finance; Vol. 23(5), December 1968, s.765.
[130] Gordon J. ALEXANDER, William F. SHARPE ve Jeffery V. BAİLEY, Fundamentals of Investments, 2. edition, Prentice- Hall., 1993, s.218-219.

Teorem bu ismi, optimum portföy seçme ile kişisel portföy oluşturmaişlemlerinin birbirinden ayrılmış olmasından almaktadır. Finansman kararı riskli varlıkların bir portföy için seçiminden ayrıdır[131]. Pazardaki tüm finansal varlıklar, optimum portföye girecekler ve optimum portföydeki ağırlıklar pazarın durumunu yansıtacaktır. Başka bir deyişle, optimum portföy, pazar portföyüdür.

Portföydeki menkul kıymetlerin getirileri arasındaki korelasyon katsayısı pozitif olarak arttıkça portföyün riskinde artış olur ve çeşitlemenin etkisi de kaybolur.Korelasyon katsayısı -1'e doğru yaklaştıkça, portföyün beklenen getirisinde bir azalma olmadan portföyün riskinde düşüş meydana gelmektedir.

Modern portföy yaklaşımın varsayımları aşağıdaki gibi sıralanabilir[132]:

- Yatırımcı, her yatırım seçeneğini beklenen getirilerin olasılık dağılımları ile değerlendirmektedir.
- Yatırımcılar, tek dönemde beklenen getirilerini maksimize etmeye çalışırlar.
- Yatırımcılar, portföyün riskini, getirilerin beklenen getirisinden sapmaları şeklinde ifade etmektedirler.
- Yatırımcılar, kararlarını tamamıyla ve yalnızca risk ve beklenen getiri temelinde verirler. Dolayısıyla kayıtsızlık eğrileri beklenen getiri ve varyansın (veya standart sapmanın) bir fonksiyonudur.

---

[131] Robert KOLB ve Rodriguez RICHARDO, Essential Financial Management, Kolb Publishing, 1994, s.240.
[132] İbrahim Engin ÜSTÜNEL, Durağan Portföy Analizi ve İMKB Verilerine Uygulanması, İMKB, Ankara, 2000, s.9.

- Yatırımcılar, belli risk seviyesinde yüksek getiriyi düşük getiriye ya da belli bir getiri seviyesinde düşük riski yüksek riske tercih ederler.

- Yatırımcılar, almak istedikleri menkul kıymetlere ait işletme ve pazar hakkında herhangi bir maliyete katlanmadan bilgi alabilmektedirler.

- Tüm yatırımcılar, menkul kıymetlerin beklenen getirileri, standart sapmaları ve korelasyona ilişkin aynı bilgiye sahiptirler.

Bu varsayımlar altında, bir menkul kıymet ya da menkul kıymetlerden oluşan bir portföy aynı ya da daha düşük, risk düzeyinde daha fazla getiriye sahipse, ya da aynı ya da daha yüksek beklenen getiri düzeyinde daha düşük bir riske sahipse etkin olarak kabul edilir[133]. Etkin portföyler arasında yapılan seçimler yatırımcının risk alma kabiliyetine ve risk alma isteğine göre değişmektedir. Bu noktada portföy seçiminde şu aşamalar ortaya çıkmaktadır:[134]

- Etkin olan ve etkin olmayan portföyler belirlenir ve etkin portföyler seçilir.

- Etkin olan portföyler içinde beklenen getirisi ve portföyün belirsizlik derecesine göre seçim yapılır.

- Yatırımcının veya porföy yöneticisinin risk-getiri tercihlerini, yatırımcının ihtiyaçları doğrultusunda yapıp yapmadığı araştırılır.

[133] Frank K. REILLY, Investment Analysis and Portfolio Management, a.g.e., s.242.
[134] MARKOWITZ, 1959, a.g.e., s.7.

- Son olarak hangi portföyün en uygun risk-getiri kombinasyonunu oluşturduğu tespit edilir.

Markowitz'in ortalama varyans modeli teorik bağlamda uygun görülse de bazı açılardan eleştirilmiştir. Öncelikle ortalama varyans ölçütü ile her zaman portföy kararı verilememesi modelin eleştirilen bir yönüdür. Bununla beraber bir kuadratik programlama modeli olması ve çözüm için çok sayıda kovaryans matrisi kullanılmak zorunda kalınması, o dönemlerde teknolojinin gelişmemiş olması, araştırmacıları çözüm için farklı çabalara yöneltmiştir. Ayrıca modelin bazı varsayımlarının gerçekleşme olasılığının düşük olması bu çabaları arttırmıştır. Markowitz portföy seçimi modeli, optimal portföye sahip olmak için yatırım araçlarının riskli getirileri incelenerek geliştirilmiş bir model olma özelliğini taşımakta ve günümüz bilgisayar teknolojilerinin gelişmesiyle kullanımı artmış bulunmaktadır[135].

2.4.3. Sermaye Piyasası Kuramı

Markowitz'in modern portföy kuramı üzerine kurulan bir kuramdır. Harry Markowitz'in kuramında sadece riskli varlıklar analiz kapsamına alınıp etkin sınır elde edilirken, sermaye piyasası kuramında risksiz finansal varlıklarda modele dahil edilerek yeni bir etkinlik setine ulaşılmıştır. Sermaye piyasası teorisinin en belirgin özelliği risksiz finansal varlık kavramıdır. Sermaye Piyasası Kuramı'nın Varsayımları aşağıdaki gibi sıralanabilir:

- Tüm yatırımcılar etkinlik sınırı üzerinde yer almaya çalışan etkin yatırımcılardır.

[135] USTA, a.g.e., s.310.

- Yatırımcılar risksiz faiz oranı üzerinden her miktarda borç alma ve borç verme olanağına sahiptirler.
- Tüm yatırımcılar homojen beklentilere sahiptir; yani gelecekteki getiri oranlarının olasılık dağılımı hakkında eşit bilgiye sahiptirler.
- Tüm yatırımcılar analizlerini tek dönemlik yapar.
- Tüm yatırım alternatifleri en küçük birime kadar bölünebilme özelliğine sahiptir.
- Yatırım alternatiflerinin alınıp satılmasında vergi ve işlem maliyeti yoktur.
- Enflasyon ve faiz oranlarında değişiklik yoktur ya da tüm değişiklikler tamamen öngörülebilir.
- Sermaye piyasaları dengededir.

3. BÖLÜM

FİNANSAL VARLIKLARI FİYATLAMA MODELİ

3.1. Endeks Modelleri

Modern Portföy Teorisi, birçok yatırım alternatifi arasından yatırımcılara kendi optimal portföylerini oluşturma kolaylığını sağlamaktadır. Ancak optimal portföy oluşturabilmek için bazı bilgilere ihtiyaç vardır. Öncelikle portföye alınacak her bir menkul kıymetin beklenen getirisi hesaplanmalıdır. Beklenen getiriler hesaplandıktan sonra, her bir menkul kıymetin varyansı hesaplanmalıdır. Son olarak portföye girebilecek bütün menkul kıymetleri ikişer ikişer ele alarak kovaryansları ya da aralarındaki korelasyon katsayılarının hesaplanması gerekmektedir.[136]

Optimal portföy seçiminde, portföyün beklenen getirisi ve riski birlikte hareket eden değişkenlerdir. Risk ve getiri arasında her zaman için pozitif yönlü bir ilişki bulunmaktadır. Risk arttıkça, getiri de artacaktır. Portföyün beklenen risk ve getiri değerleri, oluşturulan portföye dâhil edilen menkul kıymet sayısına, bu menkul kıymetlerin portföy içindeki ağırlıklarına ve beklenen getirilerine bağlı olarak değişecektir.

İlk kez Sharpe tarafından 1963 yılında ortaya atılan endeks modeli, yatırımcıların kendi optimal portföyünü oluşturabilmesi için tek tek hisse senetlerinin getirisini ölçmektense, pazarın toplam riskini ölçmeyi temel almaktadır. Pazarın riski, portföy içindeki hisse senedi sayısından bağımsız

---

[136] Ali CEYLAN, Turhan KORKMAZ, Sermaye Piyasası Menkul Değer Analizi, Ekin Kitabevi, Bursa, 2006, s. 525.

olduğundan, daha az sayıda veri ile optimal portföye ulaşmak mümkündür.[137]

3.1.1. Tekli Endeks Modeli

Sharpe tarafından Markowitz'in Portföy Teorisi'ne alternatif olarak geliştirilen modellerden biridir. Sharpe modeli, herhangi bir hisse senedinin optimal portföye dahil edilip edilmemesinde en önemli etken olarak beta katsayısını görmektedir. Sharpe, oluşturduğu modelinde kullanacağı parametreleri seçerken farklı bir hesaplama yöntemi kullanmış ve Markowitz'in elde ettiklerine yakın değerler bulmuştur. Böylece yatırımcıları, Markowitz'in modelinde karşılaştığı işlem yoğunluğundan kurtarmıştır. Çeşitli hisse senedi getirilerinin ortak ilişkili oldukları bir faktöre bağlama varsayımından hareketle, Sharpe tarafından geliştirilen bu modelde, hisse senetlerinin getirileri arasındaki korelasyon ortadan kaldırılarak, getiriler Pazar İndeksi'nin getirisine bağlanmıştır. Buna göre;

$R_i=\alpha_i+\beta_i R_m+\varepsilon_i \qquad i=1,2,3,.....n$

R_i = i hisse senedinin getirisi

R_m = Pazarın getirisi

α_i = Piyasanın durgun olduğu durumda i hisse senedinin getirisi

β_i = i hisse senedi ile pazar arasındaki ilişki

ε_i = hata terimi

[137] Gürel KONURALP, Sermaye Piyasaları Analizler, Kuramlar ve Portföy Yönetimi, 2. Baskı, Alfa Kitabevi, İstanbul, 2005, s. 287.

Sharpe Modeli'nde bir portföyün getirisi, portföye giren hisse senetlerinin getirilerinin ağırlıklı ortalamasıdır.[138]

X_i = i hisse senedinin portöy içindeki payı

R_p = Portföyün getirisi

olduğu bir durumda portföy getirisi;

$R_p = \sum_{i=1}^{n} X_i R_i$, $0 \leq x_i \leq 1$

Elton ve Gruber, 1995 yılındaki çalışmalarında[139] Sharpe'ın çalışmalarını optimal portföy seçimine uygulamak amacıyla bir yöntem geliştirmişlerdir. Bu yöntemde öncelikle hisse senetleri kestirim değerlerine göre sıralanmaktadır. Kestirim değeri ise şu şekilde hesaplanmaktadır:

Kestirim Değeri = $\frac{\bar{R}_i - R_f}{\beta_i}$

$\bar{R}_i$= i hisse senedinin beklenen getirisi

R_f = Risksiz faiz oranı

β_i = Piyasa portföyü ile hisse senedi arasındaki beta katsayısı

Bu oran ne kadar büyük olursa, hisse senedinin performansı o kadar iyi olmaktadır. Yüksek getiriye sahip olan hisse senetlerinin hangilerinin portföye dahil edileceğine ise C kesim noktası ile karar verilmektedir. Bu değerin bulunabilmesi için ise her bir hisse senedi için C_i değerlerinin hesaplanması gerekmektedir. C_i değeri şu şekilde hesaplanmaktadır:

---

[138] William F. SHARPE, "A Simplified Model for Portfolio Analysis", Management Science, Vol :9, 1963, s.277-293.

[139] Edwin J. ELTON, M.J. GRUBER, Modern Portfolio Theory And Investment Analysis, 5th Edition, Canada, 1995.

$$C_i = \frac{\sigma_m^2 \sum_{i=1}^{n} \frac{(R_i - R_f)\beta_i}{\sigma_{ei}^2}}{1 + \sigma_m^2 \sum_{i=1}^{n} \frac{\beta_i^2}{\sigma_{ei}^2}}$$

Hesaplanan kestirim değerleri ile C_i değeri karşılaştırılmaktadır. C_i değeri, kestirim değerinden büyük olan hisseler oluşturulacak portföye dahil edilirken, küçük olan hisse senetleri ise portföye dahil edilmemektedir. Kestirim değeri > C noktası kesim noktası olan C^*'ı verir. Portföye dahil edilecek hisse senetlerine karar verildikten sonra, bu hisse senetlerine yapılacak olan yatırım tutarlarına karar verilir. Yatırım tutarlarının hesaplanmasında ihtiyaç duyulan Z_i değeri ise şu şekilde hesaplanmaktadır:

$$Z_i = \frac{\beta i}{\sigma_{ei}^2}\left(\frac{\overline{Ri} - Rf}{\beta i} - C^*\right)$$

Herhangi bir i hisse senedinin portföy içerisindeki ağırlığı ise şu şekilde hesaplanmaktadır.

$$x_i = \frac{Z_i}{\sum_{i=1}^{k} Z_i}$$

$$\sum_{i=1}^{k} x_i = 1$$

Böylece Tek Endeks Modeli'ne göre oluşturulan bir portföyde yer alan hisse senetlerinin ağırlıkları bulunmuş olacaktır.

3.1.2. Çoklu Endeks Modeli

Tekli endeks modeli, menkul kıymetlerin fiyatlarının, piyasadaki oluşumlara bağlı olarak birlikte değiştiğini varsaymaktadır. Ancak tekli endeks modelinin atladığı nokta pazar dışı faktörlerin de menkul kıymet fiyatları üzerinde etkileri olduğudur. Yapılan araştırmalarda menkul kıymet getirilerinin yalnızca piyasa endeksine bağlı olmadığı, başka değişkenlerin de etkisi altında olduğu ortaya konulmuştur. Bu değişkenler, faiz, enflasyon gibi makro değişkenler olabilir.

Çoklu Endeks Modeli, Tekli Endeks Modeli'ne göre optimal portföyün oluşturulması için daha elverişlidir. Uygun bir şekilde oluşturulan çoklu endeks model, çok sayıda risk/getiri bileşimi sağlamaktadır. Hisse senetleri, devlet tahvilleri, şirket tahvilleri gibi menkul kıymetlerin her biri için çoklu endeks modeli tanımlanabilir. Bu nedenle çoklu endeks modeli, literatürde iki tür olarak karşımıza çıkmaktadır:

- Kovaryans Form
- Diyagonal Form

Çoklu Endeks Modeli'nin Kovaryans Formu menkul kıymetlerin tümünün endüstrilerin her birinden oluştuğunu varsaymaktadır. Her menkul kıymet getirisinin, endüstri indeksi seviyesi ile doğrudan ilişkisi olduğu kabul edilmektedir. Her menkul kıymet sınıfı için tekli endeks modeli formülü burada da kullanılabilmektedir.

$R_i = A_i + B_i J_j + C_i$

J_j = j endüstri endeksinin gelecekteki değeri olup;

$J_j = A_{N+j} + C_{N+j}$'dir. J=1,2,……,M

Çoklu Endeks Modeli'nin Diyagonal Formu ise kovaryans form ile aynı temel yapıda olmakla birlikte, kovaryans forma ek olarak her endüstri endeksinin tüm piyasa endeksi ile yakın ilişki içinde olduğu varsayılmaktadır. Model, daha fazla kukla menkul kıymet içermektedir. Endüstri endekslerinin gelecekteki değerleri şu şekilde hesaplanmaktadır:

$$J_j = A_{N+j} + B_{N+j}I + C_{N+j}$$

$$J=1,2,\ldots\ldots\ldots,M$$

Çoklu Endeks Modeli, menkul kıymet getirisini bağımlı değişken olarak, piyasa endeksinin getirilerini ise bağımsız değişken olarak ele alan bir tür çoklu regresyon modelidir. Bu model, menkul kıymet getirilerini yalnızca piyasa endeksine değil, daha başka değişkenlere de bağlı olduğunu varsaymaktadır. Faiz ve enflasyon gibi makro değişkenler çoklu endeks olabilmektedir. Ancak bu endekslerde kullanılan değişkenlerin birbirinden bağımsız olması şarttır. Aksi durumda faktör analizine benzer bir teknikle değişkenlerin bağımsız değişkene dönüştürülmesi gerekmektedir.[140]

3.2. Finansal Varlıkları Fiyatlama Modeli

Finansal Varlık Fiyatlama Modeli olarak isimlendirilen "Capital Asset Pricing Model" (FVFM–CAPM), risk ile getiri arasındaki ilişkiyi ölçmek için kullanılan bir modeldir. FVFM bir tekli endeks uygulamasıdır. Bu modelin amacı ; finansal varlık fiyatlarını, getiri ve risk arasında mevcut bulunan ilişki yönünden inceleyerek tanımlamaktır. Finansal varlıkların risklerinin ve getirilerinin dengelenmesinde yaygın bir kullanım alanı bulan FVFM, William F. Sharpe(1964), Litner(1965) ve Mossin(1966) tarafından birbirlerinden bağımsız çalışmalarla, ancak hemen hemen aynı dönemde geliştirilmiş, Black , Treynor ve birçok bilim

[140] Kalman J. COHEN, Jerry A. POGUE, "An Empirical Evaluation of Alternative Portfolio – Selection Models" Journal of Business, Volume 40, Issue 2, 1967, s. 168.

adamının katkılarıyla şekillenmiştir. FVFM her ne kadar menkul kıymetler için geliştirildiyse de, sabit kıymet yatırımları ve hatta piyasaya pek girmeyen insan sermayesi yatırımları için de kullanılmaktadır. Modelin her türlü yatırım için geçerli olabileceği görünümü verilmektedir.

Modeli kısaca tanımlamak gerekirse FVFM, herhangi bir hisse senedinden yatırımcıların beklediği getiri oranının risksiz faiz oranına ve riskin çeşitlendirmeyi yansıttığı durumundaki risk primine eşit olacağını savunan bir önermeye dayanılarak geliştirilmiş bir modeldir.

FVFM'nin tahminini yaparken önerilen, inceleme dönemin mümkün olduğunca uzun olması ve böylece gözlem sayısının artırılmasıdır. Betayı tahmin etmek için uzun dönem kullanılması ise, tahmin dönemi içinde gerçek betada meydana gelecek değişmeler tahmine yansıtılamayacağından, yapılacak tahminin sapmalı olmasına yol açar. Bunu engellemek için tahmin dönemini kısaltmak yoluna gidilmektedir. Bu durumda da gözlem sayısı azalacaktır. Bu sakıncayı gidermek amacıyla veri sıklığı artırılmaktadır. Örneğin beş yıllık dönemde aylık veriler kullanmak yerine iki yıllık dönemde haftalık veri veya bir yıllık dönemde günlük verilerden yararlanılmaktadır. Ancak bu durumda da dönem kısalıp, veri sıklığı artıkça; veri durağanlıktan uzaklaşmakta ve tahminin etkinliği azalmaktadır. Yapılan çalışmalarda çeşitli dönem ve veri sıklıkları içerisinde en makul olanın beş yıllık aylık veri kullanımı olduğu görülmüştür[141].

FVFM'de piyasa endeksi tüm dünyadaki menkul kıymetleri içerdiği gibi gayrimenkulleri, beşeri sermayeyi, tüketim malları vs. içerdiğinden uygun bir temsilcisini bulmak oldukça zordur. Piyasa endeksi temsilcisi

---

[141] Bartholdy JAN, Paula PEARE, 'Estimation of excepted Return: CAPM vs Fama and French', http://papers.ssrn.com./sol3/papers.cfm?abstract_id=350100, 2003, s.7, 22.04.2014.

olarak genellikle ilgili ülkelerdeki borsa bileşik endeksleri seçilir. Örneğin ABD'de yaygın olarak Standard & Poor's Composite Index kullanılmaktadır. Ancak son yıllarda yalnızca borsa endekslerinden değil, bu endekslerin yanı sıra ekonomi endeksleri ve gayrisafi milli hasıla gibi ölçülerden de yararlanılmaktadır. Burada amaç ekonominin her sektöründeki mal ve hizmet değerlerinin endeks tarafından temsil edilmesini sağlamaktır.

Modern portföy teorisinde beklenen getiri ile risk arasındaki ilişkiyi tahmin etmekte FVFM kullanılmaktadır. FVFM; riskten kaçınan ve rasyonel davranan bir yatırımcının karını maksimize etmek amacıyla oluşturacağı portföyü;

- Veri getiri düzeyinde riskini minimize edecek,
- Veri risk düzeyinde ise beklenen getirisini maksimize edecek şekilde seçeceğini varsayar.

Böyle bir modelde portföy riskinin ölçüsü olarak portföy varyansı kullanılır ve bu model etkin ortalama-varyans modeli (mean-variance efficient model) olarak adlandırılır[142]. Bu durumda beklenen getiri ve risk arasındaki ilişkinin test edilebilmesi için, portföyün etkin portföy olması, diğer bir ifade ile piyasadaki finansal varlık fiyatlarının tüm yatırımcılara açık olması gerekir. Böyle bir piyasada;

- t-1 döneminde finansal varlıkların fiyatları tüm yatırımcılara açık olduğundan, yatırımcılar varlık getirilerinin t dönemine ilişkin bileşik dağılımı üzerinde hemfikirdir.

---

[142] Eugene F. FAMA ve Kenneth R. FRENCH, The Capital Asset Pricing Model: Theory and Evidence, Journal of Economic Perspectives, 2004, 18, s.25-40.

- Piyasada risksiz bir borç alma ve verme oranı mevcuttur ki, bu oran yine tüm yatırımcılar için aynıdır ve alınan veya verilen borcun miktarına bağlı değildir.

Böyle bir piyasada yatırımcı beklenen getirisini yükseltmek istediğinde, daha yüksek bir oynaklığı (volatility) veya riski kabul etmek zorunda kalacaktır. Bu tür piyasalar bilgiye dayalı etkin piyasalardır. Etkin bir piyasada FVFM; portföyün minimum varyans sınırında olması gerektiğini söyler. FVFM'ne göre, *i.* Finansal varlığın beklenen aşırı getirisi (beklenen getiri – risksiz varlığın getirisi):[143]

$$E(R_i)-R_f = \beta_i\,[E(R_m) - R_f] \qquad (1)$$

olarak tanımlanır. Burada R_i , *i.* Finansal varlığın getirisi; R_f , risksiz varlığın getirisidir ki tahmin dönemi boyunca sabit varsayılır. R_m, piyasa portföyünün getirisidir. Bu modelde piyasa portföyü dünyadaki tüm finansal varlıkları içeren ve gözlenemeyen bir portföydür.

β_i ise; $\beta_i = Cov(R_i,R_m)/\sigma_m^2$

şeklinde *i.*varlığın piyasa portföyüne bağlı sistematik riskidir ve sistematik risk portföyün çeşitlendirilmesi ile ortadan kaldırılamayan veya azaltılamayan risk olarak tanımlanmaktadır. Beta katsayısı piyasa portföyündeki değişmelere bağlı olarak hisse senedi getirilerinin duyarlılığının ölçüsüdür ve *i.* varlığın getirisi ile piyasa getirisi arasındaki doğrusal regresyon modelinin eğimidir. σ_m^2 ise, piyasa portföy getirisinin varyansıdır ve $[E(R_m) - R_f]$ de piyasa portföyünün risk primidir.

---

[143] Haim LEVY, Equilibrium in an Imperfect Market: A Constraint on the Number of Securities in the Portfolio, *The American Economic Review*, Vol. 68, No. 4. (Sep., 1978), s. 643.

Kurulan bu modelde amaç sistematik risk ölçüsü β_i 'yi tahmin etmektir. Bu tahmin yapılırken (1) numaralı denklemde beklenen aşırı getirilerden yararlanılmıştır. Ancak uygulamada gerçekleşen değerler söz konusu olduğundan modellerde hisse senetlerinin gerçekleşen ham getirileri (R*i*) veya gerçekleşen aşırı getirileri (R*i*-R*f*) kullanılmaktadır.

FVFM iki aşamada tahmin edilir. İlk aşamada *i.* hisse senedine ait ham getiriler kullanılarak;[144]

$$R_{it} = \alpha_i + \beta_i R_{mt} + \varepsilon_{it} \quad t=1,\ldots,t0 \qquad (2a)$$

veya aşırı getiriler kullanılarak,

$$R_{it} - R_f = \alpha_i + \beta_i (R_{mt} - R_f) + \varepsilon_{it} \quad t=1,\ldots,t0 \qquad (2b)$$

zaman serisi regresyonunun tahmini yapılır. R_{it}, *i.* varlığın *t* dönemindeki getirisini gösterirken, ε_{it} saf hata terimidir ve sistematik olmayan portföy riskini diğer bir ifade ile çeşitlendirme ile ortadan kaldırılabilen riski gösterir. (2a) ve (2b) modellerinde α_i , piyasa portföyünün getirisi sıfırken, *i.* hisse senedinin getirisini vermektedir. FVFM'nin geçerli olduğu bir piyasada tüm hisse senetleri için α_i =0 olmalıdır.

İkinci aşamada ise, (2a) veya (2b) zaman serisi regresyonlarından tahmin edilen β_i sistematik risk değerleri açıklayıcı değişken olarak;

$$\bar{R}_i = \gamma_0 + \gamma_1 \beta_i + \varepsilon_i \quad i= \quad 1,\ldots\ldots,N \qquad (3a)$$

$$\bar{R}_i - R_f = \gamma_0 + \gamma_1 \beta_i + \varepsilon_i \quad 1,\ldots\ldots,N$$

144 LEVY, a.g.e., s.644.

şeklindeki çapraz kesit verisi regresyonunda ortalama getirileri açıklamak amacıyla kullanılmaktadır. Burada γ_1=R*m*-R*f* risk primi regresyon doğrusunun eğimidir ve istatistiksel olarak anlamlı ve pozitif bir katsayı olduğu varsayılmıştır. Aksi takdirde beta hisse senetlerinin aşırı getirilerini açıklamakta yetersiz kalacaktır.

FVFM ile hisse senetlerinin getirileri tahmin edilirken;

- hisse senedi fiyatlarında temettü ve bölünmelere ilişkin düzeltme yapılıp yapılmadığı,
- hisse senedi getirisi olarak ham getirilerin mi yoksa aşırı getirilerin mi kullanıldığı,
- kullanılan veri sıklığı ve zaman dönemi,
- piyasa portföyünü temsilen hangi endeksin kullanıldığı önemlidir.

FVFM çerçevesinde temettü ödemeleri ve hisse senedi bölünmelerinin senet fiyatlarına yansıtıldığı varsayılmaktadır. Bu nedenle çalışmalarda genellikle düzeltilmiş hisse senedi fiyatları kullanılmaktadır.

Riskli bir yatırımın riskinin bir bölümü çeşitlendirme yoluyla azaltılabilir. Bu özelliğin sebebi, finansal varlıkların kendilerine özgü sistematik olmayan risklerinin büyük portföylerde etkisini yitirirken, sistematik risklerinin bütün varlıkları etkilemesidir.

FVFM, sistematik olmayan risk elimine edilebildiğinden, riskli bir yatırımın getirisinin alınan sistematik riskin karlılığı olacağını ifade eder. Varlığın sistematik riski beta değeriyle ifade edilir.

$[E(Ri)-Rf] / b_i$: Getiri-risk oranı

Etkin bir piyasada, her varlık için bu oran eşittir. Yani, varlıkların beklenen getirileri betalarına denk gelecek şekilde çizildiğinde, düz bir doğru oluşur ve buna Finansal Varlık Pazar Doğrusu (FVPD) denilir.

FVFM şu özelliklere sahip bir etkin pazar bulunduğu varsayar:

a) büyük yatırımcıların piyasayı etkileyebilecek büyüklükte olmadıkları (price-taker) bir pazar,

b) herhangi bir vergi ya da işlem masrafının bulunmadığı bir pazar,

c) bütün riskli varlıkların kamuya açık olarak pazarlandığı bir pazar,

d) borçlanılmak ya da borç verilmek istenen her miktarın risksiz bir getiri oranından ("risk- free rate") bulunabileceği bir pazar.

- FVFM'e göre, pazar portföyü risk-getiri denklemi açısından verimli olan tek portföydür ve bu yüzden pasif bir yatırım stratejisi olarak etkin bir yoldur.

- Pazar portföyü değer-ağırlıklı bir portföydür. Her hisse senedi, kendi pazar değerinin toplam pazar değerine oranı miktarında bulundurulur. Pazar portföyünün risk primi varyansıyla ve ortalama bir yatırımcının risk tercihleriyle orantılıdır.

- Tek-indeksli bir hisse senedi piyasasında, indeks belirlendikten sonra, her hissenin betası hissenin getirisinin indeksin getirisi ile regresyonuyla bulunabilir.

- Bu regresyon doğrusuna Hisse Senedi Karakteristik Doğrusu ("SCL") denir. SCL kesişim noktası alfa olarak adlandırılmakta olup, indeks getirisinin 0 olduğu durumda hisse senedinin ortalama getirisidir. FVFM'e göre alfalar 0 olmalıdır.

3.2.1. Finansal Varlıkları Fiyatlama Modeli'nin Varsayımları

Finansal Varlıkları Fiyatlama Modelinin çeşitli varsayımları bulunmaktadır. Modelin geçerliliği bu varsayımların gerçekleşmesi durumunda bulunmaktadır. Aşağıda finansal varlıkları fiyatlama modelinin temel varsayımlarından bahsedilmiştir.

3.2.1.1. Risksiz Varlık

Yatırımcıların risksiz faiz oranı üzerinden diledikleri kadar borç alıp borç verebilme olanağı olduğunun varsayılması, finansal varlıkları fiyatlama modelinin risksiz varlık yaklaşımını oluşturmaktadır. Riskli varlık, getirisinin yatırım dönemi içerisinde oluşabilecek çeşitli durumlara göre artıp azalabileceği varlıklardır. Yatırımın muhtemel getiri oranlarının ağırlıklı ortalaması beklenen getiri oranını, beklenen getiri oranından sapmayı da risk oluşturmaktadır. Risksiz varlık ise, yatırımcının dönem sonunda elde edeceği getiriyi bildiği varlıklardır. Bu varlıkların getirisi ve dolayısıyla getiri oranı, kesin olarak başta belirlendiği şekilde gerçekleşmektedir. Varsayımsal olarak hazine bonosu risksiz varlıktır. [145]

Risksiz varlığın getirisi kesin olarak bilindiğinden, bu varlığın beklenen ve gerçekleşen getirisi birbirine eşit olduğundan beklenen getirinin standart sapması da doğal olarak sıfır olacaktır. Bu nedenle risksiz varlığın, riskli varlıklar ile portföy oluşturması durumunda portföy riski

[145] Mehmet BOLAK, Sermaye Piyasası, Menkul Kıymetler ve Portföy Analizi, 2. Basım, Beta Basım Yayım Dağıtım, İstanbul, 1994, s. 10.

üzerinde etkisini belirleyen kovaryans özel bir önem kazanmaktadır. İki varlığın getiri oranları arasındaki kovaryansın hesaplanmasında aşağıdaki formül kullanılmaktadır:

$$\sigma_{ij} = \sum_{k=1}^{n} P_k \{[R_{ik} - E(R_i)][R_{jk} - E(R_j)]\}$$

Formülde yer alan,

σ_{ij} = i ile j varlıklarının beklenen getiri oranlarının kovaryansı

P_k = k durumunun gerçekleşme olasılığı

R_{ik} = k durumu gerçekleştiğinde i varlığının getiri oranı

R_{jk}= k durumu gerçekleştiğinde j varlığının getiri oranı

$E(R_i)$= i varlığının beklenen getiri oranı

$E(R_j)$= i varlığının beklenen getiri oranını temsil etmektedir.

Kovaryans, iki varlığın getiri oranlarının birlikte hareket etme derecesini göstermektedir. Birden çok varlık bir araya gelerek bir portföy oluşturduğu durumda, portföyü meydana getiren varlıkların getiri oranlarının ne olacağı önem kazanmaktadır. Bir varlığın getirisi artarken, diğeri azalıyorsa, yani kovaryans negatifse, portföyün riski, iki varlığın risklerinin toplamından daha düşüktür. Bu nedenle kovaryans, risk düşürücü etki yaratmaktadır. Bu nedenle risksiz varlığın getirisi belli olduğundan, risksiz varlığın beklenen getirisi ile gerçekleşen getirisi birbiriyle aynı olacak, bu da formülde yer alan başta risksiz varlığın getiri oranı olmak üzere, tüm sonucun sıfır olmasına neden olacaktır. [146]

3.2.1.2. Sermaye Piyasası Doğrusu

Portföy Teorisi, yatırımcıların bireysel portföylerinin her zaman etkin portföyler eğrisi üzerinde bulunduğunu varsaymaktadır. Risksiz faiz oranından başlayarak etkin portföyler eğrisi üzerindeki bir noktaya teğet geçen sermaye piyasası doğrusu, aşağıdaki şekilde görülmektedir.

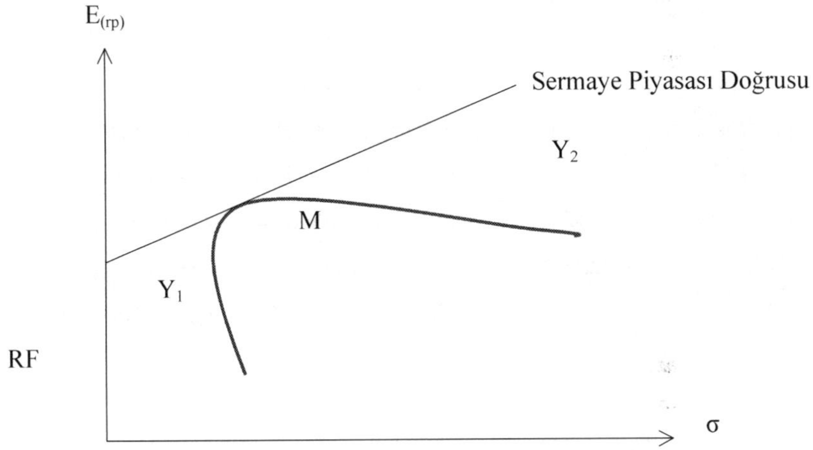

Şekil 3.1.: Sermaye Piyasası Doğrusu

$E_{(rp)}$: Beklenen getiri miktarı

σ_p: Portföy Riski

[146] BOLAK, a.g.e., s. 11.

Y_1-M: Riski sevmeyen yatırımcıların pozisyon alacağı bölge

M-Y_2: Riski seven yatırımcıların pozisyon alacağı bölge

Sermaye piyasası doğrusunun temel dayanağı risksiz varlıktır. Yatırımcıların risksiz bir oran üzerinden borç alıp verebilmeleri varsayımına dayanmaktadır. Doğal olarak bu varsayım altında optimal portföy, sermaye piyasası doğrusunun etkin eğriye teğet geçtiği noktada gerçekleşecektir. Sermaye Piyasası Doğrusu'nun matematiksel ifadesi şu şekildedir:

Sermaye Piyasası Doğrusu = $Ek_p = R_f - \frac{Ek_m - R_f}{S_m} S_p$

Formüle göre herhangi bir portföyün beklenen verimi, risksiz faiz oranı ile risk priminin portföy standart sapması ile çarpımından elde edilen tutarın toplamıdır. Formülde yer alan $Ek_m - R_f / S_m$ ifadesi, risk primi olarak ifade edilmekte ve sermaye pazarı doğrusunun eğimi olmaktadır. Risk primi, bir anlamda riskin pazar fiyatı olduğundan, standart sapmadaki her birim artış için ne kadar ek verimin gerekli olduğunu göstermektedir.

Riskin Pazar fiyatını kısaca λ olarak gösterirsek;

$Ek_p = R_f + \lambda S_p$ olarak gösterilebilir.

Formülde yer alan;

Ek_p = Etkin portföyün beklenen getirisi,

R_f = Risksiz getiri veya faiz oranını

λ = Riskin Pazar fiyatını

S_p= Portföy getirisinin standart sapmasını,

Ek_m = Pazar portföyünün beklenen getiri oranını

S_m= Pazar portföyü getirisinin standart sapmasını göstermektedir.

Optimum portföyler için beklenen getiri ile portföy riski arasındaki ilişki Sermaye Pazar Doğrusu (SPD) ile ifade edilmektedir. Bu doğru mükemmel derecede çeşitlendirilmiş, bir portföyde risk ve karlılık arasındaki ilişkiyi gösterir. Sadece etkin portföyler bu doğru üzerinde yer alır ve doğru üzerinde yer alan tüm portföyler birbirleriyle tam pozitif korelasyon içindedir.

Finansal varlık fiyatlarının dengede olduğu kabul edilirse, tüm finansal varlık ve portföy getirileri bir doğru üzerinde yer alır. Buna, Finansal Varlık Pazar Doğrusu (FVPD) denir. Finansal varlıkların getirileri doğrunun üzerinde kalıyorsa düşük, altında kalıyorsa yüksek değerlendiği söylenebilir.[147]

Sermaye piyasası doğrusu etkin portföylerin risk primini portföyün standart sapmasının bir fonksiyonu olarak gösterirken, FVPD ise tek bir hisse senedinin risk primini hisse senedi riskinin bir fonksiyonu olarak göstermektedir. Her risk ve beklenen getiri düzeyi için optimum portföylerin birleştirilmesiyle oluşan eğriye etkin sınır denir. Standart sapma arttıkça, etkin sınırın eğimi azalmaktadır. Diğer bir ifadeyle, daha fazla risk aldıkça beklenen getirideki marjinal artış, azalmaktadır.

Teoride, etkin sınırın elde edilebilmesi için sınırsız sayıda portföyün beklenen getiri- standart sapma grafiğine yerleştirilerek, her bir standart sapma değeri için en yüksek beklenen getiriyi ya da her bir beklenen getiri değeri için en düşük standart sapmayı veren portföyün

[147] Edwin J. ELTON ve Martin J. GRUBER, Modern Portfolio Theory and Investment Analysis, 2. edition, New York: John Wiley & Sons, 1984, s.269.

seçilmesi gerekmektedir. Optimal portföy, etkin sınır ile fayda eğrisi arasındaki teğet noktasında bulunur. Bu yaklaşımda, optimal portföyün elde edilmesi için beklenen getiri, varyans ve menkul kıymetler arasındaki kovaryansları bulmak, oldukça fazla zaman almakta ve karar vermeyi zorlaştırmaktadır. Sharpe bu modeli basitleştirerek faktör modeli ya da diğer adıyla piyasa modelini geliştirmiştir.

3.2.1.3. Beta Katsayısı

Beta katsayısı, bir varlığın getirisinin, piyasa getirisi ile olan ilişkisidir. Modelde finansal varlıkların beklenen getirileri ile riskleri arasında doğrusal ilişki olduğu ortaya konulmaktadır. Bir tür sistematik risk göstergesi olan beta katsayısı, finansal varlıklarının getirisinin piyasaya ne denli duyarlılık göstereceğini açıklayan bir katsayısıdır. Beta katsayısı, bir varlığın getirisinin piyasa getirisiyle olan kovaryansının, piyasa getirisinin varyansına bölünmesi ile elde edilmektedir. [148]

Beta Katsayısı, Markowitz'in Ortalama Varyans Modeli'ne dayanmaktadır. Markowitz'in modeline göre, menkul kıymet getiri değerleri, simetrik ve normal bir dağılım göstermelidir. Ancak, fizikte dünyada sürtünmesiz ortamın mümkün olmaması gibi, gerçek piyasa koşullarında da bu durum mümkün değildir. Model'in esas hareket noktası varyans olduğundan ve varyansın ortalamadan hem negatif hem de pozitif sapmaları dikkate alan bir ölçü olmasından dolayı, yatırımcılar için hem negatif hem de pozitif sapmaların aynı derecede öneme sahip olduğu varsayılmaktadır. [149]

---

[148] Sinem DERİNDERE, H. Işın DİZDARLAR, "Getiri Aralığının Sistematik Riskin Ölçüsü Olan Beta Üzerine Etkileri: İMKB'de Bir Uygulama" Afyon Kocatepe Üniversitesi, İİBF Dergisi, Cilt: X, Sayı: I, 2008, s. 1-3.

[149] MARKOWITZ, 1952, a.g.e., s. 77.

Yatırımcıya ait fayda fonksiyonun değerinin maksimum olması arzu edilen durumdur. Fayda fonksiyonu ise risk ve getiri kavramlarına bağlıdır. Bu durumda risk şu şekilde hesaplanmaktadır:

$$\sigma_i = \sqrt{E\,[R_i - \mu_i)^2} \qquad (1)$$

Burada;

σi= Ölçülen Risk

Ri: Getiri Değerleri

Mi=Ortalama getiri değeri

i varlığının riskini ifade kovaryans değeri, şu şekilde ölçülmektedir.

$$\sigma_{iM} = E\,[(R_i - \mu_i)(R_M - \mu_M)] \qquad (2)$$

Sistematik riskin ölçüsü olan beta katsayısı ise piyasa portföyü ile i varlığı arasındaki kovaryans değerinin, piyasa portföyünün varyansına bölünmesi ile elde edilmektedir. Bu durumda beta katsayısı ise şu şekilde hesaplanmaktadır: [150]

$$\beta_i = \frac{\sigma_{iM}}{\sigma_M^2} = \frac{E\,[(R_i - \mu_i)(R_M - \mu_M)]}{E\,[(R_M - \mu_M)^2]} \qquad (3)$$

3.2.1.4. Menkul Kıymet Piyasa Doğrusu

Bir varlığın (i varlığı) beklenen getirisi, risksiz faiz oranı ile risk priminin toplamına eşittir. Risk primi ise; piyasa portföyünün beklenen getirisi ile risksiz faiz oranı arasındaki farkın beta katsayısıyla çarpımı ile ifade edilmektedir. Dolayısıyla aradaki bu ilişki, doğrusal bir ilişkiye işaret

---

[150] Javier ESTRADA, "Systematic Risk in Emerging Markets: The DCAPM", Emerging Market Review, June 2002, s. 367.

etmektedir. Bu ilişkiyi gösteren doğru, menkul kıymet piyasa doğrusunu göstermektedir. Bu ilişkiye göre herhangi bir varlığın getirisi, sistematik riskle doğrusal ilişkiye sahiptir. Yatırımcıların sistematik riski üstlenmeleri karşılığında ekstra getiri elde etmeleri mümkün olmaktadır. Aşağıdaki şekilde menkul kıymet piyasa doğrusu görülmektedir.[151]

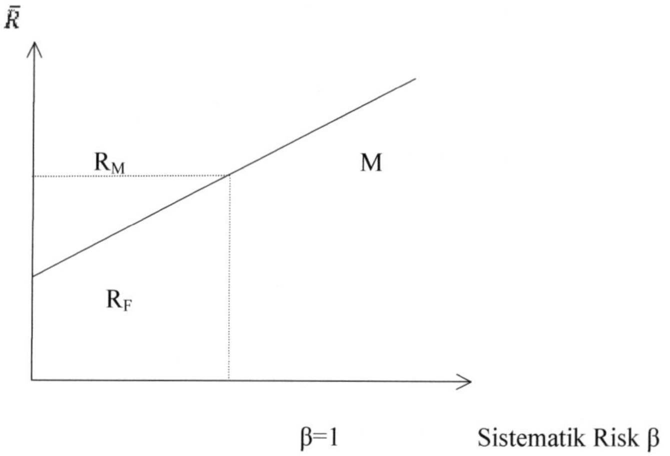

Şekil 3.2.: Menkul Kıymet Piyasa Doğrusu

3.2.1.5. Menkul Kıymet Piyasa Doğrusu ile Sermaye Piyasası Doğrusunun Karşılaştırılması

Menkul Kıymet Piyasa Doğrusu ile Sermaye Piyasası Doğrusunun arasındaki en temel fark, Menkul Kıymet Piyasa Doğrusu'nda tek bir varlığın risk ölçüsünün standart sapması yerine, varlığın getirisi ile piyasa portföyünün getirisi arasındaki kovaryans katsayısının kullanılıyor olmasıdır. Ayrıca risk priminin, risksiz faiz oranının fazlası olarak ifade

[151] Hayal UNVAN, Finansal Varlıkları Fiyatlandırma Modeli ve Türkiye Üzerine Bir Deneme, Sermaye Piyasası Kurulu Yayınları, Ankara, 1989, s. 13.

edilen piyasanın getirisinin standart sapması yerine varyansı ile bir değer almasıdır.[152]

3.2.2. Finansal Varlıkları Fiyatlama Modeli'nin Eleştirisi

Finansal Varlıkları Fiyatlama Modeli'ni test eden araştırmacılar modele bir takım eleştiriler de getirmişlerdir. FVFM'ne getirilen en önemli eleştiriler, Richard Roll tarafından 1977 yılında gerçekleştirilen çalışmada sermaye varlıklarının fiyatlama modelinin test edilebilirliği, beta katsayısının riski ne ölçüde temsil edebildiği ve sermaye pazarı doğrusunun portföyün performansını ne ölçüde ölçebildiği noktasında getirilmiştir. Roll'e göre modelde yer alan pazar portföyünün belirlenmesi mümkün değildir. Bu nedenle pazar portföyünü etkin bir şekilde temsil eden temsili bir değişken bulunmamaktadır. Roll, pazar portföyünü ekonomik sistemdeki her bir varlık olarak açıkladığından, tüm bu varlıkları teste dahil etmenin imkansızlığından bahsetmiştir.[153]

Fama ve French tarafından 1992 yılında yapılan çalışmada ise hisse senetlerinin beklenen getirileri ile firma büyüklüğünün ve defter değeri / piyasa değeri oranın ilişkili olduğu sonucuna ulaşılmıştır. Her ne kadar bu bulgular FVFM'nin temel varsayımlarına ters düşmese de, beklenen getirilerin sadece beta tarafından öngörülmediğini ortaya çıkarmıştır.

---

152 Diana HARRINGTON, Modern Portfolio Theory and the Capital Asset Pricing Model: A User's Guide, Prentice-Hall Inc, New Jersey, 1987, s. 62-63.

153 Richard ROLL, "A Critique of the Asset Pricing Theory's Tests: Part I: On Past and Potential Testability of the Theory", Journal of Financial Economics, Vol 4, 1977, s.129-176.

Ayrıca betadan daha fazla açıklayıcılığa sahip başka faktörlerin de var olabileceğini belirtmişlerdir.[154]

Roll ve Ross ise 1994 yılındaki çalışmasında beta katsayısından başka değişkenlerin kullanımını eleştirmişlerdir. Kendilerinden önce yapılan çalışmalarda etkin bir endeks kullanılmadığını, bu nedenle FVFM'nin öngördüğü beta ve varlık getirisi ilişkisinin anlamlı çıkmadığını savunmuşlardır. Roll ve Ross'a göre, beta ve varlık getirisi ilişkisi, ancak ve ancak etkin bir endeks kullanıldığında başka bir değişkene ihtiyaç duymayacaktır.[155]

FVFM'ye getirilen bir diğer eleştiri ise, minimum riske sahip varlığın risksiz kabul edilmesinin mümkün olmadığıdır. Çünkü enflasyonlu bir ortamda her varlık öyle ya da böyle risk taşımaktadır. Bu nedenle temel FVFM'de yer alan risksiz varlığın ödünç alınması modelden çıkartılarak Black tarafından sıfır betalı model oluşturulmuştur. Bunun haricinde modelin varsayımları arasında yer alan işlem maliyetlerinin sıfır kabul edilmesi ve yatırımcıların beklentilerinin temelinde risk ve getirinin oluşu noktasında eleştiriler bulunmaktadır.

3.3. Finansal Varlıkları Fiyatlama Modelinin Alternatif Formları

Finansal Varlıkları Fiyatlama Modeli'ne getirilen eleştiriler nedeniyle modele alternatif formlar geliştirilmesi ihtiyacı doğmuştur. Bu alternatif formlar, Finansal Varlıkları Fiyatlama Modeli'nin gelişimine katkı sağlamıştır.

---

[154] Eugene F. FAMA, Kenneth FRENCH, The Cross-Section of Expected Stock Returns, Journal of Finance, 47, June 1992, s. 427-465.

[155] Richard ROLL, Stephan ROSS, "On the Cross-Sectional Relation Between Expected Returns and Beta", Journal of Finance, Vol 49, No: 1, March 1994, s. 101.

3.3.1. Sıfır Beta Varlık Fiyatlama Modeli

Temel FVFM'de bulunan risksiz varlığın bulunmadığı Sıfır Beta Varlık Fiyatlama Modeli'nde, pazar portföyü ve kovaryansı ve dolayısıyla betası sıfır bir portföy yer almaktadır. Sıfır Betalı Varlık Fiyatlama Modeli, risksiz faiz oranından sınırsız borç alma ve borç verme imkanının bulunduğu temel varsayımı gereksiz kılmaktadır. Dolayısıyla yeni denklem aşağıdaki gibi olmaktadır.

$$R = R_Z + (R_M - R_Z)\, x\beta$$

Denklemde yer alan R_Z, Sıfır Betalı portföyün beklenen getirisini ifade etmektedir. Temel modelde yer alan risksiz varlığın yerini, Sıfır Betalı modelde sıfır-riskli portföy almıştır. Bu durum sermaye pazarı doğrusu ile aşağıdaki gibi gösterilebilir.

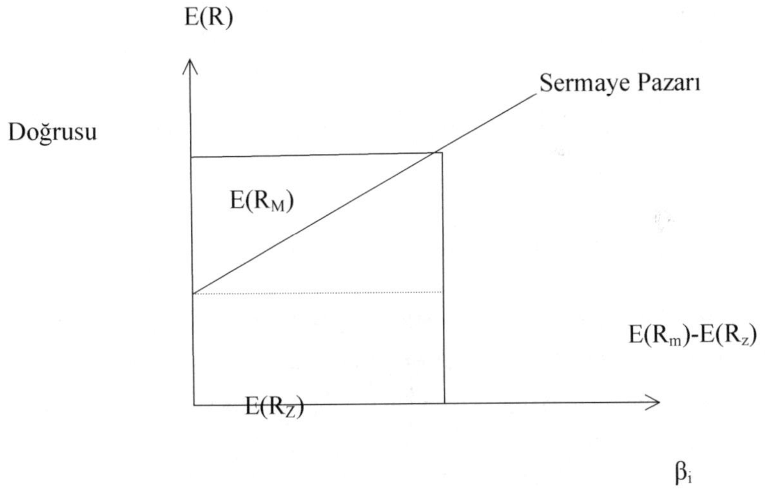

Şekil 3.3.: Sıfır Betalı Modelde Sermaye Pazarı Doğrusu

Şekilde E(R) beklenen getiriyi, β riski, E (R_Z) ise sıfır riskli portföyü temsil etmektedir.

3.3.2. Tüketim Temelli Varlık Fiyatlama Modeli

Tüketim Temelli model, tek betalı modeli esas alarak durum değişkeni olarak tüketimi ele alan çok dönemli ve sürekli bir modeldir. Bu modelde temel modelde yer alan betanın yerini tüketim betası almaktadır. Modelde varlıkların getiri oranı özellikleri konusunda tüm yatırımcıların homojen beklentileri olduğu, sonsuz ömürlü ve sabit bir nüfus olduğu, bireylerin talep edip üreticilerin ürettiği tek bir tüketim malı olduğu ve sermaye piyasasının tam rekabet koşullarına sahip olduğu varsayılmaktadır.[156] Model'e göre dengede marjinal tüketim faydası, servetin marjinal faydasına eşit olmalıdır. Model'in denklemi şöyledir:

$$E(R_i) = R_f + [E(R_c) - R_f]\beta_{ic}$$

Modelde yer alan;

$E(R_c)$ = Bir varlığın beklenen getirisinin tüm tüketimle mükemmel korelasyonunu,

β_{ic} = Varlığın tüketim betasını işaret etmektedir.

Tüketim betaları, tüm tüketimdeki kişi başına büyüme oranı ile finansal varlık getirilerini regresyon analizi kullanarak hesaplamaktadır. Ancak kullanımının pratik olmaması nedeniyle yaygın bir şekilde kullanılamamıştır.[157]

---

[156] Erdinç ALTAY, Sermaye Piyasasında Varlık Fiyatlama Teorileri, Derin Yayınları, İstanbul, 2004, s. 117.
[157] Nevin YÖRÜK, İMKB Finansal Varlık Fiyatlama Modelleri ve Arbitraj Fiyatlama Modeli'nin İMKB'de Test Edilmesi, Emir Ofset Matbaacılık, İstanbul, 2000, s. 44.

3.3.3. Çok Betalı Varlık Fiyatlama Modeli

Model, birden fazla belirsizlik kaynağının bulunduğu durumlarda yatırımcıların hayat boyu tüketim kararlarını ele almaktadır. Böylece belirsizlik ile yalnızca menkul kıymetlerin gelecekteki değerleri değil, aynı zamanda gelecekteki ücretler, tüketim malının fiyatları ve yatırım imkanları gibi birçok değişken ele alınmış olmaktadır. Sonuç olarak Çok Betalı model menkul kıymetlerin beklenen getirisinin tüm bu risk kaynaklarına olan duyarlılıkları tarafından belirlenebileceği yaklaşımına dayanmaktadır. Çok Betalı Varlık Fiyatlama modelinin matematiksel ifadesi şöyledir: [158]

$$R = R_f + (R_M - R_f)\beta_M + (R_N - R_f)\,\beta_N$$

Modelde yer alan değişkenler ise;

R_N = N portföyün beklenen getirisi

β_N = N portföyüyle ilgili varlığın betası

β_M = Pazar portföyünün betasıdır.

3.3.4. Çok Dönemli Varlık Fiyatlama Modeli

Finansal Varlıkları Fiyatlama Modeli'nin bu alternatif formu, yatırımcılara yalnızca içinde bulunduğu döneme ait getiriyi değil, aynı zamanda alt dönemlere ait getirilerle de ilgilenmeleri gerektiğini ve portföy kararı verirken tüketim-fayda fonksiyonunu maksimize etmeleri gerektiğini söylemektedir. Yaklaşıma göre getiriler, toplam tüketimindeki artış oranıyla doğrusal ilişkilidir.

---

[158] Mustafa ÖZÇAM, Varlık Fiyatlama Modelleri Aracılığı ile Dinamik Portföy Yönetimi, SPK Yayınları, Yayın No: 104, 1997, s. 23.

Buna göre Çok Dönemli Varlık Fiyatlama Modeli'nin denklemi aşağıdaki gibi olmaktadır:

$$R_{it} = \alpha + \beta C + e_{it}$$

3.3.5. Sharpe ve Cooper

Sharpe ve Cooper, 1972 yılında gerçekleştirdikleri çalışmalarında, New York Menkul Kıymetler Borsası'nda işlem gören tüm işletmelerin 1931-1967 yılları arasındaki aylık verilerini kullanarak FVFM'yi test etmişlerdir. Çalışma sonucunda elde ettikleri bulgulara göre gerçekleşen getirilerin yüzde 95'inden fazlasının betalarla açıklanabildiğini saptamışlardır. Ayrıca çalışmanın sonucunda elde ettikleri bulgulara göre FVFM'nin daha çok sıfır beta formunun geçerli olduğunu ortaya koymuşlardır. Sharpe ve Cooper'a göre risk ile getiri arasında tamamen doğrusal olmayan pozitif bir ilişki söz konusudur.[159]

Sharpe ve Cooper, FVFM'nin ilk deneysel testlerinden biri olan çalışmalarında 1931-1967 periyodu için New York Menkul Kıymetler Borsası'nın hisse senetlerinin tamamını kullanarak, önceki beş yıl için aylık getirileri kullanarak her bir hisse senedinin betalarını yıllık olarak hesaplamışlardır. Hisse senetleri her yıl, tahmin edilen betalarına göre, onda birlik kısımlara ayrılmış ve her bir onda birlik kısımda hisse senedi portföyleri üzerindeki getiriler bir sonraki yıl için hesaplanmıştır. Son olarak her bir portföyün ortalama getirisi hesaplanmıştır. Bu yöntemle elde ettikleri sonuçlara göre ortalama portföy getirileri, ortalama betaları ile pozitif yönlü ilişkili ve hemen hemen tam doğrusaldır.[160]

---

[159] William.F. SHARPE, Guy M. COOPER, "Risk-Return Classes of New York Stock Exchange Common Stocks, 191-1967" Financial Analysts Journal, 28, 1972, s.46-54.
[160] Nevin YÖRÜK, a.g.e. s. 48.

3.3.6. Lintner'in Testi

Lintner'in 1965 yılında gerçekleştirdiği çalışması, FVFM'nin test edilmesinde beta katsayısı hesaplarken kullanılan zaman serileri yaklaşımı yerine, yatay kesit regresyon analizlerinin kullanıldığı ilk testlerdendir. Lintner, bu yöntemi 301 hisse senedi üzerinde uygulamıştır.

Lintner, 1954-1963 yılları arasındaki hisse senetlerinin yıllık ortalama getiri oranlarını kullanarak her bir hisse senedi için beta değerlerini hesaplamada aşağıdaki formülü kullanmıştır: [161]

$$R_{it} = \alpha_i + b_i R_{mt} + e_{it}$$

Formülde yer alan; b_i; i varlığının gerçek beta değerini temsil eden regresyon katsayısını ifade etmektedir.

Sonrasında ise aşağıdaki yatay kesit regresyon eşitliğini kullanarak risk-getiri oranı ilişkisi incelemiştir:

$$R_i = a_1 + a_2 b_i + a_3 S_{ei}^2 + \eta_i$$

S_{ei}^2 = İlk denklemin hata teriminin varyansını ifade etmektedir.

Denklemde yer alan her bir parametrenin teorik olarak bir değeri bulunmaktadır. a_3 katsayısının sıfıra, a_1 katsayısının R_f veya $\overline{R_z}$ değerlerinin herhangi birine, a_2 katsayısının ise $\overline{R_m}$ – Rf veya $\overline{R_m}$ - $\overline{R_z}$ değerinden herhangi birine eşit olması beklenmektedir. Bu şekilde gerçekleştirilen analizler sonucunda Lintner aşağıdaki değerlere ulaşmıştır:

$a_1 = 0{,}108$

[161] Edwin J. ELTON, Martin J. GRUBER, Modern Portfolio Theory And Investment Analysis, 5th Edition, Canada, 1995.s. 345.

$a_2 = 0,063$

$a_3 = 0,237$

Lintner'in elde etmiş olduğu bu sonuçlara göre, risksiz bir finansal varlığın modele eklenmesi gerektiği ve beklenen getiri oranlarının risksiz faiz oranına ve risk primine bağlı olarak belirlendiği söylenebilir.[162]

3.3.7. Black, Jensen ve Scholes 'un Testi

Black, Jensen ve Scholes, 1972 yılında Black tarafından gerçekleştirilen[163] FVFM'yi sınamışlardır. New York borsalarında işlem gören hisse senetlerine ait getirileri kullanmışlardır. Pazar portföyünün etkinliğini direkt olarak test etmek yerine finansal varlık pazar doğrusu üzerinden gerçekleştirmişlerdir. Tahminledikleri sermaye pazarı çizgisi doğrusaldır. Doğrunun eğimi pozitif ve istatistiksel olarak anlamlıdır. Portföy getirilerin ortalamalarının tamamına yakını beta ile açıklanabilmektedir. Çalışmaları sonucunda en dikkat çekici sonuç, beta katsayılarının pozitif olması gerekirken, hem pozitif hem de negatif değerler almış olmalarıdır.[164]

Black, Jensen ve Scholes araştırmalarında kullandığı denklemi şu şekilde oluşturmuştur.

$$R_{it}=\alpha_i + \beta_t R_M + e_{it}$$

Formülde geçen;

[162] Edwin J. ELTON, M.J. GRUBER, a.g.e., s. 345.
[163] Fischer BLACK "Capital Market Equilibrium with Restricted Borrowing", Journal of Business, No: 45, July 1972, s.444-454.
[164] Fischer BLACK, Michael C. JENSEN, Myron SCHOLES, "The Capital Asset Pricing Model: Some Empirical Tests" içinde Studies in Theory of Capital Markets, ed: Michael C. Jensen, Praeger Publishers Inc., New York, 1972, s.6-17.

R_{it} = i portföyünün t dönemindeki aşırı getiri oranını ($R_{it} - R_{rf}$)

R_M = Pazar Endeksi'nin t dönemindeki aşırı getiri oranını($R_m - R_{rf}$)

β_i = i portföyünün beta katsayısını,

e_{it} = hata terimini

ifade etmektedir.

Model, beta katsayısının birden büyük olduğu durumlarda alfa değerini negatif, beta katsayılarının birden küçük olduğu durumlarda ise pozitif olması nedeniyle aşırı getiri oranlarını açıklamada oldukça başarılıdır.

3.3.8. Fama ve Macbeth'in Testi

Finansal varlık fiyatlama modellerine ilişkin yapılan testlerden biri de 1973 yılında Fama ve MacBeth tarafından gerçekleştirilen testtir. Fama ve MacBeth de aynen Black, Jensen ve Scholes'un çalışmasında olduğu gibi New York borsalarında işlem gören hisse senetlerine ait getirileri kullanmışlardır. Ancak diğer testlerden farklı olarak, beta katsayılarını "kesit regresyon" denklemleri ile tahmin etmişlerdir. Ayrıca beta katsayısının karesinin değeri kullanılarak doğrusallık testi gerçekleştirmişlerdir. Doğrusallık sınaması için kullanılan beta parametresinin karesi de anlamsız bir değişken olarak bulunmuş ve söz konusu modelin doğrusal olduğu sonucuna varılmıştır.[165]

---

[165] Eugene FAMA, James D. MACBETH, "Risk, Return and Equilibrium: Empirical Tests", Journal Politic Economy, No: 71, 1973, s.607-636.

Fama ve MacBeth'ni testinde kullanılan modelin formülü şu şekilde gösterilmektedir:

$$\overline{R}_i = \gamma_o + \gamma_1\beta_i + \gamma_2\beta_i^2 + \gamma_3 S_{ei} + \eta_i$$

Formülde yer alan,

R_i = i varlığının ortalama getiri oranı

β_i = i varlığının beta katsayısı

S_{ei} = i varlığının beta dışında kalan riski

η_i = hata terimini ifade etmektedir.

Fama ve MacBeth, Black, Jensen ve Scholes'un çalışmasından farklı olarak modele β_i^2 ve S_{ei} değişkenlerini eklemiştir. Sistematik risk-getiri oranı ilişkisindeki doğrusallığı test etmek amacıyla β_i^2 katsayısı modele eklenmiştir. S_{ei} değişkeni ise beta katsayısından başka bir risk ölçüsünü ifade etmektedir ve bu tip bir riskin varlığının testi için modele eklenmiştir. Dolayısıyla model, FVFM'nin doğrusal olup olmadığını, sistematik olmayan riskin getiri oranını etkileyip etkilemediğini ve risk priminin beklenen değerinin pozitif olup olmadığının test edilmesine olanak sağlamaktadır.

3.3.9. Gibbons'un Testi

Gibbons, 1982 yılındaki çalışmasında, Finansal Varlıkları Fiyatlama Modeli'ni çok değişkenli testler yardımı ile sınamıştır. Gibbons'a göre finansal varlık fiyatlama modelleri doğrusal olarak ifade edilemez. Bu nedenle çalışmasında doğrusal olmayan çoklu regresyon modelleri kullanarak kısıtlı model adını verdiği alternatif bir yöntem geliştirmiş ve bunu kısıtsız model kabul ettiği Finansal Varlıkları Fiyatlama Modeli ile karşılaştırmıştır. Çalışmadan elde ettiği sonuçlara göre Finansal Varlıkları Fiyatlama Modeli'ni reddetmiştir[166].

3.3.10. Blume

Blume, 1973 yılında gerçekleştirdiği çalışmasında adi hisse senetleri için getiri oluşturma süreçlerini araştırmış ve finansal varlıklarda gözlenen getirilerin bir açıklaması olarak finansal varlık fiyatlandırma teorisinin reddini gerektirecek bulgular elde etmiştir. İlk kez zaman serileri analizleri kullanılan çalışmada beta katsayısının zaman içerisinde değiştiğini, başka bir ifade ile durağan olmadığını ortaya koymuştur. Ayrıca farklı türdeki finansal varlıkların getirilerini açıklamada kusursuz çalışan açığa satış mekanizması varsayımından hareket etmiştir.[167]

3.4. Arbitraj Fiyatlama Modeli

Arbitraj Fiyatlama Modeli, Finansal Varlıkları Fiyatlama Modeli'nin yetersizlikleri ve modelin sınanması esnasında karşılaşılan güçlükler nedeniyle, araştırmacıların yeni modeller aramaya yönelmesi sonucunda oluşturulmuştur. Finansal Varlıkları Fiyatlama Modeli'nin alternatif bir versiyonu olan Arbitraj Fiyatlama Modeli, Stephen Ross tarafından FVFM'nin eksiklerini giderdiği iddiasıyla ortaya atılmıştır.[168] Model, kendinden önce gelen FVFM'nin bazı varsayımlarını içermemesi

[166] Michael R. GIBBONS, "Multivariate Tests of Financial Models", Journal of Financial Economics, No: 10, pp.3-27.
[167] Marshall E. BLUME, Irwin FRIEND, "A New Look at the Capital Asset Pricing Model" The Journal of Finance, 28(1), 1973, s. 19-33.
[168] Stephen A. ROSS, "The Arbitrage Theory of Capital Asset Pricing", Journal of Economic Theory, Vol: 13, 1976, s. 341.

gibi avantajlara, varlık getiri oranları üzerindeki risk faktörlerinin neler olduğuna açıklamama getirmemesi gibi dezavantajlara sahiptir.[169]

İlk ortaya atıldığı dönemlerden itibaren uzunca bir müddet kusursuz bir model olarak düşünülen FVFM'ne getirilen eleştiriler, 1970'li yılların ortalarından itibaren modelin eksik yanlarının giderilmesi gerektiği yönünde toplanmıştır. Yapılan araştırmalar ve çalışmalar sonucunda çoklu faktörlere olanak sağlayan modeller, Finansal Varlıkları Fiyatlama Modeli'ne alternatif olarak geliştirilmiştir. 1970'li yılların sonları ve 1980'li yıllarda iki faktörlü modeller yaygın olarak uygulanmış ve faiz oranları ile döviz kurları başlıca faktörler olarak kullanılmıştır. Arbitraj Fiyatlama Modeli'nin varsayımlarını şu şekilde özetlemek mümkündür.[170]

- Sermaye pazarlarının tam rekabet piyasası özellikleri gösterdiği varsayılmaktadır.
- Yatırımcılar belirsizlik koşullarında bile daha fazla getiriyi, daha az getiriye tercih etmektedir.
- Finansal varlıkların beklenen getirilerinin belirlenmesi, faktör modellemesi ile gösterilebilir.
- Yatırımcılar, aynı getiriye sahip yatırımlar içerisinden her zaman daha az riskli olanı tercih etmektedir.
- Yatırımcıların beklentileri homojendir.

[169] Jonathan E. INGERSOLL, Jr. "Some Results in the Theory of Arbitrage Pricing", The Journal of Finance, Vol: 39, No: 4, September 1984.
[170] Frank REİLLY, Keith BROWN, Investment Analysis and Portfolio Management, 5th Edition, Dryden Press, Fortworth, Australia, 1997, s. 298.

Arbitraj Fiyatlama Modeli, temel olarak tek fiyat kanununa dayanmaktadır. Aynı finansal varlığa ait farklı yerlerdeki farklı fiyatlar, yatırımcıları fiyat değişikliğinden kazanç sağlamak için fiyatın düşük olduğu yerlerde varlığı alıp, fiyatı yüksek olan yerlerde satarak, pazarlar arasındaki fiyat farkından faydalanmaya itmektedir. Yatırımcılar, bu şekilde gerçekleştirdikleri arbitraj faaliyetlerine, fiyat farkı ortadan kalkıncaya kadar devam edeceklerdir. Arbitraj fırsatı ortadan kalktığında ise finansal varlığa ilişkin beklenen getiriyi şu şekilde formüle etmek mümkündür. [171]

$$E = R_f + b_1(F_1 - R_f) + b_2(F_2 - R_f) + \dots\dots\dots\dots \quad (1)$$

Bu modelde yer alan;

R_f = Risksiz getiri oranını,

F_1 = Birinci faktöre duyarlılığı 1, diğer faktörlere duyarlılığı 0 olan portföyün beklenen getirisini,

F_2 = İkinci faktöre duyarlılığı 1, diğer faktörlere duyarlılığı 0 olan portföyün beklenen getirisini ifade etmektedir.

Parantez içindeki kısımlar ile faktör katsayısının çarpılması ise varlığa ilişkin risk primlerini ifade etmektedir.

Arbitraj Fiyatlama Modeli, Finansal Varlıkları Fiyatlama Model'inden farklı olarak finansal varlıklar arasında bir denge olduğunu ve eğer denge fiyatından bir sapma olursa arbitraj yapanların alım-satım yaparak fiyatları tekrar denge noktasına getireceğini öngörmektedir. Arbitraj Fiyatlama Modeli tek faktörlü, çift faktörlü ya da çok faktörlü

---

[171] John M. SAMUELS, Francis M. WİLKES, Robih E. BRAYSHAW, Management of Company Finance, 5th Edition, Chapman-Hall, London,. 1991, s. 220.

olabilir. Aşağıdaki şekilde Tek Faktörlü Arbitraj Fiyatlama Doğrusu görülmektedir.

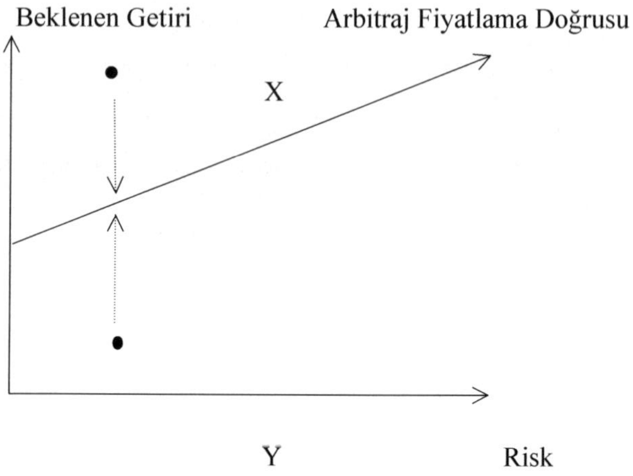

Şekil 3.4.: Tek Faktörlü Arbitraj Fiyatlama Modeli

Yukarıdaki şekilde X ve Y'nin, aynı riske sahip iki finansal varlık olduğunu kabul edersek, her iki varlığın da tek fiyat kanununun oluşumunu bozar nitelikte olduğu görülmektedir. Her iki varlık da aynı risk düzeyinde olmasına rağmen, beklenen getirileri birbirine eşit değildir. Y varlığının beklenen getirisi aynı risk seviyesindeki X'ten küçük olduğu için, yatırımcılar Y varlığını satarak X varlığına yöneleceklerdir. Bu durumda Y varlığının fiyatı düşecek, X varlığının fiyatı artacaktır. Bu da Y varlığının beklenen getirisini arttıracak, X varlığının beklenen getirisini ise azaltacaktır. Bu durum, aynı risk düzeyindeki iki finansal varlığın beklenen getirileri eşitlenene kadar devam edecektir.

Arbitraj Fiyatlama Modeli'nin çok kullanılan diğer türü İki Faktörlü Model'dir. İki Faktörlü Arbitraj Fiyatlama Modeli, teorik olarak hazine bonosu üzerinden açıklanmaktadır. Hazine bonosu, teorik olarak üzerinde hem faiz oranı riski hem de satın alma gücü riski olan bir finansal varlıktır. İki faktörlü Arbitraj Fiyatlama Modeli, Arbitraj Fiyatlama Düzlemi olarak adlandırılan üç boyutlu bir düzlem üzerinde gösterilmektedir. Aşağıdaki şekilde Arbitraj Fiyatlama Düzlemi görülmektedir.

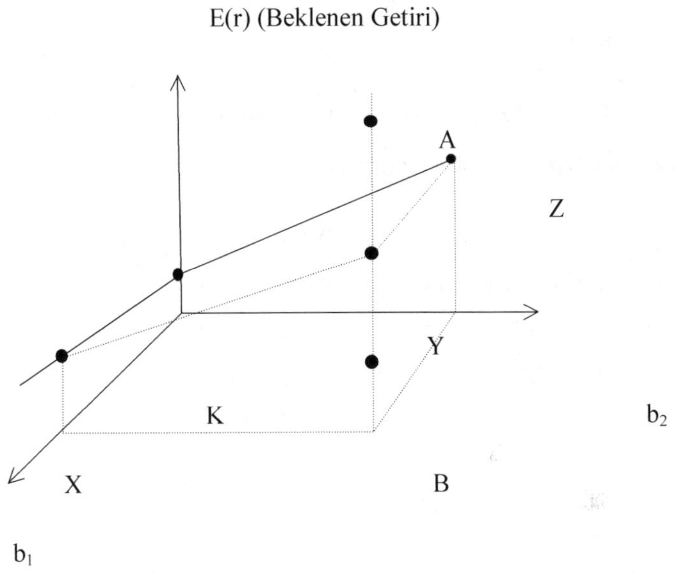

Şekil 3.5.: Arbitraj Fiyatlama Düzlemi

Şekilde b_1 birinci faktörün duyarlılık katsayısı, b_2 ise ikinci faktörün duyarlılık katsayısıdır. K, X, Y ve Z noktaları arasında kalan düzlem Arbitraj Fiyatlama Düzlemi olarak adlandırılmaktadır. A noktası, düşük fiyatlanmış bir finansal varlığı, B noktası ise yüksek fiyatlanmış bir finansal varlığı temsil etmektedir. Aynı tek faktörlü arbitraj fiyatlamada olduğu gibi, A ve B noktalarındaki düşük ve aşırı değerlenmiş finansal varlıklar da arbitraj mantığı içerisinde normal değerlerine doğru yönelmeleri beklenmektedir. Sonuçta A ve B varlıkları Y noktasına gelecek ve Arbitraj Fiyatlama Düzlemi'nde yer alacaklardır. Hazine bonosunu düzlem üzerinde göstermek gerekirse, vadesi gelmiş hazine bonosu, pratik olarak risksiz bir varlıktır ve grafikteki K noktasına çok yakın olarak geçmektedir. Vadesi gelmemiş hazine bonoları ise faiz ve satın alım gücü riski içeren bir olduğundan vadesine ne kadar uzun zaman varsa yüksek risk seviyesini karşılayabilmek için K noktasından yeterince yukarda konumlanmalıdır.

3.4.1. Arbitraj Fiyatlama Modeli ve Varlık Fiyatlama Modellerinin Karşılaştırılması

Arbitraj Fiyatlama Teorisi, FVFM'den farklı olarak risk ve getiri arasındaki ilişkiyi yalnızca Pazar portföyüne bağlayarak değil, birden fazla faktörü modele dâhil ederek açıklamaktadır. Arbitraj Fiyatlama Teorisi, enflasyon ve milli gelirdeki değişim gibi tüm ekonomiyi ilgilendiren makroekonomik değişkenleri sistematik risk unsuru olarak ele almaktadır. Teorideki denklemin oluşturulabilmesi için modele dâhil edilecek makroekonomik değişkenlerin birbirinden bağımsız olması gereklidir.[172]

Arbitraj Fiyatlama Modeli'nde FVFM'de bulunan kısıtlayıcı varsayımlar söz konusu değildir. Ayrıca FVFM'de olduğu gibi her zaman Pazar portföyünün kullanılması zorunlu değildir. Bu modelde, finansal varlıkları etkileyen tüm makroekonomik faktörler dikkate alınmaktadır. Bu da Arbitraj Fiyatlama Modeli'ne, FVFM'ne göre daha esnek bir yapı kazandırmaktadır. Bu nedenle Arbitraj Fiyatlama Modeli'nin gerçek hayata

---

[172] Mehmet Sabri TOPRAK, "İmalat Sanayinde Firma Risklerinin Belirlenmesi: Kümeleme Analizi Yöntemiyle Ampirik Bir Çalışma" Ekonometri ve İstatistik, Sayı: 11, 2010, s. 106.

daha yakın olduğunu söylemek mümkündür. Ancak Arbitraj Fiyatlama Modeli'ne yapılan en önemli eleştiri, Model'in uygulanabilirliğine yönelik olup, modele dahil edilecek uygun makroekonomik değişkenlerin doğru tespit edilmesine ilişkindir. [173]

Arbitraj Fiyatlama Modeli, FVFM'nde yer alan;

- Tek dönemli yatırım,
- Normal dağılmış finansal varlık getirileri,
- Risksiz faiz oranından sınırsız borçlanma ve borç verme,
- Verginin olmaması ve
- Yatırımcıların portföylerini beklenen getiri ve risk temelinde oluşturması

gibi varsayımları gereksiz kılmaktadır.[174]

Tablo 3.1'de Arbitraj Fiyatlama Modeli ve Finansal Varlıkları Fiyatlama Modeli arasındaki teknik farklılıklar görülmektedir. [175]

[173] KARAN, a.g.e., s. 259.
[174] Frank REILLY, Keith BROWN, a.g.e., s. 298.
[175] Nevin YÖRÜK, a.g.e., s. 83.

Tablo 3.1.: Arbitraj Fiyatlama Modeli ve Finansal Varlıkları Fiyatlama Modeli Arasındaki Farklar

ARBİTRAJ FİYATLAMA MODELİ	FİNANSAL VARLIKLARI FİYATLAMA MODELİ
• Her faktör için bir değer olmak üzere çoklu beta değerlerinden oluşan bir set söz konusudur.	• Tek bir beta değeri bulunmaktadır.
• Pazar portföyünün getirisine ($E(R_m)$) ihtiyaç duymamaktadır. Bir portföyün beklenen getirisi tercih edilmektedir.	• Pazar portföyünün varlığı gereklidir.
• Borç alınan ya da verilen risksiz faiz oranının bulunması gerekmez.	• Risksiz faiz oranından sınırsız borç alma ve verme varsayımına dayanmaktadır.
• Çok değişkenli getirilerin normal dağılımı varsayımı gerekli değildir. Yatırımcıların beklenen getiri, varyans ve standart sapma temelinde portföylerini seçtiklerini varsaymamaktadır..	• Normal dağılım varsayımına ve yatırımcıların beklenen getiri, varyans ve standart sapma temelinde portföylerini seçtikleri varsayımına dayalıdır.
• Daha az sınırlayıcı özelliklere sahiptir. Hem tek, hem de çok dönemli örneklere uygulanabilmektedir.	

Kaynak: Nevin Yörük, s. 83'ten tarafımca oluşturulmuştur.

3.5. Portföy Performansının Değerlendirilmesi

Bir portföy oluşturulurken, hangi yatırım araçlarının hangi ağırlıklarla portföye alınacağı önem kazanmaktadır. Etkin portföy seçimi, alternatif portföylerin içinden veri getiri düzeyinde en düşük riski veya veri risk düzeyinde en yüksek getiriyi sağlayan bileşimin oluşturulmasıyla yapılmaktadır. [176]

Portföy riskinin ölçümü, standart sapmayı esas alan yöntemler ve sistematik riski esas alan yöntemler olarak iki farklı türde incelenebilmektedir.[177] Bir portföy için toplam risk ile birlikte sistematik ve sistematik olmayan risk kaynakları da vardır. Sistematik olmayan risk portföyün çeşitlendirilmesi ile azaltılabilen risktir. Bu durumda portföy yöneticileri alternatif yatırım araçları arasından yapacakları uygun seçimlerle çeşitlendirme yaparak sistematik olmayan riski sıfıra eşitleyebilecektir. Ancak her finansal varlık için sistematik risk veya piyasa riski olarak adlandırılan ve çeşitlendirmeyle ortadan kaldırılamayan bir risk kaynağı daha söz konusudur.[178]

Portföy performansı değerlendirilirken kullanılan en yaygın ölçüt, yönetilen portföyün, piyasa portföyü ya da rastgele seçilen bir portföyle karşılaştırılmasıdır. Portföyün verimi şu şekilde ölçülmektedir:

$$\text{Porfföy Verimi} = \frac{(NAV_1 + D_1)}{NAV_0} - 1$$

---

[176] Handan YOLSAL, A Tipi Yatırım Fonlarının Performansı: Banka ve Aracı Kurum Fonları Üzerine Bir İnceleme" Marmara Üniversitesi İİBF Dergisi, Cilt: XXXII, Sayı: I 2012, s. 346.

[177] Mehmet ARSLAN, Sıddık ARSLAN "Yatırım Fonu Performans Ölçütleri, Regresyon Analizleri ve MANOVA Yöntemine Göre A, B ve Borsa Yatırım Fonlarının Karşılaştırmalı Analizi" İşletme Araştırmaları Dergisi, 2/2, 2010, s. 5.

[178] Handan YOLSAL, a.g.e., s. 346.

Formülde yer alan;

NAV_t = Her bir hisse senedinin t dönemi sonundaki net varlık değerini,

D_t = t dönemi boyunca hisse senedi sahiplerine temettü ve sermaye kazancı olarak ödenen parayı,

NAV_{t-1} = Bir önceki dönemde hisse senedinin net varlık değerini

ifade etmektedir.

3.5.1. Sharpe Oran

Sharpe performans ölçüsü, William Sharpe tarafından 1966 yılında oluşturulmuş ve performansın riskinin ayarlanması temeline oturtulmuştur.[179] Değişkenliğin ödülü olarak da adlandırılan Sharpe Oranı, küçük yatırımcının elinde tuttuğu portföyü sistematik olmayan riske karşı koruyamayacağını, bu nedenle toplam riskten prim sağlamak yoluna gideceklerini varsaymaktadır. Sharpe Oranı, portföyün toplam risk birimi başına aşırı getirisini esas almaktadır. Sharpe oranı, piyasaya rağmen yatırımcıların makul bir miktarda ödüllendirildiği bir oran oluşu bağlamında, Treynor Ölçüsü'ne göre üstünlük taşımaktadır. Sharpe Oranı, sermaye piyasası doğrusuna dayanmaktadır ve portföyün etkin olduğunu varsaymaktadır.[180]

$$St = \frac{r_i - r_f}{\sigma_i}$$

[179] William F. SHARPE, "Mutual Fund Performance", The Journal of Business, Vol. 39, No: 1, Part 2: Supplement on Security Prices" s. 119-138.
[180] Handan YOLSAL, s. 347.

Formülde yer alan;

S_t = Sharpe İndeksi'ni

r_t = t portföyünün ortalama getirisini

r_f = risksiz faiz oranını

σ_f = t portföyünün standart sapmasını

ifade etmektedir.

Sharpe'ın performans ölçüsü olarak kullandığı bu endeks, portföyün toplam riskine kıyasla, yatırımcıların risksiz faiz oranı üzerinde talep ettikleri ek getiriyi göstermektedir. Kısaca Sharpe, portföy performansının taşıdığı riske göre düzeltmekte ve ölçümü gerçekleştirmektedir. Yükselen getiri ya da düşen standart sapma, Sharpe Oranı'nı arttırırken, düşen getiri ya da artan standart sapma Sharpe Oranı'nı düşürmektedir. Sharpe Oranı ölçütüne göre, iki alternatif arasından seçim yapılırken Sharpe Oranı yüksek olan tercih edilmektedir.[181]

3.5.2. M^2 Performans Ölçütü

Franco ve Leah Modigliani tarafından 1997 yılında gerçekleştirilen M^2 Performans Ölçütü, toplam risk veya standart sapmayı kullanmaktadır.[182] Yöntemde, öncelikle portföye hazine bonosu eklenerek "düzeltilmiş yatırım fonu" oluşturulmakta ve piyasa ile karşılaştırılmaktadır. Bu yolla düzeltilmiş yatırım fonunun standart sapması

---

[181] Turhan KORKMAZ, Hasan UYGURTÜRK, "Türk Emeklilik Fonlarının Performans Ölçümünde Regresyon Analizinin Kullanılması" ZKÜ Sosyal bilimler Dergisi, Cilt:3, Sayı: 5, 2007, s. 39.

[182] Franco MODİGLİANİ, Leah MODİGLİANİ, "Risk-Adjusted Performance, How to Measure it and Why?" Journal of Protfolio Management, 23(2), s.45-54.

ile piyasanın standart sapması eşitlenmektedir. Bu durumda, aynı standart sapmaya sahip iki portföyün getirilerini karşılaştırmak daha basit olacaktır. M^2 Performans Ölçütü'nün formülü şu şekildedir:

$$M^2 = r_f + \frac{r_p - r_f}{\sigma_p} \text{ x } \sigma_m$$

$$M^2 = \text{Sharpe Oranı x } \sigma_m$$

Formülde yer alan;

R_f = risksiz varlığın ortalama getirisini,

R_p= Portföyün ortalama getirisini,

σ_m= Pazar portföyünün standart sapmasını

σ_p= Portföyün standart sapmasını

ifade etmektedir.

3.5.3. Treynor Performans Endeksi

Treynor'un performans endeksi, 1965 yılındaki çalışmasında ortaya attığı portföy betasına dayananan ve "oynaklığın ödülü" olarak bilinen ölçüdür.[183] Treynor'a göre yatırımcılar çeşitlendirilmiş portföy tutarak, sistematik olmayan riski ortadan kaldırabilirler. Bu nedenle Treynor performans ölçüsü, bir birimlik sistematik riske karşılık risk primini gösteren bir ölçü olarak geliştirilmiştir. Portföyün risk primi, portföyün ortalama getirisinin (r_n) risksiz faiz oranını (r_f) aştığı getiri olarak (r_n-r_f)

---

[183] Jack L. TREYNOR, "How to Rate Management of Investment Funds." Harvard Business Review, 43, 1965, pp. 63–75

tanımaktadır. Portföy getirişinin risksiz faiz oranı üzerindeki getirişine ek getiri veya aşırı getiri denilmektedir. Buna göre Treynor Oranı;[184]

$$T_n = \frac{\text{Risk Primi}}{\text{Sistematik Risk}} = \frac{(r_n - r_f)}{\beta_n}$$

Formülde yer alan;

T_n = Treynor İndeksi'ni,

r_n = n portföyünün ortalama getirisi

r_f = Risksiz faiz oranını,

β_n = n portföyünün beta katsayısını

ifade etmektedir.

3.5.4. Jensen Performans Ölçüsü

Jensen, riski dikkate alan oransal bir performans ölçüsü yaratmaktansa mutlak performans ölçüsü gerçekleştirmeye çalışmıştır. Bir portföyün performansının ölçümü, portföy yöneticisinin tahmin kabiliyetine dayanmaktadır. Jensen performans ölçüsünü şu şekilde formüle etmek mümkündür.

$$R_{jt} - R_{ft} = a_1 + \beta_1 (R_{mt} - R_{ft})$$

Formülde yer alan;

R_{jt} =j portföyünün t dönemindeki ortalama getirisini,

R_{ft} =t dönemindeki risksiz faiz oranını,

[184] Handan YOLSAL, a.g.e., s. 347.

a_1 =Modele göre oluşan doğrunun Y eksinini kestiği noktayı,

β_1 =Sistematik risk ölçüsünü,

R_{mt} = t dönemdeki piyasa portföyünün ortalama getirisini

ifade etmektedir.

Jensen'in Performans Ölçüsünde yer alan a_1 katsayısının işareti ile fon yöneticisinin uygun menkul kıymetleri seçmekteki tahmin kabiliyetinin ölçülebileceğini belirtmiştir. Daha önce geliştirilen oransal ölçülerin aksine, doğrusal bir ölçü olan Jensen'ın a_1'i piyasa getirisi ile portföy getirişi arasındaki fark olarak tanımlanmaktadır. Buna göre; $a_1>0$ ise portföy getirisinin piyasa portföyünün getirisinden yüksek, $a_1<0$ ise düşük olduğu söylenecektir. Portföy denge fiyatında ise $a_1=0$ olacaktır.[185]

3.5.5. Sortino Oranı

Sortino Oranı, standart sapma yerine aşağı yönlü sapma kullanarak getiri dağılımlarının asimetrikliğine çözüm getirmektedir. Dolayısıyla Sortino Oranı, ortalama getirinin risksiz faiz oranını aşan kısmının, aşağı yönlü alt-varyansa oranıdır. Buna göre Sortino Oranı;[186]

$$SR = \frac{\bar{r}_p - MAR}{\sqrt{\sum_{t=1}^{T} \frac{(r_{pt} - MAR)^2}{T}}}$$

Formülde yer alan;

SR = Sortino Oranı

[185] Michael C. JENSEN, "The Performance of Mutual Funds in the Period 1945-1964, Journal of Finance, 23(2), 1967, s.389-416.

[186] Suat TEKER, Emre KARAKURUM, Osman Tav, "Yatırım Fonlarının Risk Odaklı Performans Değerlemesi" Doğuş Üniversitesi Dergisi,9(1), 2008, s. 94.

r_{pt} = Portföyün t zamanındaki getirisini, (Yalnızca MAR > r_{pt} olduğunda hesaplamaya katılmaktadır.)

$\overline{r_p}$ = Portföyün ortalama getirisini

T= İncelenen gün sayısını,

MAR= Minimum kabul edilebilir değeri (risksiz faiz oranını)

ifade etmektedir.

4. BÖLÜM

FİNANSAL VARLIKLARI FİYATLAMA MODELLERİNİN ZAMAN SERİSİ VE PANEL VERİYLE ANALİZİ

4.1. Finansal Varlık Fiyatlama Modellerinin Zaman Serileriyle Test Edilmesi

Uygulama bölümünde ilk aşamada zaman serisi verileri kullanılarak FVFM ve AFM ile regresyon yapılacaktır. Zaman serisi bir büyüklüğün zaman içerisinde yapılmış ölçümlerinin sıralanmasıyla oluşturulmaktadır. Çalışmada kullanılan değişkenler, zamana bağlı olarak değişim gösterdiği ve aralarında bir nedensellik ilişkisi bulunduğu için regresyon analizi yapılmaktadır. Uygulamanın ikinci aşamasında ise panel veriler kullanılarak model tahminleri gerçekleştirilecektir. Ancak öncelikle zaman serileriyle ilgili bilgi verilecektir.Tahminlerin yapılmasında E-views 8.0, Matlab R2008a, Gauss 10 ve Stata 9.1 programları kullanılmıştır.

4.1.1. Zaman Serileri Analizi

Zaman serisi, rassal bir değişkenin zaman içerisinde aldığı değerlerin sıralanması ile oluşturulur. Bir rassal değişkenin zaman içerisinde aldığı değerlerin sıralanmasıyla stokastik süreç elde edilir. Stokastik süreç, elemanları tesadüfî değerler olan bir kümedir.

X rassal değişkenine ait stokastik sürecin tanımlaması yapıyorsa, bu serinin birinci ve ikinci momentlerine bakılması gerekmektedir; fakat bu dağılımın bulunması çok zor olduğundan serinin diğer özellikleri dikkate alınmaktadır.

Amaç, değişkenin zaman içerisinde izlediği yolu incelemektir. Yani serinin değerlerinin zamandan etkilenip etkilenmediğini belirlemektir. Hakkında bilgi sahibi olmak istenilen veya öngörüde bulunmak istenilen konu için incelenen seriler, eğer zaman içerisinde sistematik bir değişim gösteriyorsa seri üzerinde yapılan çalışmalar anlamlılığını yitirecektir.

Bu nedenle öncelikle zaman serilerinin sistematik değişim gösterip göstermedikleri belirlenmeli ve eğer böyle bir değişim gösteriyorlarsa serilerin bu etkiden kurtarılması gerekmektedir.

4.1.1.1. Zaman Serilerinde Durağanlık Kavramı

Zamana bağlı olmayan, zamana dayanmayan, sabit olan seri durağan seridir. Ortalamasında ve varyansında sistematik değişme yoksa iki dönem arasındaki ortak varyans değeri sabit ise seri durağan seridir. Durağan serilerin trendi yoktur.

Sürecin zaman içerisinde değişmeyen sonlu ortalama ve sonlu varyansa sahip olması birinci durağanlık şartı olarak ifade edilmektedir.

Sonlu Ortalama : $E(x_t) = \mu$

Sonlu Varyans : $V(x_t) = E(x_t - \mu)^2 = \sigma^2$

Sürecin kovaryans değerinin geçmiş zamandan bağımsız olması, yani sabit olmasıdır. Burada dikkat edilmesi gereken nokta, kovaryans değerinin sabitliği zamanlar arası farkın sabitliğine, eşitliğine bağlı olmasıdır. Kovaryans değeri zamana bağlı değil, zamanlar arası farka bağlıdır.

Kovaryans :

$$Cov(x_t, x_{t+k}) = E[(X_t - \mu_{x_t})(x_s - \mu_{x_s})] \Rightarrow (\mu_{x_t} = \mu_{x_s} = \mu)$$

$$= E[(x_t - \mu)(x_s - \mu) \Rightarrow (t = s)]$$
$$= E[(x_t - \mu)^2]$$

$Cov(x_t, x_{t+k}) \Rightarrow$ k farkı içeren tüm büyüklükler arasında aynı kovaryans değeri vardır.

4.1.1.1.1. Durağan Olmamanın Yarattığı Problemler

Trende sahip serilerin modele konması durumunda, gerçekte ilişkisiz olan değişkenler arasında benzer trend nedeni ile anlamlı bir ilişki gözlemlenebilir. Bu durum sahte regresyon olarak adlandırılmaktadır. Bu nedenle serilerde trendin etkisi devre dışı bırakılmalıdır.

- Serinin varyansının durağan olmaması EKK yönteminin “hata terimi varyansı tüm gözlemler için aynıdır.” varsayımının ihlaline neden olmaktadır.

- EKK varsayımlarından “hata terimlerinin dağılımı normal dağılımlıdır.” varsayımı durağan olmayan serilerle çalışıldığında ihlal edilmiş olur. Bu varsayım ile parametre tahmincileri de normal dağılmış olmaktadır. Durağan olmayan serilerin dağılımı normal dağılıma uymadığından t ve F istatistikleri kullanılamaz (Asimtotik olarak da.). Bu nedenle tahminin yanı sıra öngörüde bulunma şansı da ortadan kalkmış olur.

- Trende sahip serilerin modele konması durumunda, gerçekte ilişkisiz olan değişkenler arasında benzer trend nedeni ile anlamlı bir ilişki gözlemlenebilir. Bu durum sahte regresyon olarak adlandırılmaktadır. Bu nedenle serilerde trendin etkisi devre dışı bırakılmalıdır.

4.1.1.1.2. Zaman Serisinin Durağan Olup Olmadığının Tespiti ve Durağanlaştırılması

Serinin zaman içerisinde artan ya da azalan bir trende sahip olup olmadığını en basit anlamda gösteren ve ilk olarak bakılması gereken olgu serinin grafiğidir. Grafiğe bakıldığında serinin sahip olduğu eğilimler gözlemlenebilir. Serinin grafiğine bakılmasının amacı, istatistiksel analizlere geçilmeden önce serinin durağanlığı hakkında bir fikir edinilme gereksinimidir.

Serinin durağanlık araştırılmasında ikinci olarak bakılması gereken olgu serinin korelogramıdır. Korelogram, serinin otokorelasyon fonksiyonuna verilen addır. Durağan bir seride korelogram, birinci veya ikinci gecikmede sıfırı kesmesi gerekmektedir. Otokorelasyon fonksiyonu birinci veya ikinci gecikme haricinde daha yüksek gecikmelerde sıfırı kesiyorsa serinin durağan olmadığı anlaşılmalıdır. Kısmi otokorelasyon fonksiyonu ise serinin kaçıncı mertebeden fark alınması gerektiğini ifade etmektedir.

Örneğin kısmi otokorelasyon fonksiyonu birinci gecikmede çok yüksek değer, diğer gecikmeler de ise daha küçük değerler alması, seriye bir kere fark alma işlemi uygulandığında serinin durağanlaşabileceğini ifade etmektedir.

Durağanlık araştırmasında üçüncü olarak bakılması gereken olgu Dickey&Fuller 1979 (Birim Kök Testi) test istatistiğidir.

4.1.1.1.2.1. Dickey-Fuller 1979 Birim Kök Testi

Zaman serilerinin durağan olması olarak ifade edilen, zaman içinde varyansın ve ortalamanın sabit olması ve gecikmeli iki zaman periodundaki değişkenlerin kovaryansının değişkenler arasındaki gecikmeye bağlı olup zamana bağlı olmamasıdır[187].

Dickey Fuller testi, serilerde birim kökün varlığının araştırılmasında kullanılan bir testtir.Bu yöntem ilk olarak Dickey D.A. ve W.A. Fuller'ın 1979 yılında 'Journal of American Statistical Association' isimli dergide yayınlanan makaleleriyle ortaya çıkmıştır.

DF Testi' ne güvenilebilmesi için, $\hat{u}_t$'ların "saf hata terimi" özelliği taşıması gerekmektedir. Yani $\hat{u}_t$'lar otokorelasyonsuz ve sabit varyanslı olmalıdır; ancak o zaman DF–1979 Testi uygulanabilir. Sabit varyansı sağlayabilmek için serinin doğal logaritması alınmalıdır.

DF denklemlerinde otokorelasyon problemi varsa otokorelasyonu ortadan kaldırmak için ADF denklemlerinin kurulması gerekmektedir. Bunun için yapılacak işlem; otokorelasyonu ortadan kaldıracak minimum sayıda gecikmeli bağımlı değişkenin bağımsız değişken olarak kullanılmasıdır. Gecikme sayısı, birden başlanılarak teker teker DF denklemine eklenmeli ve her seferinde otokorelasyon araştırması yapılmalıdır. Otokorelasyon hangi gecikme sayısında kaldırılmışsa o gecikme sayısı optimum gecikme sayısı olarak kabul edilmelidir. Aşağıda hipotezler ve test denklemleri verilmiştir.

---

[187] Damodar N., GUJARATI,Basic Econometrics,third edit,MC-Graw-Hill,Inc.,USA,1995, s.712-713.

$$H_0 : \delta = 1$$
$$H_a : \delta < 1$$

$$LP_t = \alpha + \gamma * T + \delta * LP_{t-1} + u_t \Rightarrow \mathrm{T}_T$$

$$LP_t = \alpha + \delta * LP_{t-1} + u_t \Rightarrow \mathrm{T}_\mu$$

$$LP_t = \delta * LP_{t-1} + u_t \Rightarrow \mathrm{T}$$

$$\mathrm{T} = \frac{\hat{\delta} - 1}{Sh._{\hat{\delta}}} \approx DF(1979)$$

Yukarıdaki denklemlerde δ değerinin aşağı sapmalı olması nedeni ile istatistik değerine Dickey Fuller (DF) denklemleri aracılığı ile ulaşılması gerekmektedir.

Dickey Fuller Denklemleri:

$$H_0 : \delta = 0$$
$$H_a : \delta < 0$$

$$\Delta LP_t = \alpha + \gamma * T + \delta * LP_{t-1} + u_t \Rightarrow \mathrm{T}_T$$

$$\Delta LP_t = \alpha + \delta * LP_{t-1} + u_t \Rightarrow \mathrm{T}_\mu$$

$$\Delta LP_t = \delta * LP_{t-1} + u_t \Rightarrow \mathrm{T}$$

$$\mathrm{T} = \frac{\hat{\delta}}{Sh._{\hat{\delta}}}$$

Yukarıda ele alınan DF test modelinin içerdiği kabul edilen otoregresif süreç sayısı AR (1) kabul edilmektedir. Ancak her zaman serisinde durum böyle olmamaktadır. Bundan dolayı Dickey D.A. ve

W.A.Fuller'ın (1981)'de 'Econometrıca' dergisinde yayınlanan makalelerinde bu konuyu işlemişler ve mevcut olan test denklemini en genel haliyle şu şekilde kullanmaktadırlar:

ADF Denklemleri:

$$H_0 : \delta = 0$$
$$H_a : \delta < 0$$

1. $\Delta LP_t = \alpha + \gamma * T + \delta * LP_{t-1} + \sum_{i=1}^{k} \beta_i * \Delta LP_{t-i} + u_t \Rightarrow \mathrm{T}_{\tau}$

2. $\Delta LP_t = \alpha + \delta * LP_{t-1} + \sum_{i=1}^{k} \beta_i * \Delta LP_{t-i} + u_t \Rightarrow \mathrm{T}^{\mu}$

3. $\Delta LP_t = \delta * LP_{t-1} + \sum_{i=1}^{k} \beta_i * \Delta LP_{t-i} + u_t \Rightarrow \mathrm{T}$

$$\mathrm{T} = \frac{\hat{\delta}}{Sh._{\hat{\delta}}} \approx \text{DF (1979)}$$

Test istatistiği kritik değerden daha negatif ise H_0 hipotezi reddedilir. Yani serinin birim kökü yoktur. Test istatistiği kritik değerden daha negatif değilse seriye birinci mertebeden fark alma işlemi uygulanır ve serinin ikinci birim kökü araştırılır.

4.1.1.1.2.2. Zivot -Andrews Birim Kök Testi

Bir zaman serisi değişkeni analiz döneminin çeşitli alt bölümlerinde deterministik trend etrafında durağan özelliğe sahip olabilir. Bu alt dönemler sabit terimde ve/veya eğim parametresindeki yapısal değişiklerden etkilenebilir. Bu yapısal değişiklikleri dikkate almadan birim-kök testi yapmak yanlış sonuçlar doğurur ve testin gücünü azaltır. Yapısal kırılmanın olması durumunda, örnek verilerinden yararlanılarak tahmin edilen regresyon doğrusu, gerçek regresyon doğrusundan farklı olmakta ve zaman serisi analizinin durağanlık sınaması yoluyla yapmak istediği tahmin çalışmalarının zayıflamasına neden olmaktadır.[188]

Zaman serilerinde bir yapısal kırılma varsa ve bu yapısal kırılma dikkate alınmadan birim kök testi uygulandığında, serinin durağan olmama ihtimali yüksek olduğu ifade edilmektedir[189] . Oysa kırılma dikkate alındığında, durağan olmayan bir serinin durağan olduğu görülmektedir. Bu nedenle serideki yapısal kırılmayı dikkate alan testler geliştirilmiştir. Yapısal kırılmanın hangi dönemde gerçekleştiği bilindiği durumda, kırılmanın dışsal olarak belirlendiği testlerden yararlanabilmektedir. Ancak kırılma döneminin bilinmediği durumda, kırılmanın varlığının test edilmesi ve varsa kırılma noktasının belirlenmesi gerekmektedir. Bu testlerden biri, kırılmanın içsel olarak belirlendiği bir diğeri de Lee ve Strazicich'in tek kırılmalı testidir.

Augmented Dickey-Fuller (ADF), Phillips-Perron (PP), Kwiatkowski, Phillips, Schmidt ve Shin (KPSS), Elliott- Rothenberg-Stock

[188] Dina Çakmur YILDIRTAN, Ayşegül BÖLÜKBAŞI, Küresel Finans Krizinin Banka ve Sigorta Sektöründe Yabancı Sermaye Girişine Etkileri, Politik İktisat ve Adam Smith, Yön Yayınları, 2010, Kocaeli, s.477-492.s.15.
[189] Dan Ben-DAVID, ve David H. PAPELL, "The Great Wars, the Great Crash and the Unit Root Hypothesis", Journal of Monetary Economics, 1995, Vol. 36, s. 453-475.

Point Optimal (ERS), (DF-GLS) ve Ng-Perron birim kök testleri bu grupta yer almaktadır. Temel özellikleri testin işleyişinde yapısal bir kırılma yer almamaktadır[190].

Zivot-Andrews, birim kök testiyle yapısal kırılmaların serinin bütünleşme derecesi üzerindeki etkisini üç model yardımıyla analiz etmektedir;[191]

H_0: $Y_t = \alpha + Y_{t-1} + \varepsilon_t$ hipotezi altında;

Model A: $\Delta Y_t = \alpha + \beta t + \delta DU_t(\lambda) + (\rho-1)Y_{t-1} + \Sigma_{j=1,2,\ldots,J}\rho_j \Delta Y_{t-j} + \varepsilon_t$

Model B: $\Delta Y_t = \alpha + \beta t + \gamma DT_t(\lambda) + (\rho-1)Y_{t-1} + \Sigma_{j=1,2,\ldots,J}\rho_j \Delta Y_{t-j} + \varepsilon_t$

Model C: $\Delta Y_t = \alpha + \beta t + \delta DU_t(\lambda) + \gamma DT_t(\lambda) + (\rho-1)Y_{t-1} + \Sigma_{j=1,2,\ldots,J}\rho_j \Delta Y_{t-j} + \varepsilon_t$

Burada, t = 1, 2, 3,….,T tahmin dönemini, *DUt* : ortalamada meydana gelen kırılma ve *DT t* : trendde meydana gelen kırılma için kukla değişkeni göstermektedir. Model A ortalamadaki kırılma zamanını ve etkisini, model B eğimdeki, Model C ise eğim ve ortalamadaki ortak kırılmayı göstermektedir.

Bilinmeyen zamanda tek bir yapısal kırılmalı belli bir trend durağan sürece uygun Y_t `nin sonucu olan kırılma noktası λ`ya dayanan kukla değişkenlerini DU_t ve DTt şeklinde ifade edebiliriz. Bu test süreci için amaç, trend durağanlığını en çok destekleyen kırılma noktasını

---

[190] ÇAKMUR ve BÖLÜKBAŞI, a.g.m., s.16.
[191] Donald W.K. ANDREWS, "Test for Parameter Instability and structural change with unknown change point" Econometrica, vol: 61, 1993.

hesaplamaktır. Yani, λ^*, tek taraflı t istatistiğini minimize ederek, gecikme parametresinin $\rho = 1$ olduğunu test etmek durağanlık- için seçilir. Hesaplanan λ^* değeri ve minimum t istatistiği, Model(A),(B) ve (C) için, $0< \lambda<1$ aralığındaki yer alan λ`nın olası tüm değerleri için test eşitlikleri tahmin edilir. Böylece, $T_B=2$`den $T_B=T-1$`e ve $j=2/T$`den $j=(T-1)/T$` ye, T-2 regresyonları oluşturulur ve $\rho=1$ olduğunun-durağanlık- testi için tüm t istatistik değerleri elde edilir. Test eşitliklerinde kullanılan bütünleşmiş gecikmeli j değerlerinin her bir $\lambda=T_B/T$ için farklı olabileceğini vurgulamak gerekmektedir. $0< \lambda<1$ ve $\{t_\rho(\lambda)\}$`de $t_\rho^* = \min_\lambda$ belirlenir ve λ^*bu minimum t istatistiğine karşılık gelen tahmin edilmiş kırılma noktasıdır.

Bu hesaplanan t_ρ^* değerleri ekteki kritik tablo değerleri ile karşılaştırılır. Eğer hesaplanan değer, belli bir anlam düzeyinde, kritik değerden küçükse birim kök olduğunu belirten sıfır hipotezi reddedilir[192].

4.1.1.2. Eşbütünleşme Analizi

Eşbütünleme analizi durağan olmayan seriler için yapılır. İki veya daha fazla durağan olmayan serinin arasındaki doğrusal ilişki durağansa bu değişkenler eş bütünleşen olarak adlandırılmaktadır. Durağan olmayan serilerin doğrusal bileşimi durağansa seriler eşbütünleşendir. Eşbütünleşme Analizi, durağan olmayan serilerin uzun dönemde bir denge noktasına yakınsayıp yakınsamadığını araştırır. Eşbütünleşme Analizi uygulanabilmesi için değişkenlerin aynı mertebeden durağan olmaları gerekli bir koşuldur. Serilerin eşbütünleşik olup olmadığının araştırılmasında kullanılan yöntemlerden biri Engle Granger'dır.

[192] ANDREWS, Donald W.K., "Test for Parameter Instability and structural change with unknown change point" Econometrica, vol: 61, 1993.

Engle ve Granger'in ortaya koydukları bu yaklaşımın basamakları aşağıdadır.

1. Serilerin bütünleme mertebelerinin belirlenmesi.
2. Ortak bütünleme regresyon denkleminin kurulması.
3. Denklemin hata terimlerinin durağanlığının araştırılması,
4. Kısa dönem ilişkisini gösteren Hata Giderme Mekanizmasının kurulması,

İki değişken için her iki değişkeninde I(1) olmaları durumunda sadece 1 tane ortak bütünleme vektörü söz konusudur; ancak N değişken durumunda (N-1) sayıda ortak bütünleme vektörü söz konusudur.İki serinin ortak bütünlenen olup olmadıklarını inceleyebilmek için değişkenlerin aynı mertebeden bütünlenen olmaları gerekmektedir[193].

4.1.1.3. Regresyon Varsayımları

Araştırmada kullanılacak olan modellerin kullanılabilmesi için regresyon varsayımlarını sağlaması gerekmektedir. Regresyon varsayımlarının sağlanmaması halinde yanlış tahmin sonuçları ortaya çıkacaktır. Bu nedenle öncelikle modellerin geçerliliğinin kabul edilebilmesi için regresyon varsayımlarından otokorelasyon ve değişen varyans sorunlarının araştırılması gerekir. Öncelikle otokorelasyon ve değişen varyans hakkında bilgi verilecek ve bu sorunların araştırılmasında kullanılan testler hakkında bilgi verilecektir.

---

[193]Salih BARIŞIK, Emrah İsmail ÇEVİK, "İşsizlikte Histeri Etkisi: Uzun Hafıza Modelleri", Kamu-İş; C:9, S:4, 2008, s.8.

4.1.1.3.1. Otokorelasyon

Hata terimlerinin birbirini takip eden değerleri arasında doğrusal ilişki olması durumuna otokorelasyon denir. Zaman serilerinde genellikle pozitif otokorelasyona rastlanır[194].

$E(u_i, u_j) = 0$, $i \neq j \Rightarrow$ Otokorelasyon yok.

$E(u_i, u_j) \neq 0$, $i \neq j \Rightarrow$ Otokorelasyon var.

Otokorelasyon ikiye ayrılır:

- **Pozitif Otokorelasyon:** Seride sürekli bir artış veya artış azalış artış şeklinde bir düzen varsa pozitif otokorelasyondan şüphelenilmelidir.

- **Negatif Otokorelasyon:** Seride kısa dönemde ani işaret değişiklikleri varsa veya sürekli bir azalış söz konusu ise negatif otokorelasyondan şüphelenilmelidir.

Genellikle iktisadi değişkenlerde pozitif otokorelasyonla karşılaşılır. Bunun nedeni ise, değişkenlerde ani değişimlerin olmamasıdır ve ayrıca enflasyon sebebiyle serilerde sürekli bir artış bulunmaktadır.

$u_t = \rho * u_{t-1} + v_t$, $-1 \leq \rho \leq 1$

ρ : Otokorelasyon katsayısı

v_t : Rassal hata terimi

[194] Selahattin GÜRİŞ ve Ebru ÇAĞLAYAN, Ekonometri, Der Yayınları, 1.Baskı, İstanbul 2000, s.407.

Korelasyon katsayısı iki değişken arasındaki doğrusal ilişkinin bir ölçüsüyken otokorelasyon katsayısı ise aynı değişkenin kendi değerleri arasındaki ilişkinin ölçüsüdür.

Modelde otokorelasyon varsa parametrelerin En Küçük Kareler (EKK) tahmincileri sapmasız ve tutarlıdır; ancak etkin olma özelliklerini kaybederler. Çünkü otokorelasyon varsa hata terimlerinin varyans tahmincisi sapmalı olur. Bu durumda parametre tahmincilerinin varyansları da sapmalı olur ve dolayısıyla parametre tahmincileri etkin değildir. Pozitif otokorelasyon varsa sapma negatif olur. Yani varyanslar olduğundan küçük bulunur. Bunun sonucunda t test istatistiği değeri büyük çıkar.

Pozitif otokorelasyonda sapma negatiftir. Bu nedenle parametre tahmincilerinin varyansı olduğundan küçük çıkar. Bu durumda anlamsız bir parametre tahmincisinin anlamlı olma olasılığı artar. Böylece anlamsız bir katsayının anlamlı olma olasılığı artar. R^2 de yükselir. Dolayısıyla F değeri olduğundan büyük bulunur. Sonuç olarak t ve F testleri güvenilirliğini yitirip yanıltıcı sonuç verirler.[195] Şekil 4.1'de otokorelasyon sonucu grafiği yer almaktadır.

[195] Selahattin GÜRİŞ ve Ebru ÇAĞLAYAN, a.g.e.,s.407.

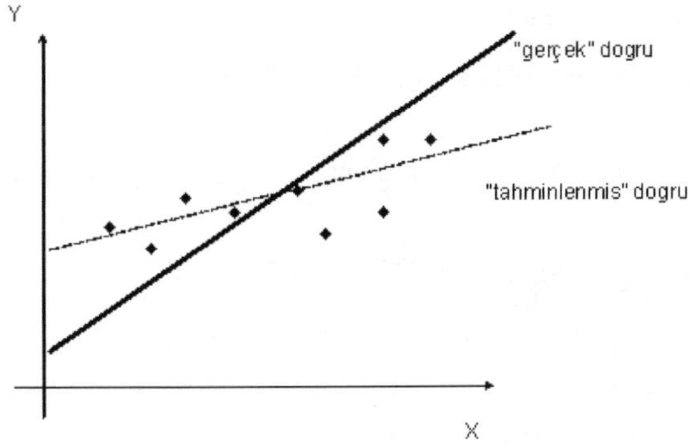

Şekil 4.1.: Otokorelasyon Sonucu[196]

Bu test özellikle yüksek mertebeden otokorelasyon araştırılmasında kullanılır. Ayrıca otoregresif modellerde ve birinci dereceden otokorelasyon araştırılmasında da kullanılabilir.[197] Ki-kare dağılımına sahiptir ve serbestlik derecesi, incelenen otokorelasyonun derecesi ile aynıdır.

Otokorelasyonun belirlenebilmesi için kullanılan bir diğer yaklaşım LM Testi'dir. Uygulamalarda kullanılmak üzere seçilen test istatistiklerinden bir diğeri LM test istatistiğidir. Bunun sebebi LM test istatistiğinin herhangi bir kısıtlayıcı yönünün olmamasıdır. Durbin Watson-d test istatistiği yıllık verilerde tercih edilirken, Durbin-h test istatistiği otoregresif modellerde otokorelasyon araştırılmasında kullanılır. Durbin Alternatif test istatistiği ise Durbin-h test istatistiğinin alternatifidir. χ^2 Test istatistiği ise non-parametrik olduğu için tercih edilmemektedir.

---

[196] Damonar GUJARATI, (Çev. Ümit Şenesen, Gülay Günlük Şenesen), Temel Ekonometri, Literatür Kitabevi, İstanbul, 1999, sf. 415.
[197] GUJARATI, Temel Ekonometri, a.g.e., s. 415.

LM Testi daha çok yüksek dereceden otokorelasyonun araştırılmasında kullanılmaktadır. LM Testi şu şekilde gerçekleştirilir.

1. Tahmin edilmiş yardımcı regresyon modelinin R^2 si bulunur.

2. Bulunan R^2 değeri n ile çarpılarak LM test istatistiğine ulaşılır.

Hipotezler:

$$H_0 = \rho_1 = \rho_2 = \ldots = \rho_P = 0$$
$$Ha = \rho_1 \neq \rho_2 \neq \ldots \neq \rho_p \neq 0$$

Karar:

Hesaplanan test istatistiği χ^2 tablosundan bakılan kritik değerden daha büyük ise H_0 reddedilir ve otokorelasyon vardır denir.

4.1.1.3.2. Değişen Varyans

Değişen varyans, hata terimlerinin varyansının bütün örneklem için sabit olmaması anlamına gelir.

$E(u_i^2) = \sigma^2$ ise Sabit varyans

$E(u_i^2) = \sigma_i^2$ ise Değişen varyans (Heteroskedasite)

X_i değerlerine bağlı olarak Y_i'nin koşullu varyansı, X değişkeni hangi değerleri alırsa alsın değişmemeli, yani sabit varyanslı olmalıdır. Ortalama değişse bile ortalama etrafındaki dağılım değişmemelidir. Aksi halde değişen varyans durumundan söz edilir.[198]

$E(u_i^2) = \sigma^2 * f(X_i)$

[198] GUJARATI, a.g.e., s.416.

Bağımsız değişkene bağlı olarak bağımlı değişkenin koşullu varyansı (hata terimi varyansı) bağımsız değişken değerleri ne olursa olsun aynı kalıyorsa sabit varyans durumundan, sabit kalmıyorsa değişen varyans durumundan söz edilir.Değişen Varyans' ın Nedenlerini aşağıdaki gibi sıralamak mümkündür[199]:

1. Hatasını öğrenen modeller.
2. Veri derleme teknikleri geliştikçe σ_i^2 düşebilir.
3. Dışa düşenlerin varlığı (Örneklemdeki öteki gözlemlerden çok farklı gözlemlerin varlığı).
4. Model kurma hataları (Özellikle ihmal edilen açıklayıcı değişken olması.).

Eğer modelde değişen varyans sorunu varsa EKK tahmincileri doğrusal ve sapmasız; fakat etkin değildir. Bu durumda EKK tahmincileri En İyi Doğrusal Sapmasız Tahminci olma özelliğini kaybederler.

Değişen Varyans durumunda parametre tahmincilerinin varyansı olduğundan büyük bulunmaktadır. Anlamlı bir katsayının anlamsız yorumlanma olasılığı artar; t ve F istatistiklerine güvenilememektedir.

Bu test tanımlama hatası olup olmadığının araştırması için yapılır. Testin aşamaları ise aşağıdaki şekildedir.[200]

$$Y_t = \alpha + \alpha_1 x_{1t} + \alpha_2 x_{2t} + u_t \Rightarrow \hat{u}_t$$

$$\hat{u}_t^2 = \beta_0 + \beta_1 x_{1t} + \beta_2 x_{2t} + \beta_3 x_{1t} x_{2t} + \beta_4 x_{1t}^2 + \beta_5 x_{2t} + e_t \Rightarrow R_{\hat{u}}^2$$

[199] GÜRİŞ ve ÇAĞLAYAN, a.g.e.,s.510-511.
[200] GÜRİŞ ve ÇAĞLAYAN, a.g.e., s.516.

Hipotezler:

H_0 : $\sigma_1^2 = \sigma_2^2 \Rightarrow$ Tanımlama hatası yoktur.

H_a : $\sigma_1^2 \neq \sigma_2^2 \Rightarrow$ Tanımlama hatası vardır.

Test istatistiği:

$N^* R_{\hat{u}}^2 \sim \chi^2_p$

Karar:

Hesaplanan test istatistiği χ^2 tablosundan bakılan kritik değerden daha büyük ise H_0 hipotezi reddedilir ve değişen varyans vardır, denir.

4.1.2. Kullanılan Veriler

Çalışmada öncelikle zaman serileri kullanılarak FVFM ve AFT tahmin edilmiştir. Sonrasında ise analizde zaman serileri ile kesit serileri bir araya getirilerek, hem zaman hem de kesit boyutuna sahip veri seti oluşturularak 1998 Ocak-2013 Aralık dönemleri arasında hisse senetleri borsada işlem gören 7 bankacılık hisse senedinin verileri kullanılarak varlık fiyatlama modellerinin Bist'te geçerli olup olmadığı araştırılmıştır.

Çalışmada kullanılan veriler:

$bist100_t$: Borsa İstanbul 100 Endeksi

sue_t: Sanayi Üretim Endeksi

rek_t: Reel Efektif Kur

$faiz_t$: 2 yıllık gösterge tahvil faizi

$t\ddot{u}fe_t$: Tüketici fiyat endeksi

$fiyat_t$: Panel veri setinde kullanılan, 1998 Ocak-2013 Aralık dönemleri arasında kullanılan 7 banka hisse senedinin fiyatları.

akb_t: Akbank A.Ş. hisse senedi

fnb_t: Finansbank A.Ş. hisse senedi

grt_t: Garanti Bankası A.Ş. hisse senedi

tkt_t: Tekstilbank A.Ş. hisse senedi

ykb_t: Yapı ve Kredi Bankası A.Ş. hisse senedi

isc_t: İş Bankası A.Ş. hisse senedi

alt_t: Alternatif Bank A.Ş. hisse senedi

Finansal Varlıkları Fiyatlama Modelinin test edilmesinde Ocak 1998 - Aralık 2013 dönemleri arasındaki aylık verilerden yararlanılmıştır. Çalışmada 1998 tarihinde halka açık olan 7 tane banka hisse senedi kapanış fiyatı verisi kullanılmıştır ve bu veriler Bloomberg'ten elde edilmiştir. 1998 yılında halka açı olan bankalar şu şekildedir: İş Bankası, Tekstil Bank, Akbank, Alternatif Bank, Finansbank, Garanti Bankası, Yapı kredi Bankası. FVFM'de kullanılmakta olan risksiz faiz oranı(R_f) verisi olarak Hazine Müsteşarlığı'nın aylık sabit faizli borçlanma maliyetleri kullanılmış ve veriler Hazine Müsteşarlığı'ndan alınmıştır. Pazar portföy getiri verisi olarak BİST100 endeksi alınmış, veriler Türkiye Cumhuriyet Merkez Bankası (TCMB) internet sitesinden elde edilmiştir.

Çalışmada kullanılan modeller E-views 8.0, Stata 10.0, Gauss, Matlab programları kullanılarak yapılmıştır.

4.1.3. Finansal Varlıkları Fiyatlama Modeli

FVFM'ne göre, *i.* Finansal varlığın beklenen aşırı getirisi (beklenen getiri – risksiz varlığın getirisi)[201];

$$E(R_i)-R_f = \beta_i\,[E(R_m) - R_f] \qquad (1)$$

Kurulan bu modelde amaç sistematik risk ölçüsü β_i 'yi tahmin etmektir. Bu tahmin yapılırken (1) numaralı denklemde beklenen aşırı getirilerden yararlanılmıştır. Ancak uygulamada gerçekleşen değerler söz konusu olduğundan modellerde hisse senetlerinin gerçekleşen ham getirileri (R_i) veya gerçekleşen aşırı getirileri (R_i-R_f) kullanılmaktadır.

FVFM iki aşamada tahmin edilmiştir. İlk aşamada *i.* hisse senedine ait ham getiriler kullanılarak[202];

$$R_{it} = \alpha_i + \beta_i R_{mt} + \varepsilon_{it}\; t=1,\ldots,t0 \qquad (2)$$

zaman serisi regresyonunun tahmini yapılmıştır. İkinci aşamada ise, (2) no'lu zaman serisi regresyonlarından tahmin edilen β_i sistematik risk değerleri açıklayıcı değişken olarak;

$$\bar{R}_i = \gamma_0 + \gamma_1 \beta_i + \varepsilon_i \quad i= \quad 1,\ldots\ldots,N \qquad (3)$$

$$\bar{R}_i - R_f = \gamma_0 + \gamma_1 \beta_i + \varepsilon_i \quad 1,\ldots\ldots,N$$

201 LEVY, 1978, s.643.
202 LEVY, 1978, s.643.

şeklindeki çapraz kesit verisi regresyonunda ortalama getirileri açıklamak amacıyla kullanılmıştır ve hisse senetlerinin beklenen getirileri tahmin edilmiştir.

4.1.3.1. Değişkenlerin Durağanlık Sınaması

Bu çalışmada FVFM ve AFM için farklı değişkenler kullanılmış ve kullanılan her bir değişkenin durağanlıkları Genişletilmiş Dickey-Fuller (ADF) ve Phillip Perron sınaması ile araştırılmıştır. Dickey ve Fuller (1981)'a göre hata terimlerinin beyazgürültü (white noise) olduğu yani; ardışık bağımsızlık, normal dağılım ve sabit varyansa sahip olduğu kabul edilmektedir. Phillips ve Perron (1988) ise Dickey ve Fuller (1981) testinin tersine hata terimleri arasında zayıf bağımlılığa ve heterojenliğe izin vermektedir. Öncelikle FVFM'de teoriye göre kullanılması gereken getiri ve aşırı getiri serilerinin durağanlıkları araştırılmış ve ADF ve PP sınama Sonuçları Tablo 1'de verilmiştir. Gecikme uzunluğu (p), Schwarz Bilgi Ölçütü (SIC) kullanılarak tahmin edilmiştir. SIC'ı minimize eden değer optimum gecikme uzunluğu olarak alınmıştır.4 no'lu denklemde**Δ**fark işlemcisini simgelemektedir.

Tablo 4.1'de soldan sağa doğru sırası ile; 4 no'lu denklemden elde edilmiş hata terimlerinin test istatistiği istatistiği, olasılık değeri ve optimum gecikme uzunluğu listelenmiştir.

Durağanlık sınamasında kullanılan test denklemi;

$$\Delta Y_t = \alpha_1 Y_{t-1} + \alpha_i \Delta Y_{t-i} \sum_{i=1}^{p} \Delta Y_{t-i} + e_t \qquad (4)$$

Tablo 4.1: Getiri Serileri Birim Kök Sınaması

ADF Unit Root Test				Phillips-Perron Unit Root Test			
Variable	Test Statistics	Gecikme Sayısı	Prob.	Variable	Test Statistics	Gecikme Sayısı	Prob.
ral	-15,6213	0	0,0000	ral	-15,6848	0	0,0000
ral	-12,5202	0	0,0000	ral	-12,5216	0	0,0000
rfr	-12,4307	0	0,0000	rfr	-12,4734	0	0,0000
rgi	-13,2321	0	0,0000	rgi	-13,2232	0	0,0000
rts	-13,8490	0	0,0000	rts	-13,8490	0	0,0000
rtk	-12,4283	0	0,0000	rtk	-12,4283	0	0,0000
ryl	-14,7548	0	0,0000	ryl	-14,7328	0	0,0000
rbi	-10,3324	0	0,0000	rbi	-10,2970	0	0,0000
Critical Values				%1	-3,464827		
				%5	-2,876595		

Tablo 4.1'de yer alan sonuçlara bakıldığında getiri serilerinin düzey değerlerinde durağan oldukları görülmektedir. Hisse senetlerinin getirilerinin tahmin edilmesi için 2 aşamalı regresyondan yararlanılmaktadır. Bu nedenle getiri serilerinden sonra kullanılacak olan aşırı getiri serilerinin de durağanlıklarının araştırılması gerekmektedir. Tablo 4.2'de aşırı getiri serilerine ait birim kök sınaması verilmiştir.

Tablo 4.2: Aşırı Getiri Serileri Birim Kök Sınaması

ADF Unit Root Test				Phillips-Perron Unit Root Test			
Variable	Test Statistics	Gecikme Sayısı	Prob.	Variable	Test Statistics	Gecikme Sayısı	Prob.
erc	-12,0917	0	0,0000	erc	-12,0917	0	0,0000
erc	-11,5445	0	0,0000	erc	-11,5545	0	0,0000
erf	-10,9478	0	0,0000	erf	-10,6803	0	0,0000
erg	-11,3690	0	0,0000	erg	-11,2942	0	0,0000
eris	-11,3470	0	0,0000	eris	-11,2799	0	0,0000
erl	-11,6944	0	0,0000	erl	-11,6197	0	0,0000
ery	-11,8401	0	0,0000	ery	-11,7824	0	0,0000
erb	-10,6009	0	0,0000	erb	-10,5710	0	0,0000
Critical Values				%1	-3,464827		
				%5	-2,876595		

FVFM regresyon tahminin ikinci aşamasında kullanılacak olan aşırı getiri serilerine ait birim kök test sonuçları Tablo 4.2'de verilmiştir. Hem aşırı getiri serisinin hem de getiri serisinin düzey değerlerinde durağandır.Bu durumda FVFM için serilerle çalışılmaya devam edilecektir.

4.1.3.2. Zaman Serisi Finansal Varlık Fiyatlama Modeli

Yapılan analizler sonucunda getiri ve aşırı getiri serilerinin düzey seviyelerinde durağan oldukları görülmüş ve bu nedenle FVFM'de serilerin düzey değerleriyle çalışmaya devam edilmiştir. Aşırı getiri serilerine ait tanımlayıcı istatistikler Tablo 4.3'te verilmiştir.

Tablo 4.3.: Aşırı Getiri Serilerine Ait Tanımlayıcı İstatistikler

	ERAKB	ERALT	ERBIST100	ERFNB	ERGRT	ERISC	ERTKS	ERYKB
Mean	3.04	2.28	2.92	3.49	3.50	2.56	2.12	2.78
Median	2.54	3.38	2.30	2.57	3.96	3.42	3.46	4.44
Skewness	-0,32	0.00	0.49	-0,01	-0,19	0.04	-0,07	-0,71
Kurtosis	5.87	6.10	10.50	6.07	7.04	5.40	6.95	7.32
Jarque-Bera	69.32	76.73	456.68	75.20	131.47	46.06	124.79	165.09
Probability	0.00	0.00	0.00	0.00	0.00	0.00	0.00	0.00

Aşırı getiri serilerine ait zaman serisi grafikleri Grafik 4.1'de verilmiştir. Hisse senedi serilerinin özellikle Türkiye'de ikiz krizin yaşandığı yıllar olan 2000-2001 dönemlerinde aşırı volatilite dikkat çekmektedir.

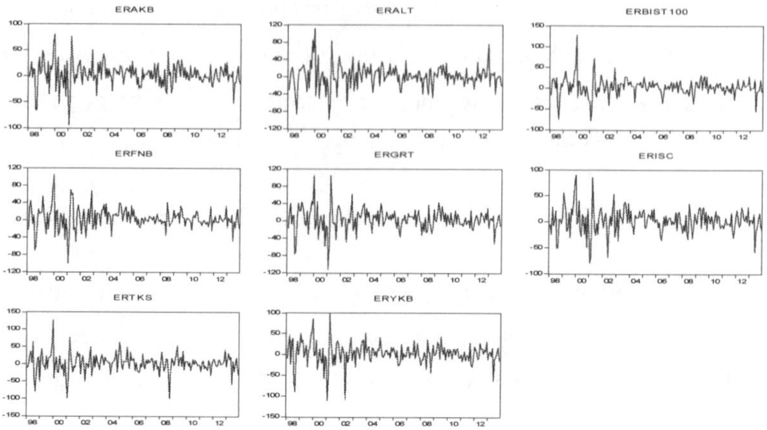

Grafik 4.1.: Aşırı Getiri Serilerine Ait Zaman Serisi Grafikleri

Getiri serilerine ait tanımlayıcı istatistikler Tablo 4.4'de verilmiştir. Hisse senetlerinin getirilerine ait ortalamalar tabloda görülmektedir. Faizin getiri ortalamasının negatif olması dikkat çekicidir. Diğer yandan ortalamalara bakıldığında, Akbank, Garanti Bankası ve Finansbank'ın getirilerinin BİST100'ün üzerinde olduğu görülmektedir.

Tablo 4.4.: Getiri Serilerine Ait Tanımlayıcı İstatistikler

	RALT	RAKB	RBIST100	RFAIZ	RFNB	RGRT	RISC	RTKS	RYKB
Mean	0.93	1.69	1.57	-1,34	2.15	2.16	1.22	0.77	1.44
Median	1.74	0.93	1.74	-1,55	1.27	1.36	0.00	1.48	0.71
Skewness	0.14	0.35	0.16	-0,43	0.39	-0,14	0.51	-0,5	-0,37
Kurtosis	4.44	4.92	5.40	15.68	6.10	4.79	5.63	6.10	5.55
Jarque-Bera	17.37	33.53	47.03	1285.75	81.88	26.27	63.83	85.10	56.22
Probability	0.00	0.00	0.00	0.00	0.00	0.00	0.00	0.00	0.00

Grafik 4.2'de getiri serilerine ait zaman serisi grafikleri verilmiştir. Aşırı getiri serilerinde olduğu gibi, getiri serilerinde de 2000-2001 ve 2008 yılındaki kırılmalar dikkat çekmekteir. 2008 yılındaki kırılma daha çok bankacılık hisse senetlerinde görülmekle birlikte, faiz oranlarının bu krizden etkilenmediği görülmektedir.

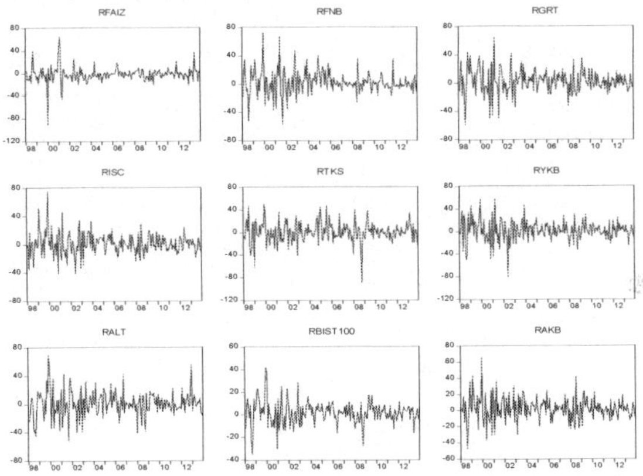

Grafik 4.2.: Getiri Serilerine Ait Zaman Serisi Grafikleri

Tablo 4.5'de getiri serilerine ait FVFM zaman serisi bulguları yer almaktadır. Otokorelasyon tespit edilen modellerde AR(1) ve AR(2) ile serilerin farkı alınmış ve otoorelasyon sorunu giderilmiştir. FVFM'nin tahmin edilmesi aşamasında öncelikle getiri serileri tahmin edilmiş, daha sonra bu seriden elde edilen, her bir banka hisse senedine ait β katsayıları, yani sistemetik risk, ortalama denkleminde kullanılarak hisse senetlerinin beklenen getirileri tahmin edilmiştir.

Modelde bağımlı değişken olarak hisse senetlerinin getirileri, bağımsız değişken olaraksa BİST100 endeksinin getirisi kullanılmıştır.

Tablo 4.5.: Getiri Serilerine Ait Zaman Serisi FVFM Bulguları

Bağımsız D. / Bağımlı D.	r	AR(1)	AR(2)	Adjusted R-squared	Akaike info criterion
$rakb_t$	0.80 (11.37) [0.00]	-0.45 (-5.99) [0.00]	-0.19 (11.37) [0.00]	0.38	7.81
$ralt_t$	1.14 (11.28) [0.00]	-0.16 (-2.13) [0.00]		0.39	8.19
$rfnb_t$	0.95 (9.96) [0.00]			0.34	8.08
$rgrt_t$	1.14 (14.84) [0.00]	-0.36 (-4.79) [0.00]	-0.20 (-2.81) [0.00]	0.49	7.87
$risc_t$	0.97 (12.57) [0.00]	-0.33 (-4.65) [0.00]		0.42	7.81
$rtkt_t$	1.02 (9.70) [0.00]			0.32	8.30
$rykb_t$	1.14 (13.60) [0.00]	-0.40 (-5.73) [0.00]		0.46	8.06

Getiri ve aşırı getiri modelleri tahmin edilerek Tablo 4.5 ve Tablo 4.6'daki bilgiler elde edilmiştir. Modeller karşılaştırıldığında ekstra getiri modellerinin açıklama düzeylerinin daha yüksek olduğu ve AIC kriterlerine göre de ekstra getiri seviyelerinin kullanılması gerektiği sonucuna ulaşılmıştır. Bu sebeple aşırı getiri serilerinin BİST için FVFM'de kullanılmasının daha doğru olduğu sonucuna ulaşılabilmektedir.

Tablo 4.6'da aşırı getiri serilerine ait FVFM zaman serisi bulguları yer almaktadır. Bağımlı değişken olarak bankacılık hisse senedi getirilerinin, faiz getirisinden farkları kullanılmıştır. Bağımsız değişken olarak ise BİST100 endeksinin getirisinin faizin getirisinden farkı kullanılmıştır.

Tablo 4.6.: Aşırı Getiri Serilerine Ait Zaman Serisi FVFM Bulguları

Bağımsız D. / Bağımlı D.	*erbt*	AR(1)	AR(2)	Adjusted R-squared	Akaike info criterion
erakt	0.89 (26.52) [0.00]	0.46 (26.52) [0.00]	0.21 (-2.95) [0.00]	0.73	7.80
eralt	1.04 (21.33) [0.00]	-0.15 (-2.00) [0.04]		0.70	8.20
erfnt	0.96 (20.64) [0.00]			0.69	8.08
ergrt	1.03 (23.44) [0.00]	-0.36 (-4.77) [0.00]	-0.19 (-2.68) [0.00]	0.77	7.88
erisct	0.97 (26.15) [0.00]	-0.33 (-4.71) [0.00]		0.74	7.81
ertkt	1.02 (19.81) [0.00]			0.67	8.29
erykt	1.05 (25.73) [0.00]	-0.40 (-5.78) [0.00]		0.73	8.07

4.1.3.3. Beklenen Getirinin Tahmin Edilmesi

FVFM'nin kullanılma amaçlarından biri de beklenen getirinin tahmin edilmesidir. Aşağıda yer alan 1 no'lu model kullanılarakzaman serisi regresyonunun tahmini yapılır.

$$R_{it} = \alpha_i + \beta_i R_{mt} + \varepsilon_{it} \quad t=1,\ldots,t0 \qquad (1)$$

R_{it}, *i.* varlığın *t* dönemindeki getirisini gösterirken, ε_{it} saf hata terimidir ve sistematik olmayan portföy riskini diğer bir ifade ile çeşitlendirme ile ortadan kaldırılabilen riski gösterir. α_i , piyasa portföyünün getirisi sıfırken, *i.* hisse senedinin getirisini vermektedir. FVFM'nin geçerli olduğu bir piyasada tüm hisse senetleri için $\alpha_i=0$ olmalıdır.

İkinci aşamada ise, (1) no'lu zaman serisi regresyonlarından tahmin edilen β_i sistematik risk değerleri açıklayıcı değişken olarak;

$$\bar{R}_i = \gamma_0 + \gamma_1 \beta_i + \varepsilon_i \quad i= \quad 1,\ldots\ldots,N \qquad (2)$$

şeklindeki çapraz kesit verisi regresyonunda ortalama getirileri açıklamak amacıyla kullanılmaktadır.

Getiri serilerinden tahmin edilen β katsayısının yukarıda verilen 2 no'lu denklemde yerine koyulmasıyla hisse senetlerinin beklenen getiri tahmin edilebilmektedir. Beklenen getirilere ait tahmin sonuçları Tablo 4.7'de verilmiştir. Sonuçlara göre beklenen getirisi en yüksek olan hisse senetlerinin Alternatif Bank ile Yapı ve Kredi Bankası'na ait olduğu görülmektedir.

Tablo 4.7.: Serilerin Beklenen Getirileri

Seri	$E(R_i)$
fnb	1,434
grt	1,9888
akb	1,0252
alt	2,018
isc	1,4924
tks	1,6676
ykb	2,018

4.1.4. Arbitraj Fiyatlama Modeli

Arbitraj fiyatlama modelinde literatürde yer alan değişkenler arasından seçim yapılmıştır. Söz konusu değişkenler, TÜFE, REK, Faiz, SÜE olarak belirlenmiştir. Ancak modeller oluşturulduktan sonra faiz dışındaki diğer değişkenlerin istatistiksel olarak anlamsız çıkması nedeniyle, diğer değişkenler modelden çıkarılmıştır. Diğer yandan AFT, değişim serisi veya getiri serisiyle çalışılması gerektiğini öne sürmektedir. Ancak hem getiri serisiyle hem de değişim serisiyle çalışıldığında modellerde sorunlar olduğu tespit edilmiştir. Bu nedenle çalışmaya logaritmik serilerle devam edilmiştir. Aşağıda Arbitraj Fiyatlama Modeli'ne ait denklem yer almaktadır.

$$E = R_f + b_1(F_1 - R_f) + b_2(F_2 - R_f) + \ldots\ldots\ldots\ldots \quad (1)$$

Bu modelde yer alan;

R_f = Risksiz getiri oranını,

F_1 = Birinci faktöre duyarlılığı 1, diğer faktörlere duyarlılığı 0 olan portföyün beklenen getirisini,

F_2 = İkinci faktöre duyarlılığı 1, diğer faktörlere duyarlılığı 0 olan portföyün beklenen getirisini ifade etmektedir.

4.1.4.1. Değişkenlerin Durağanlık Sınaması

Finansal Varlık Fiyatlama Modelinin tahmin edilmesinden sonra Arbitraj Fiyatlama Modeli tahmin edilmiştir. Arbitraj fiyatlama teorisi, modelde değişim serilerinin kullanılmasını önermektedir. Ancak değişim serileriyle çalışıldığında tüm arbitraj fiyatlama modellerindeki değişkenlerin anlamsız olduğu görülmüştür. Değişim serilerindeki değişkenlerin istatistiksel olarak anlamsız çıkması nedeniyle serilerin ilk aşamada ortalaması ve varyansının stabilize edilmesi amacı ile tüm değişkenlerin logaritmaları alınmıştır. Model tahmin edilmeden önce logaritmik serilere ait birim kök sınaması Tablo 4.8'de verilmiştir

Tablo 4.8.: Logaritmik Seriler Birim Kök Sınaması

ADF Unit Root Test				Phillips-Peron Unit Root Test			
Variable	**Test Statistics**	**Gecikme Sayısı**	**Prob.**	**Variable**	**Test Statistics**	**Gecikme Sayısı**	**Prob.**
la	-1,7333	0	0,4129	*la*	-1,7430	0	0,4080
la	-1,3505	0	0,6056	*la*	-1,4788	0	0,5424
lf	-1,3718	0	0,5953	*lf*	-1,3769	0	0,5929
lg	-1,5879	0	0,4868	*lg*	-1,5885	0	0,4865
lts	-1,7328	0	0,4131	*lts*	-1,7363	0	0,4113
ltl	-1,7582	0	0,4004	*ltl*	-1,7889	0	0,3852
ly	-2,2262	0	0,1977	*ly*	-2,1859	0	0,2122
lb	-1,9355	0	0,3155	*lb*	-1,6669	0	0,4464
Critical Values				%1	-3,464827		
				%5	-2,876595		

Tablo 4.9'a bakıldığında değişkenlerin düzey değerlerinde durağan olmadıkları görülmektedir. Serilerin fark denklemleri alınmadan kullanılabilmesi için aynı mertebeden durağan ve eşbütünleşik olmaları gerekmektedir. Bu nedenle serilerin birinci farkları alınmış ve serilere ait birim kök testi sonuçları Tablo 4.9'da gösterilmiştir.

Tablo 4.9.: Logaritmik Fark Serileri Birim Kök Testi

ADF Unit Root Test				Phillips-Peron Unit Root Test			
Variable	**Test Statistics**	**Gecikme Sayısı**	**Prob.**	**Variable**	**Test Statistics**	**Gecikme Sayısı**	**Prob.**
la	-15,6213	1	0,0000	la	-15,6848	1	0,0000
la	-12,5202	1	0,0000	la	-12,5216	1	0,0000
lf	-12,4734	1	0,0000	lf	-12,4307	1	0,0000
lg	-13,2321	1	0,0000	lg	-13,2232	1	0,0000
ls	-13,8490	1	0,0000	ls	-13,8490	1	0,0000
lt	-12,4283	1	0,0000	lt	-12,4283	1	0,0000
ly	-14,7328	1	0,0000	ly	-14,7548	1	0,0000
lb	-10,3324	1	0,0000	lb	-10,2970	1	0,0000
Critical Values				%1 -3,464827			
				%5 -2,876595			

Tablo 4.9'a bakıldığında logaritmik serilerin birinci fark denklemlerinin durağan oldukları görülmektedir. Bundan sonraki aşama serilerin eşbütünleşik olup olmadıklarının test edilmesidir. Serilerin eşbütünleşik çıkması halinde çalışmaya fark alınmamış serilerle devam edilecektir.

4.1.4.2. Eşbütünleşme Analizi

Son zamanlarda yapılan zaman serilerine ait ekonometrik çalışmalarda "eşbütünleşme" adı verilen teknik ile durağan olmayan değişkenler ile ilgili sorun aşılmıştır. Eşbütünleşme ile ilgili çalışmalar Engle-Granger'in (1987) makalesi ile başlamıştır. Bu makaleden sonra düzeyde durağan olmayan zaman serilerinin doğrusal bileşimlerinin durağan olup olmadığı test edilebilir ve uzun dönemli denge ilişkileri araştırılabilir hale gelmiştir.

Lakb, lalt, lfnb, lgrt, lisc, ltkt, lykb, lbist100 serilerinin birinci farklarında durağan olması bu serilerin aynı stokastik trendi paylaşabileceklerini ortaya koymaktadır. Bu açıdan, iki serinin birbirleri ile eşbütünleşme ilişkisi içerisinde olup olmadığını ortaya koymak amacı ile Engle-Granger eşbütünleşme analizine başvurulmuştur.

Genel olarak Tablo 4.8'deki gibi iki değişkenin düzey değerleri durağan olmadığı halde, Tablo 4.9'da görüldüğü gibi aynı dereceden durağan olmaları halinde doğrusal bileşimlerinin hata terimleri düzey değerinde durağansa iki serinin eşbütünleşik olduğu söylenebilir.

Engle Granger iki aşamalı yöntemine göre ilgili değişkenlerin düzey değerleri alınarak aralarındaki regresyon en küçük kareler yöntemi ile tahmin edilebilir. Eşbütünleşmenin varlığı, tahmin sonucunda elde edilen denklemin hata terimlerinin (u_t) birim kök içerip içermediği ile sınanmaktadır. Eğer hata terimlerinin birim kök içerdiği reddedilirse eşbütünleşmenin mevcut olduğu söylenebilmektedir. Seriler için uygun gecikme uzunlukları AIC kriterlerine göre belirlenmiş ve değerler parantez içinde belirtilmiştir. Değişkenlerin gecikme uzunluklarına ait test sonuçları eklerde verilmiştir.

Tablo 4.10.: Engle-Granger Eşbütünleşme Test Bulguları

ADF Unit Root Test			Phillips-Peron Unit Root Test		
Variable	Test Statistic	Prob.	Variable	Test Statistic	Prob.
$lbist100_t$-$fatz_t$ (2)	-2,9493	0,003	$lbist100_t$-$fatz_t$ (2)	-2,9493	0,0033
$lakb_t$-$lfatz_t$(2)	-3,7697	0,0002	$lakb_t$-$lfatz_t$(2)	-3,6346	0,0003
$lalt_t$-$lfatz_t$(5)	-3,1859	0,0016	$lalt_t$-$lfatz_t$(5)	-3,2367	0,0013
$lfnb_t$-$lfatz_t$(6)	-2,7326	0,0064	$lfnb_t$-$lfatz_t$(6)	-2,7081	0,0069
$lgrt_t$-$lfatz_t$(6)	-3,8021	0,0002	$lgrt_t$-$lfatz_t$(6)	-3,7985	0,0002
$ltsc_t$-$lfatz_t$(2)	-3,3564	0,0009	$ltsc_t$-$lfatz_t$(2)	-3,2718	0,0012
$ltkt_t$-$lfatz_t$(3)	-2,5555	0,0106	$ltkt_t$-$lfatz_t$(3)	-2,6565	0,0080
$lykb_t$-$lfatz_t$(2)	-2,9980	0,0029	$lykb_t$-$lfatz_t$(2)	-3,4978	0,0005

Tablo 4.10'da regresyon tahminlerinden elde edilen hata terimleri (u_t) Genişletilmiş Dickey-Fuller sınaması (ADF) ve Phillips-Peron ile sınanmış ve hata terimlerinin, yüzde 5 ve yüzde 1 anlam düzeyinde birim kök içerdiği reddedilmiş ve serinin düzeyde durağan olduğu kabul edilmiştir. Böylece değişkenlerinin doğrusal bileşimlerinin durağan olduğu, yani serilerin eşbütünleşik olduğu söylenebilir. Sonuç olarak değişkenlerin uzun dönem denge ilişkisi içinde olduklarını söylemek mümkündür

Koentegrasyon testi için gerekli şart, her iki serinin de aynı dereceden durağan olduğunun tespitinden sonra, Granger nedensellik testinde kullanılacak spesifikasyonun belirlenebilmesi için seriler arasında koentegrasyon ilişkisinin varlığını ayrı ayrı test etmek için Johansen maksimum olabilirlik yöntemi kullanılmıştır.

Eşbütünleşme testi uygulanmadan önce modelde kullanılan değişkenler için bir VAR modeli oluşturularak modele ilişkin gecikme sayısı Akaike Bilgi Kriterine (AIC) göre 2 olarak belirlenmiştir. Model seçimi ise Johansen (1992)'in önerdiği şekilde yapılmış ve seviyede deterministik trende izin veren, eşbütünleşme vektöründe ise sadece sabit terimin yer aldığı Model 3 serilere en uygun model olarak belirlenmiştir. Johansen testine ait bulgular Tablo 4.11'de yer almaktadır.

Tablo 4.11.: Johansen Eşbütünleşme Test Bulguları

Değişken	0	1	Özdeğer	İz Test İstatistiği	%5 Kritik Değer	Max. Özdeğer	%5 Kritik Değer
$lbist100_{it} - lfaiz_{it}$	=0	>1	0.051146	12.44453	15.49471	9.922468	14.26460
	≤1	=2	0.013256	2.522057	3.841466	2.522057	3.841466
$lakb_{it}$-$lfaiz_{it}$	=0	>1	0.068343	16.73950*	15.49471	13.37938	14.26460
	≤1	=2	0.017621	3.360125	3.841466	3.360125	3.841466
$lalt_{it}$-$lfaiz_{it}$	=0	>1	0.063900	15.64639*	15.49471	12.28220	14.26460
	≤1	=2	0.017924	3.364195	3.841466	3.364195	3.841466
$lfnb_{it}$-$lfaiz_{it}$	=0	>1	0.058118	12.78910	15.49471	11.07695	14.26460
	≤1	=2	0.009212	1.712155	3.841466	1.712155	3.841466
$lgrt_{it}$-$lfaiz_{it}$	=0	>1	0.083500	18.38955*	15.49471	16.13068	14.26460
	≤1	=2	0.012136	2.258870	3.841466	2.258870	3.841466
$lisc_{it}$-$lfaiz_{it}$	=0	>1	0.058061	13.95616	15.49471	11.30494	14.26460
	≤1	=2	0.013930	2.651220	3.841466	2.651220	3.841466
$ltkt_{it}$-$lfaiz_{it}$	=0	>1	0.047211	11.37095	15.49471	9.091977	14.26460
	≤1	=2	0.012049	2.278969	3.841466	2.278969	3.841466
$lykb_{it}$-$lfaiz_{it}$	=0	>1	0.048530	11.88570	15.49471	9.402125	14.26460
	≤1	=2	0.013055	2.483577	3.841466	2.483577	3.841466

*Eşbütünleşme ilişkisi olan modelleri göstermektedir.
**Tüm değişkenler için gecikme sayısı 2 olarak belirlenmiştir.

İz testi ve maksimum özdeğer testi sonuçlarından görüleceği üzere, sadece 3 tane model için iz test istatistiği ve maksimum özdeğer istatistiği rakamları, %5 anlam düzeyinde kritik değerden büyüktür ve en çok 0 (r=0) tane eşbütünleşme ilişkisi olduğunu ileri süren boş hipotezler reddedilmiştir. Buna karşılık iz test istatistiği ve maksimum özdeğer istatistiği rakamları, %5 anlam düzeyinde kritik değerden küçük olduğu için en çok 1 (r≤1) eşbütünleşme ilişkisi olduğunu iddia eden boş hipotez reddedilememiştir. Bu sonuçlara göre faizle Akbank, Alternatif Bank ve Garanti Bankası arasında 1 tane eşbütünleşme ilişkisi vardır. Bu sonuçlar aynı zamanda Engle-Granger Eşbütünleşme analizi sonuçları ile tutarlıdır. Bu durumda değişkenlerin uzun dönem denge ilişkisi içerisinde olduklarını ve uzun dönemde birbirlerine yakınlaşacakları söylenebilir.

Değişkenlerin eşbütünleşik olduklarının tespit edilmesinden sonra, yapısal kırılma altında değişkenlerin durağan olup olmadıklarının sınanması amacıylaZivot-Andrews yapısal kırılmayı dikkate alan birim kök testi uygulanmış ve sonuçlar Tablo 4.12.'de verilmiştir.

Tablo 4.12.: Zivot-Andrews Yapısal Kırılmayı Dikkate Alan Birim Kök Test Bulguları

Değişken	Model A	Kırılma Yılı	Model B	Kırılma Yılı	Model C	Kırılma Yılı
$lbist$	-3.783	2008	-3.687	2006	-4.032	2000
$lykb$	-3.333	2004	-3.076	2010	-3.901	2000
$ltkt$	-4.907	2004	-2.924	2007	-4.857	2004
$lisc$	-3.040	2003	-3.230	2000	-3.463	2000
$lgrt$	-3.889	2004	-4.013	2007	-4.308	2004
$lfnb$	-4.308	2004	-2.696	2007	-4.643	2004
$lalt$	-4.388	2008	-3.721	2006	-4.347	2008
$lakb$	-3.626	2003	-4.688	2006	-4.972	2007
Kritik değer	1%: 5%:	-5.34 -4.80	1%: 5%:	-4.93 -4.42	1%: 5%:	-5.57 -5.08

*Gecikme sayısı lbist100, lykb, ltkt, lgrt, lalt, 3, lisc, lfnb, lakb 0

Her üç model için de hesaplanan test istatistiği %1 ve %5 anlam düzeyinde kritik değerden küçük olduğundan sıfır hipotezi reddedilmiştir. Tablo 4.12'de Zivot-Andrews test sonuçlarına bakıldığında serilerin yapısal kırılma altında durağan oldukları görülmektedir.

Engle Granger ve Johansen Eşbütünleşme test sonuçlarına bakıldığında serilerin aynı mertebeden durağan oldukları görülmektedir. Diğer taraftan bakıldığında Zivot Andrews sonuçları da bu kararı destekler niteliktedir. Serilerin eşbütünleşik olması nedeniyle, AFM'de fark serileriyle çalışılmamış, logaritmik serilerle çalışmaya devam edilmiştir.

4.1.4.3. Kapetanios Birim Kök Testi

Kapetanios (2005), temel hipotezi serinin birim kök içerdiği, alternatif hipotezi ise serinin m kırılmalı ancak durağan olduğu yeni bir test geliştirmiştir. Bu test ile kırılma sayısının önceden belirlenme zorunluluğu ortadan kalkmıştır. Uygun kırılma sayısının içsel olarak belirlendiği bu testte sadece maksimum kırılma sayısını tespit edilecektir[203]. Bu testte kullanılan model aşağıdaki gibidir:

$$y_T = \mu_0 + \mu_1 t + \alpha y_{t-1} + \sum_{i=1}^{p} \delta_i \Delta y_{t-i} + \sum_{i=1}^{m} \phi_i DU_{i,t} + \sum_{i=1}^{m} \varphi_i DT_{ii,t} + e_t$$

$$DU_{i,t} = \begin{cases} 1 & t > TB \text{ iken} \\ 0 & \text{diğer durumlarda.} \end{cases}$$

$$DT_{i,t} = \begin{cases} t-TB & t > TB \text{ iken} \\ 0 & \text{diğer durumlarda.} \end{cases}$$

[203] George KAPETANIOS, Unit Root Testing Against the Alternative Hypothesis of up to m Structural Breaks, Journal of Time Series Analysis, Vol:26, No:1, 2005, USA, s.2.

Testin hipotezleri ise[204]:

H_0 : $\alpha=1$

H_a : $\alpha<1$ şeklindedir.

Testin işleyişi şu şekildedir:

1. Belirli bir kırılma sayısı için öncelikle tek kırılma tüm örnek boyunca aranır ve H_0 hipotezinin t-istatistikleri elde edilir.

2. Kalıntı kareler toplamının (KKT) minimum olduğu model ile ilgili yapısal kırılma tarihi seçilir.

3. Tahmin edilmiş ilk kırılma tarihi modele eklenerek geri kalan parçalar arasında ikinci yapısal kırılma tarihi aranır, $\alpha=1$ için t-istatistikleri hesaplanır ve kırılma tarihi yine minimum KKT bulunarak belirlenir. Bu aşama m kırılma sayısı elde edilene kadar devam ettirilir.

4. Uygun kırılma sayısı minimum t-istatistiğini veren kırılma sayısıdır.

Tek yapısal kırılmayı dikkate alan Zivot - Andrews birim kök testi uygulamasından sonra beş kırılmaya kadar izin veren Kapetanios birim kök testi uygulanmıştır. Birim kök testi sonuçları Tablo 4.13'te verilmiştir. Uygun modelin trendde kırılma olan model olduğu tespit edilmiştir.

---

[204] KAPETANIOS, s.3.

Tablo 4.13: Kapetanios Birim Kök Test Bulguları

Model	T İstatistik	Test Sonucu
Lfaiz	-6.0811	Ho acepted
Lbist100	-8.3736	Ho rejected
Lakb	-9.3767	Ho rejected
Lalt	-7.1272	Ho acepted
Lfnb	-8.0487	Ho rejected
Lgrt	-7.5987	Ho acepted
Lisc	-8.1585	Ho rejected
Lykb	-8.7730	Ho rejected
Ltkt	-8.0607	Ho rejected

Test sonuçlarına bakıldığında Alternatif Bank, Garanti Bankası ve faiz değişkeninin birim köke sahip oldukları görülmektedir. Bu nedenle serilerin eşbütünleşik olup olmadıklarının test edilmesi gerekmektedir.

Kapetanios testi çoklu kırılmayla birlikte serilerin durağanlıklarını sınamaktadır. Testten elde edilen serilere ait kırılma dönemleri Tablo 4.14'te verilmiştir.

Tablo 4.14: Serilerin Kırılma Dönemleri

ltkt	Lfaiz	lgrt	lisc	lbist100	lakb	lykb	Lalt	lfnb
09-1999	12-1998	11-1998	02-1999	02-1999	08-1998	08-1998	07-1998	11-1999
11-2001	04-2000	05-2000	11-1999	11-1999	05-2000	05-2000	11-2000	01-2002
12-2004	11-2001	09-2003	09-2003	10-2003	05-2006	06-2002	12-2004	12-2004
09-2008	07-2005	01-2008	05-2006	01-2008	11-2007	12-2003	01-2008	11-2005
05-2011	10-2006	04-2009	07-2009	04-2009	04-2009	01-2008	11-2012	05-2011

4.1.4.4. Maki Eşbütünleşme Testi

Birçok makroekonomik değişkenin düzey değerleri durağan değildir. Durağan olmayan zaman serileriyle yapılan regresyon analizlerinin anlamlı olabilmesi ve gerçek ilişkileri yansıtabilmesi, ancak bu zaman serileri arasında bir eşbütünleşme ilişkisinin varlığıyla mümkün olmaktadır[205]. Eğer, seriler arasında bir eşbütünleşme ilişkisi varsa, yani seriler uzun dönemde birlikte hareket ediyorsa, düzey değerleriyle yapılacak analizde, bir sahte regresyon problemiyle karşılaşılmayacaktır. Ancak, uzun dönemde birlikte hareket eden değişkenlerin, dinamik davranışları denge ilişkisinden bazı sapmalar gösterebilir[206]. Bu, eşbütünleşmiş değişkenlerin temel bir özelliği olup, kısa dönem dinamiği üzerinde belirleyici bir rol oynar. Bu süreçle ortaya çıkan dinamik model, hata düzeltme modeli olarak adlandırılır[207].

Analizde kullanılan serilerde yapısal kırılmaların varlığı durumunda, birim kök testlerinde olduğu gibi, seriler arasındaki uzun dönem ilişkisinin varlığını inceleyen eşbütünleşme testleri de sapmalı sonuçlar verebilecektir. Bu nedenle, eşbütünleşme testlerinde de yapısal kırılmaların etkilerinin dikkate alınması gerekmektedir.

Bu amaçla geliştirilmiş başlıca testler arasında; Gregory ve Hansen (1996), Carrion-i-Silvestre ve Sanso (2006), Westerlund ve Edgerton (2006) ve Hatemi-j (2008) sayılabilir. Ancak bu testler, bir tane yapısal kırılmayı göz önünde bulundurabilmektedir. Maki (2012), bu konuda önemli bir boşluğu doldurmuş ve beş tane yapısal kırılmayı içsel olarak göz önünde bulundurabilen bir test yöntemi geliştirmiştir. Özellikle, eşbütünleşme denkleminde üç ve daha fazla yapısal kırılma olduğunda, bu yöntem, Gregory ve Hansen (1996) ve Hatemi-j (2008) yöntemlerden daha

---

205 Damodar N. GUJARATI, Basic Econometrics. Mc Graw Hill.3rd Edition, İstanbul: Literatür Yayıncılık, 1999, s.725.

206 Walter ENDERS, Rats Handbook for Econometric Time Series, JohnWilley&Sons Inc. 1996, s.151.

207 Walter ENDERS, Applied Econometric Time Series. 1 st Edition, New York: John Wiley&Sons, 1995, s.365.

üstündür[208]. Testin çalışma algoritmasında; her bir dönem muhtemel bir kırılma noktası olarak alınmakta, *t* istatistikleri hesaplanmakta ve *t*'nin en küçük olduğu noktalar, kırılma noktası olarak kabul edilmektedir. Bu yöntemde analize alınacak bütün serilerin *I(1)* olması gerekmektedir. Maki (2012), yapısal kırılmaların varlığı durumunda seriler arasında eşbütünleşme ilişkisi olup olmadığını test edebilmek için, dört farklı model geliştirmiştir[209]:

Denklem 1: Sabit Terimde Kırılma, Trendsiz Model

$$y_t = \mu + \sum_{i=1}^{k} \mu_i D_{i,t} + \beta' X_t + u_t$$

Denklem 2: Sabit Terim ve Eğim Teriminde Kırılma, Trendsiz Model

$$y_t = \mu + \sum_{i=1}^{k} \mu_i D_{i,t} + \beta' X_t + \sum_{i=1}^{k} \beta'_i X_t D_{i,t} + u_t$$

Denklem 3: Sabit Terimde ve Eğim Teriminde Kırılma, Trendli Model

$$y_t = \mu + \sum_{i=1}^{k} \mu_i D_{i,t} + \gamma t + \beta' X_t + \sum_{i=1}^{k} \beta'_i X_t D_{i,t} + u_t$$

---

[208] DaikiMAKI, Tests For Cointegration Allowing For an Unknown Number of Breaks. Economic Modelling. 29(5): 2011-2015,2012, s.1.

[209] MAKI, a.g.e., s.1.

Denklem 4: Sabit Terimde, Eğim Teriminde ve Trendde Kırılma

$$y_t = \mu + \sum_{i=1}^{k} \mu_i D_{i,t} + \gamma t + \sum_{i=1}^{k} \gamma_i t D_{i,t} + \beta' X_t + \sum_{i=1}^{k} \beta'_i X_t D_{i,t} + u_t$$

Ki, kukla değişkenler olup, Maki (2012) şöyle tanımlamıştır.[210]

$$K_i \quad \begin{matrix} 1 & t>T_B \text{ iken} \\ 0 & \text{diğer durumlarda} \end{matrix}$$

Burada T_B yapısal kırılma tarihini ifade etmektedir. Testin hipotezleri:

H_0: Yapısal kırılmalar altında eşbütünleşme yoktur.

H_1: Yapısal kırılmalar altında eşbütünleşme vardır.

Hipotezleri test etmek için gerekli olan kritik değerler, Monte Carlo simülasyonuyla hesaplanmış ve Maki'de (2012) verilmiştir. Hesaplanan değer, kritik değerden küçük olduğunda, H_0 reddedilmekte ve seriler arasında eşbütünleşme ilişkisinin var olduğuna karar verilmektedir. Bu çalışmada, Denklem (2)'de verilen model için, Maki (2012) testi yapılmış ve elde edilen sonuçlar, Tablo 4.15'te sunulmuştur.

210 MAKİ, a.g.e, s.2.

Tablo 4.15: Maki Eşbütünleşme Test Bulguları

Değişkenler		T İstatistiği
lalt-lfaiz		-6.0552046
lgrt-lfaiz		-7.6302498
Kritik Değer %1	-8,004	
%5	-7,414	
%10	-7,110	

Tablo 4.15'deki sonuçlar incelendiğinde, bütün modellerde, hesaplanan test istatistiklerinin, kritik değerlerden küçük olduğu, dolayısıyla seriler arasında eşbütünleşme ilişkisinin var olduğu görülmektedir. Seriler, uzun dönemde birlikte hareket etmektedir ve bu serilerin düzey değerleriyle gerçekleştirilecek uzun dönem analizi, sahte regresyon içermeyecektir. Bu durumda seriler arasındaki uzun dönem eşbütünleşme katsayılarınıntahminine geçilebileceğine karar verilmiştir.

4.1.4.5. Zaman Serisi Arbitraj Fiyatlama Regresyon Modeli

Arbirtaj fiyatlama modelinin test edilmesine geçilmeden önce, modelde kullanılan değişkenlere ait zaman serisi grafikleri ve tanımlayıcı istatistikler aşağıdaki Grafik 4.3 ve Tablo 4.16'da verilmiştir.

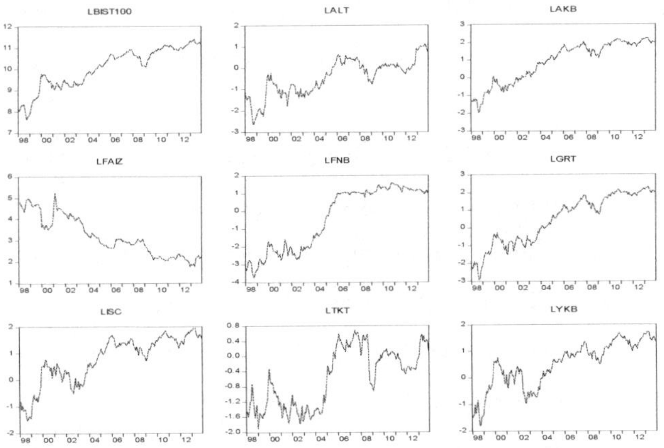

Grafik 4.3: Logaritmik Serilere Ait Zaman Serisi Grafikleri

Grafik 4.3'de serilerin zaman serisi grafiklerine bakıldığında volatilitesi en yüksek olan serinin Tekstil Bank hisse senetleri olduğu görülmektedir. Bu nedenle söz konusu hisse senedinin getiri imkanın yüksek olmasıyla birlikte risk seviyesinin de yüksek olduğunu söylemek mümkündür. Tablo 4.16'da logaritmik serilere ait tanımlayıcı istaitstikler yer almaktadır.

Tablo 4.16: Logaritmik Serilere Ait Tanımlayıcı İstatistikler

				lb				
Mean	0.89	-0.43	1.00	-0.38	0.46	0.78	-0.56	0.51
Median	1.29	-0.29	1.02	0.80	0.85	1.05	-0.40	0.68
Skewness	0.68	-0.43	-0.65	-0.38	-0.45	-0.86	-0.06	-0.68
Kurtosis	.18	2.68	2.50	1.42	2.01	2.82	1.53	2.67
Jarque-Bera	0.15	6.55	15.46	24.29	14.34	23.35	17.31	16.05
Probability	0.01	0.03	0.01	0.00	0.00	0.00	0.00	0.00

İlk olarak Tekstil Bank için AFM tahmin edilmiştir ve sonuçları Tablo 4.17'de verilmiştir. Tekstilbank için arbitraj fiyatlama modeline bakıldığında anlamlı çıkan değişkenlerin faiz değişkeni ile faiz değişkeninin 2 döneme kadar gecikmelisi ve Tekstilbank'ın 1 gecikmeli değeri olduğu görülmektedir. Modelin varsayımları sağladığı görülmüş bu nedenle herhangi bir düzeltme yapılmamıştır. Modelin öngördüğü diğer makroekonomik değişkenler, istatistiksel olarak anlamsız çıkması nedeniyle modelden çıkarılmıştır. Bu durum göstermektedir ki arbitraj fiyatlama modelinde sanayi üretim endeksi, tüketici fiyat endeksi, reel efektif kur değişkenleri anlamsız çıkmıştır ve BİST'te çalışmamaktadır.

Modelde anlamlı çıkan değişkenlere bakıldığında Tekstilbank'ın 1 gecikmeli değerinin 0.92 oranında bankanın hisse değerini etkilediği görülmektedir. Bu durum bir önceki dönemdeki hareketin, hisse fiyatını pozitif olarak etkilediğini göstermektedir. Faiz değişkeni ile hisse fiyatının ters yönlü hareket ettiği görülmektedir ki bu da teoriyi destekleyen bir sonuçtur. Ancak faizin 1 gecikmelisi ile hisse fiyatı arasında aynı yönlü bir ilişki olduğu dikkat çekmektedir.

Tablo 4.17: Tekstilbank Arbitraj Fiyatlama Modeli

Bağımlı Değişken: $ltkt_{it}$	
Değişkenler	**Katsayı** **T istatistiği** **Prob**
$ltkt_{it}$ (-1)	0.929386 (36.09811) [0.0000]
$lfaiz_{it}$	-0.491175 (-5.292582) [0.0000]
$lfaiz_{it}$ (-1)	0.624090 (4.420364) [0.0000]
$lfaiz_{it}$ (-2)	-0.183938 (-1.988168)

	[0.0483]
Düzeltilmiş R^2	0.950675

Tablo 4.18'de Akbank hisse senetlerine ait AFM verilmiştir. Modelde değişen varyans sorunu olduğu görülmüş ve lfaiz değişkeniyle ağırlıklandırılarak bu sorun ortadan kaldırılmıştır. Akbank hisse senedinin kendi değerlerine ait iki gecikmelisinin, hisse senedinin fiyatını etkileyen değişkenler olduğu görülmektedir. Diğer AFM'de olduğu gibi Akbank hisse senedi için de AFT'de kullanılan teorinin öngördüğü faiz dışındaki değişkenlerin anlamsız olduğu görülmüştür. Faiz değişkeni ve faiz değişkeninin bir gecikmeli değeri ise beklenildiği üzere modelde anlamlı olduğu görülmektedir.

Tablo 4.18.: Akbank Arbitraj Fiyatlama Modeli

Bağımlı Değişken: $lakb_{it}$	
Değişkenler	**Katsayı** **T istatistiği** **Prob**
$lfaiz_t$	-0.324957 (-3.917962) [0.0001]
$lfaiz_t$ (-1)	0.287318 (3.433608) [0.0007]
$lakb_t$ (-1)	0.733432 (9.887602) [0.0000]
$lakb_{it}$ (-2)	0.220907 (3.001432) [0.0031]
Düzeltilmiş R^2	0.982245

Tablo 4.19'da Alternatif Bank için AFM tahmin sonuçları verilmiştir. Alternatifbank hisse senedine bakıldığında açıklayıcı değişlken olarak kendi bir gecikmeli değeri ile faiz ve faizin bir gecikmeli döneminin

anlamlı olduğu görülmektedir. Bununla birlikte modelde değişen varyans sorunu olduğu görülmüş ve lfaiz değişkeniyle ağırlıklandırılarak bu sorun ortadan kaldırılmıştır.

Tablo 4.19.: Alternatifbank Arbitraj Fiyatlama Modeli

Bağımlı Değişken: $lalt_{it}$	
Değişkenler	**Katsayı** **T istatistiği** **Prob**
$lfaiz_t$	-0.467066 (-4.806174) [0.0000]
$lfaiz_t$ (-1)	0.395759 (4.019362) [0.0001]
$lalt_t$ (-1)	0.922818 (34.03999) [0.0000]
Düzeltilmiş R^2	0.949203

Finansbank'a ait AFM tahmin sonuçları Tablo 4.20'de yer almaktadır. Finansbank'ta bir önceki modelde olduğu gibi kendi gecikmeli değer ve faiz değişkeninin bir gecikmeli değerinin istatistiksel olarak anlamlı olduğu görülmektedir. Bu sonuçlar teoriyi destekler niteliktedir.Modelde değişen varyans sorunu olduğu görülmüş ve Lfaiz değişkeniyle ağırlıklandırılarak bu sorun ortadan kaldırılmıştır.

Tablo 4.20: Finansbank Arbitraj Fiyatlama Modeli

Bağımlı Değişken: $lfnb_{it}$	
Değişkenler	**Katsayı** **T istatistiği** **Prob**
$lfaiz_t$	-0.295601 (-3.490263) [0.0006]
$lfaiz_t$ (-1)	0.270106 (3.184627) [0.0017]
$lfnb_i$ (-1)	0.976174 (60.28261) [0.0000]
Düzeltilmiş R^2	0.992157

Garanti Bankası'na ait AFM sonuçlarına Tablo 4.21'de yer verilmiştir. Modelde değişen varyans sorunu olduğu görülmüş ve lfaiz değişkeniyle ağırlıklandırılarak sorun ortadan kaldırılmıştır. Modelin açıklama düzey yüksektir. AFT'de kullanılan diğer değişkenler istatistiksel olarak anlamsız olduğu için modele dahil edilmemiştir.

Tablo 4.21: Garanti Bankası Arbitraj Fiyatlama Modeli

Bağımlı Değişken: $lgrt_{it}$	
Değişkenler	**Katsayı** **T istatistiği** **Prob**
$lfaiz_t$	-0.438065 (-5.080898) [0.0006]
$lfaiz_t$ (-1)	0.342546 (3.957019) [0.0001]
$lgrt_i$ (-1)	0.926679 (31.33595) [0.0000]
Düzeltilmiş R^2	0.991500

İş Bankası C hisse senetlerine ait AFM tahmin sonuçları Tablo 4.22'de yer almaktadır. Modeldeki değişen varyans sorunu lfaiz değişkeniyle ağırlıklandırma yapılarak ortadan kaldırılmıştır. Modelin açılama gücüne bakıldığında yüksek olduğu görülmektedir. Bununla birlikte hisse senedinin kendi bir gecikmeli değeri ve faizin bir gecikmeli değeriyle pozitif yönlü hareket etmektedir.

Tablo 4.22: İşbankası C Arbitraj Fiyatlama Modeli

Bağımlı Değişken: $lisc_{it}$	
Değişkenler	**Katsayı** **T istatistiği** **Prob**
$lfaiz_t$	-0.359621 (-4.675182) [0.0000]
$lfaiz_t$ (-1)	0.270930 (3.459210) [0.0007]
$lisc_i$ (-1)	0.889221 (28.16888) [0.0000]
Düzeltilmiş R^2	0.985386

Tablo 4.23'de Yapı ve Kredi Bankası hisse senedine bakıldığında diğer modellerde olduğu gibi faiz ve kendi gecikmesiyle açıklama oranı yüksek bir model olarak tahmin edildiği görülmektedir. Hisse senetleri beklenildiği gibi faiz oranıyla ters yönlü bir ilişkiye, kendi gecikmeli değerleriyle ise pozitif yönlü bir harekete sahiptir. Modeldeki değişen varyans sorunu lfaiz değişkeniyle ağırlıklandırma yapılarak ortadan kaldırılmıştır.

Tablo 4.23: Yapı ve Kredi Bankası Arbitraj Fiyatlama Modeli

Bağımlı Değişken: $lykb_{it}$	
Değişkenler	**Katsayı** **T istatistiği** **Prob**
$lfaiz_t$	-0.406566 (-4.572070) [0.0000]
$lfaiz_t$ (-1)	0.303143 (3.388981) [0.0009]
$lykb_t$ (-1)	0.870519 (26.04924) [0.0000]
Düzeltilmiş R^2	0.977803

4.2. Finansal Varlık Fiyatlama Modellerinin Panel Verilerle Tahmin Edilmesi

Zaman serisi verileri her bir bankacılık hisse senedi için ayrı ayrı tahmin etme imkanı verirken, panel verilerle bütün olarak değişkenler tahmin edilmektedir. Panel verier yardımıyla bir anlamda FVFM'de bankacılık sektörüne ait sistematik risk ve beklenen getirinin tahmin edilme imkanı olacaktır. AFM'de ise bankacılık sektörünün piyasadaki risk faktörleriyle olan ilişkisi ölçülecektir.

4.2.1. Panel Veri Modelleri

Ekonometrik araştırmalarda, farklı veri türleri kullanılabilmektedir. Bu veri türleri, ancak yapılarına uygun modellerle incelenebilmektedir. Zaman serisi ve yatay kesit verileri ile ayrı ayrı analizler yapılabilir. Bu durumda bir olay hem zamana, hem de birimlere göre incelenecekse, farklı modellerle olayın zaman ve birim boyutlarının ayrı ayrı incelenmesi gerekecektir. İki veri türünün birleştirilmesi ve bunlara uygun modellerin oluşturulabilmesi ile, hem karmaşık karşılaştırmalar yapılmamış, hem de olaya daha farklı bakılması sağlanmış olacaktır.

Zaman serisi ve yatay kesit verilerinin birleştirilmesi ile elde edilen verilere "Panel Veri" denir. Bu veri türü "Longitudinal Veri" olarak da adlandırılmaktadır. Sadece zaman serisi veya sadece yatay kesit verileriyle çalışmanın yeterli olmadığı durumlarda, panel veri her iki veri türü ile birlikte çalışma olanağı sağlar[211].

Zaman serisi ve yatay kesit verilerinin birleştirilerek aynı modelin tahmini için kullanılması oldukça önemli problemleri beraberinde getirmektedir. Panel veri kullanılarak yapılan model çalışmalarında karşılaşılan en büyük problem, birimlere veya birimlere ve zamana göre farklılıkların modele nasıl dahil edileceğidir. Panel veri ile tahmin edilen modellerde kullanılan "birim" ifadesi bir kişi, hane halkı, bir firma, bir sektör veya coğrafi bir bölgeyi temsil ediyor olabileceğinden çalışmada bu ifade, geniş kapsamda ele alınmıştır[212].

Zaman boyutuna sahip kesit serilerini kullanarak ekonomik ilişkilerin tahmin edilmesi yöntemine panel veri analizi adı verilmektedir. Bu analizde zaman serileri ile kesit serileri bir araya getirilerek, hem zaman hem de kesit boyutuna sahip veri seti oluşturulmaktadır[213]. Panel veri analizinde örneklemdeki farklı zaman noktaları için bireysel gözlemler dikkate alınmaktadır. Böylelikle örneklemdeki her bir bireysel veri için çoklu gözlemler oluşturulur.

---

[211] William H. GREENE, *Econometric Analysis* (Prentice-Hall International, Inc., Third Edition, 1993, s.612.

[212] Pietro BALESTRA in László MÁTYÁS ve Patrick SEVESTRE, *The Econometrics of Panel Data: Handbook of the Theory with Applications*, Kluwer Academic Publishers, 1996, s.25.

[213] Badi H. BALTAGI, Econometric Analysis of Panel Data, Fourth Edition, John Wiley&Sons Ltd., 2008, s.153–173.

Temel panel veri regresyon modeli aşağıdaki gibi gösterilebilir:

$$y_{it} = \alpha_i + \beta x_{it} + \varepsilon_{it} \qquad ,i = 1,2,3........., N, \quad t = 1,2,3..........., T$$

Modelde; *i* indisi yatay kesit boyutunu belirtirken, *t* indisi zaman serisi boyutunu ifadeetmektedir. Bireysel etkiyi gösteren *i* , α , *t* zaman ve *i* yatay kesitine özgü bireyseletkileri içeren sabittir. Bu formdaki bir model klasik regresyon modelidir α_i 'lerintüm birimler için aynı olduğu varsayımı altında Sıradan En Küçük Kareler Yöntemietkin ve tutarlı α ve β tahminleri sağlayacaktır .

k değişkenli bir panel veri regresyon modeli en genel biçimiyle aşağıdaki gibi gösterilebilir:

$$y_{it} = \beta_{1it} + \beta_{2it} x_{2it} + ... + \beta_{kit} x_{kit} + \varepsilon_{it}$$

Modelde, *i*=1,2,....,*N* kesit birimini ve *t*=1,2,......,*T* de zaman dönemini göstermektedir. Ayrıca olasılıklı olmayan hata terimi ε 'nun ortalamasının sıfır ve sabit varyanslı olduğu varsayılmaktadır. E $[\varepsilon_{it}] = 0$ *ve* $Var[\varepsilon_{it}] = \sigma^2{}_t$ dir. β, eğim katsayıları ise bilinmeyen tepki katsayılarıdır. Farklı birimler ve farklı zaman dönemleri için değişebilirler.

Ayrıca, model tahmin edilirken modelin sabit terimi, eğim katsayıları ve hata terimi ile ilgili çeşitli varsayımlar yapılmaktadır. Varsayımlar değişebilir[214].

---

[214] Mustafa ÖZER, ve Kemal BİÇERLİ, Türkiye'de Kadın İşgücünün Panel Veri Analizi, Sosyal Bilimler Dergisi, 2004, s.71.

- Hem sabit hem de eğim katsayıları hem birimlere hem de zamana göre değişmez ve hata terimi zaman ve birimlere göre oluşan farklılıkları temsil edebilir.
- Eğim katsayıları sabitken, sabit terim birimlere göre değişir, ancak zamana göre sabit kalabilir.
- Eğim katsayıları sabitken, sabit terim birimlere ve zamana göre değişebilir.
- Hem sabit hem de eğim katsayıları birimlere göre değişebilir.
- Tüm katsayılar hem zamana hem de birimlere göre değişebilir.

Regresyon katsayılarında sadece kesmenin birimlere ve/veya zaman dönemlerine göre değiştiğini varsayan panel veri modelleri "Sabit Eğim Değişken Kesme Modelleri" olarak adlandırılmaktadır. Modelin eğim katsayılarının ortak olduğu fakat kesmenin birimden birime ve zaman dönemlerine göre değiştiği varsayımı altındaki panel veri modeline bir de ortalama kesme tanımlandığında aşağıdaki model elde edilir:

$$y_{it} = \mu + \beta_2 x2_{it} + \ldots\ldots\ldots + \beta_k x_{kit} + \alpha_1 e_{1t} + \ldots + \alpha_N e_{N_t} + \gamma_1 e_{1t} + \ldots + \gamma_T e_{T_t} + \varepsilon_{it}$$

Bu modelde μ parametresi modelin genel sabitini, α 'lar her bir birime özgü etkileri, γ 'lar her bir zaman dönemine özgü etkileri göstermektedir. Birime özgü ve zamana özgü etkilerin değişkenleri (e 'ler) sırasıyla, i . birim için 1, diğer durumlarda sıfır değerini alan kukla ve t . zaman dönemi için 1, diğer durumlarda sıfır değerini alan kukla değişkenlerdir.

Yukarıdaki modelin parametreleri üzerine konan kısıtlarla Sabit Eğim Değişken Kesme Modelleri elde edilebilir. Bunlar; eğim katsayılarının ortak olduğu fakat kesmenin sadece birimden birime değiştiği varsayımı altındaki Birim Etkili Sabit Eğim Değişken Kesme Modeli ve eğim katsayılarının ortak fakat kesmenin sadece zaman dönemlerinde farklılık gösterdiği varsayımı altındaki Zaman Etkili Sabit Eğim Değişken Kesme Modelidir.

Basit doğrusal panel veri modelinin en genel biçimi, sabit katsayıların ve açıklayıcı değişkenlerin tepki katsayılarının birimlere ve/veya zamana göre değişken olduğu varsayımı altında yapılandırıldığında, Değişken Katsayı Modelleri elde edilir. Ayrıca, Sabit Eğim Değişken Kesme Modelleri ve Değişken Katsayı Modellerinin her birinde, parametrelerin rassal veya sabit olabileceği varsayımı da yapılabilir. Bu sınıflandırmaya göre literatürde, "Sabit Etkili" ve "Rassal Etkili" panel veri modellerinden söz edilmektedir[215].

4.2.1.1. Sabit ve Rassal Etkiler Modelleri

Bu modelde katsayılar, farklı birimler için farklı zaman periyotlarında farklı değerler almaktadır. Bu durumda, tahmin edilen parametre sayısı kullanılan gözlem sayısını geçmekte ve model tahmin edilememektedir. Bu yüzden panel veri analiz tekniği ile yapılan çalışmalarda daha çok hata terimlerinin özellikleri ve katsayıların değişebilirliği ile ilgili farklı varsayımlarda bulunarak farklı modeller elde edilebilmektedir.

---

[215] Selim TÜZÜNTÜRK, Panel Veri Modellerinin Tahmininde Parametre Heterojenliğinin Önemi: Geleneksel Phillips Eğrisi Üzerine Bir Uygulama, Atatürk Üniversitesi İİBF Dergisi, 2007, Cilt:21, Sayı:2, s.3-4.

$$y_{it} = \beta_{1it} + \beta_{2it}x_{2it} + ... + \beta_{kit}x_{kit} + \varepsilon_{it}$$

4.2.1.2. Sabit Etkiler Modeli

Panel veri ile tahminde kullanılan temel modellerden birisi Sabit Etkiler Modeli'dir. Sabit etkiler modelinde, birimlerin davranışlarındaki farklılıklar sabit terimdeki farklılıklarla ortaya konulmaya çalışılır. Ancak eğim katsayılarının sabit olduğu varsayılır. Bu modelde sabit terim grup-spesifik sabit terim olarak adlandırılır. Buradaki sabit nitelemesi katsayının birimlere göre değişebileceğini, ancak zamana göre sabit olduğunu ifade etmektedir. Gözlenemeyen bireysel etkilerin modelde yer alan açıklayıcı değişkenlerle ilişkili olduğu kabul edilir. Bu nedenle de birimler arasındaki farklılıklar regresyon fonksiyonunda parametrik değişme olarak modellenir. Sabit etkiler modeli aşağıdaki gibi ifade edilebilir:

$$y_{it} = \overline{\beta} + \sigma_i + \beta_{2it}x_{2it} + ... + \beta_{kit}x_{kit} + \varepsilon_{it}$$

i =1,2...N , t = 1,2,........,T

Modelde, $\beta_{1i} = \overline{\beta}_{1i} + \alpha_i$, i 'nci birime özgü sabit terimi; β_i ise ortalama sabit terimi göstermektedir. α_i'de, i 'nci birim için ortalama sabit terimden farklılığıgöstermektedir. Modelin tahmin edilmesinde kullanılacak uygun tahmin yönteminin ne olacağı, α_i'nin sabit mi yoksa rassal mı olduğuna bağlıdır. Eğer α_i sabit ise "Kukla Değişken Modeli"; buna karşılık rassal ise bir "Hata Bileşenler Modelini" kullanmak tercih edilebilir. Modelde yer alan hata terimi ile açıklayıcı değişkenler arasında ilişki varsa, Sabit Etkiler Modeli uygun model olarak değerlendirilir..

Ayrıca, N sayısı az ve gözlem sayısı (T) büyükse SEM yine tercih edilebilir model olmaktadır[216].

4.2.1.3. Rassal Etkiler Modeli

Aşağıdaki denklemde, bağımsız değişkenlerce gözlemlenemeyen birimlere ait farklı özellikler hata terimi içerisinde yer almaktadır. Panel veri analizi, birimlere ait farklı özellikleri her birim için farklı β_{1i} tanımlayarak hata teriminden arındırmaktadır. Rassal etkiler modeli ise sabiti rassal bir değişken olarak tanımlamaktadır.

$$y_{it} = \beta_{1i} + \beta_2 x_{2it} + \varepsilon_{it}$$

i =1,2...N , t = 1,2,........,T

Rassal etkiler modelinde sabit terim, tüm kesit birimleri için ortalama sabit terimi $\overline{\beta}$ vermekte, hata terimi μ_i ise her kesit birimine ait sabit terimin bu ortalama sabit terimden rassal sapmasını göstermektedir. Rassal etkiler modelini tahmin etmekte kullanılan etkin tahmin yöntemi Genelleştirilmiş En Küçük Kareler (GLS) yöntemidir. Eğer panel veride yer alan kesit birimi sayısı fazla ve zaman dönemi (T) (N)'den kısa ise, rassal etkiler modelinde, sabit etkiler modeline göre daha etkin tahminler sağlar. Öte yandan, (T) sayısı büyük ve (N) de az ise, iki tahmin sonuçları arasında çok az farklılık beklenir ve sabit etkiler modeli tercih edilir. Bununla birlikte, (T) sayısı az ve (N) fazla ise, iki tahmin sonucu arasında belirgin farklılık beklenmektedir. Bu durumda kesit birimlerinin büyük örnekten rassal olarak çekildiğine inanılıyorsa rassal etkiler modelinde,

---

216 ÖZER, BİÇERLİ, 2004, a.g.e., s.72.

değilse sabit etkiler modeli daha uygun model olarak değerlendirilmektedir[217].

Hangi modelin daha uygun olacağına karar verilmesinden önce, serilerde birim kökün varlığı araştırılması gerekmektedir. Bu nedenle serilere panel birim kök testleri uygulanmıştır.

4.2.2. Panel Verilerin Üstünlükleri ve Kullanımında Karşılaşılan Sorunlar

Panel veri kullanmanın üstünlüklerinden biri, gözlem sayısının daha fazla oluşudur. Bu durumda yapılan parametre tahminleri daha güvenilir olacak ve tahmin edilen modeller daha az kısıtlayıcı varsayıma dayanacaktır[218]. Oysa sadece zaman serisi veya yatay kesit verisi ile yapılan çalışmalarda, sapmalı sonuçlar elde etme riski söz konusu olacağından birimlerin heterojenliği kontrol edilemez[219]. İhmal edilen değişkenler, zaman serisi veya yatay kesit verisi kullanılarak yapılan çalışmalarda tahmin sonuçlarında sapmaya yol açarken; ihmal edilen değişken veya değişkenlerin birimlere veya zamana göre değişmeyen değişkenler olması durumunda, panel veri kullanımı sapmanın kontrol altına alınmasını sağlamaktadır[220].

Ayrıca, zaman serisi verisi ile yapılan çalışmalarda çoklu doğrusal bağlantı problemi ile sıkça karşılaşılmasına karşılık, panel veri kullanıldığında bağımsız değişkenlerin aldığı değerler iki boyuta bağlı

---

[217] ÖZER ve BİÇERLİ, 2004, a.g.e., s.73.
[218] Pietro BALESTRA in László MÁTYÁS & Patrick SEVESTRE, *a.g.e.*, s.26.
[219] Brent R.Moulton, "Random Group Effects and The Precision Of Regression Estimates", *Journal Of Econometrics*, vol.32, s. 385-397, 1986.
[220] Badi H. BALTAGI, *Econometric Analysis of Panel Data*, John Wiley&Sons Ltd., 1995, s.3-4.

olarak değiştiğinden, değişkenlerin birbirleri ile yüksek dereceden ilişkili olma olasılıkları daha azdır.

Sadece zaman serisi veya sadece yatay kesit verisinde belirlenemeyen etkiler, panel veri ile yapılan analizlerde kolayca belirlenebilmektedir. Örneğin; yatay kesit verisi kullanılarak yapılan tahminlerde, sadece birimler arasındaki farklılıklar ele alınırken, panel veri kullanılarak hem birimler arası farklılıklar, hem de bir birimde zamana göre meydana gelen farklılıklar birlikte incelenebilir[221]. İki veri türü birleştirildiğinde daha geniş dinamik yapıya sahip bir model tahmin edilebilmektedir[222]. Yani, panel veri ile yapılan analizler sonucunda elde edilen tahminler, hem daha fazla bilgi sağlamakta, hem de daha etkin olmaktadır.

Panel veri kullanımının birçok üstün yanı olmasına rağmen, veri toplama , düzenleme ve analiz sırasında bazı sorunlarla da karşılaşılmaktadır. Verinin ana kütleyi iyi temsil etmemesi, belirli dönemlerde ankete katılan kişilere ulaşılamaması veya bu kişilerden cevap alınamaması, eksik cevap alınması, hafızahataları, görüşmeci etkileri, veri toplama sırasında araştırmacının karşılaştığı başlıca sorunlardır. Her ne kadar yatay kesit verisi ile yapılan çalışmalarda da cevapsızlık problemi ile karşılaşılsa da, bu problem panel veri kullanıldığında daha ciddi boyutta olmaktadır. Panel verinin sonuna doğru meydana gelen dalgalanmaların kaynağı genellikle cevapsızlıktır. Bu nedenle araştırmacılar "Rotating" ve "Pseudo" panel konularında çalışmışlar yapmışlardır.

---

[221] Cheng HSİAO, *Analysis of Panel Data*, Cambridge University Press, 1986, s.2-3. Cheng Hsiao, "Benefits and Limitations of Panel Data", *Econometric Reviews*, vol.4 (1), s.121-174.
[222] Pietro BALESTRA in László MÁTYÁS & Patrick SEVESTRE, *a.g.e.*, s.26.

Panel veri kullanılarak yapılan çalışmalarda karşılaşılan bir diğer sorun ise, genellikle zaman serisi boyutunun kısa oluşudur. Bu durumda, asimtotik tartışmalar birim sayısı sonsuza yaklaştığında geçerli olacaktır. Zaman boyutu arttığında ise hem verilerin yıpranma payı artacak, hem de özellikle sınırlı bağımlı değişkenli modellerde hesaplama güçlüğü ortaya çıkacaktır[223].

4.2.3. Doğrusal Panel Veri Modelleri

Y değişkeni, birimden birime ve bir zaman periyodundan diğerine farklı değerler alan bir değişken ise; bu değişken, birimler için i, zaman periyodu için t olmak üzere iki alt indisle ifade edilecektir.

$$Y_{it} : \; i = 1, \dots, N \quad t = 1, \dots, T$$

Y değişkenin, k sayıda bağımsız değişken ve gözlenemeyen u rassal terimi ile açıklandığı varsayılırsa panel veri modeli,

$$Y_{it} = \alpha_{it} + \beta_{2it} X_{2it} + \beta_{kit} X_{kit} + u_{it}$$

şeklinde ifade edilecektir. Yukarıda ifade edilen modelde, her bir birim zaman periyoduna özel kendi katsayısına sahiptir. Dolayısıyla, bu durumda tahmin edilen parametre sayısı, kullanılan gözlem sayısını aşmakta, yani model tahmin edilememektedir. Bu nedenle, panel veri ile yapılan çalışmalarda daha çok hata terimlerinin özellikleri ve katsayıların değişebilirliği ile ilgili farklı varsayımlarda bulunarak farklı modeller elde edilebilmektedir.

[223] Badi H. BALTAGI, *a.g.e.*, s.6-7.

Panel veri kullanılarak tahmin edilecek modeller, "Katsayıları Sabit Modeller" ve "Değişken Katsayılı Modeller" olmak üzere başlıca iki grup altında incelenebilirler. Verilerde, birimlere veya birimlere ve zamana göre meydana gelecek farklılıklar, tahmin edilecek modelin katsayılarında değişmeye yol açacak kadar önemli olabileceği gibi; modelin katsayılarını etkilemeyecek kadar önemsiz de olabilmektedir. Söz konusu farklılıkların, uygulanacak test istatistiği sonucunda anlamsız bulunması durumunda incelenecek modeller; Katsayıları Sabit Modeller, anlamlı olması durumunda incelenecek modeller ise; Değişken Katsayılı Modellerdir.

4.2.4. Panel Birim Kök Testleri

Panel eşbütünleşme testlerinin ön koşulu olan panel birim kök testleri olarak Lin ve diğerleri(LLC)[224], Im ve diğerleri(IPS)[225], testleri, $lfaiz_{it}, lbist100_{it}, lfiyat_{it}$ değişkenlerine sabit terim, trend ve sabit terimli olarak uygulanmıştır. LLC birim kök testi düzey halinde, "birim kök vardır" sıfır hipotezini taşımaktadır. Tablo 23'de ilk sütunda yer alan LLC testi düzey halinde reddedilememiştir. Tablo 23'ün yine ilk sütununda bulunan LLC testi, 1. farkın alınmış olduğu koşulda yapılmaktadır ve "birim kök vardır" sıfır hipotezini reddederek, her iki değişkenin, sabit terimli, trendli ve sabit terimli durumlarında birim kök taşıdığını göstermektedir.

Bir diğer birim kök testi olan IPS testi de, LLC testi gibi "birim kök vardır" sıfır hipotezini taşımaktadır. IPS testi, LLC testi gibi birim kökün varlığını gösterecek şekilde sonuç vermiştir.

[224]LEVIN, Andrew ve LIN, Chien-Fu ve CHU, Chia-Shang J. (2002); "Unit Root Test in Panel Data: Asymptotic and Finite Sample Properties", Journal of Econometrics 108, 1-24.
[225]IM, Kyung So ve PESARAN, Hashem ve SHIN, Yongcheol(2003); "Testing for Unit Roots in Heterogeneous Panels," Journal of Econometrics, 115, pp. 53–74.

Modelde bulunan değişkenlerin durağan olup olmadıkları panel birim kök testleri ile test edilmiştir. Test sonuçları Tablo 4.24'de yer almaktadır. serilerinde birim kök oldugu H_0 hipotezi Levin, Lin ve Chu (LLC), Breitung, Im, Pesaran ve Shin (IPS) , Fischer-ADF ve Fischer-PP testlerine göre 1% anlamlılık düzeyinde reddedilmiştir ve serilerin düzey değerlerinde durağan olmadıkları belirlenmiştir. Serilerin düzey değerlerinde durağan olmaması sebebiyle, aynı mertebeden durağan olan serilerin eşbütünleşik olduklarının gösterilmesi gerekmektedir. Serilerin eşbütünleşik olduğunun tespit edilmesi halinde, serilerin düzey değerleriyle çalışmaya devam edilmesi mümkün olacaktır.

Tablo 4.24: Panel Veri Birim Kök Sınaması

	$lfiyat_{it}$		$lfaiz_{it}$		$lbist100_{it}$	
	Sabit	**Sabit ve Trend**	**Sabit ve Trend**	**Sabit ve Trend**	**Sabit**	**Sabit ve Trend**
Metot	**Test İstatistiği Prob.**		**Test İstatistiği Prob.**		**Test İstatistiği Prob.**	
Levin, Lin & Chu	-2.05925 [0.0197]	1.65319 [0.9509]	-0.75439 [0.2253]	2.62991 [0.9957]	-2.26493 [0.0118]	0.35347 [0.6381]
Breitung t-stat		-2.12424 [0.0168]		-2.83643 [0.0023]		-0.93899 [0.1739]
Im, Pesaran and Shin W-stat	-0.84065 [0.2003]	-1.06510 [0.1434]	0.49416 [0.6894]	-2.98797 [0.0014]	-0.35388 [0.3617]	-2.45603 [0.0070]
ADF - Fisher Chi-square	13.9637 [0.4524]	19.1871 [0.1579]	6.80871 [0.9418]	28.9201 [0.0107]	10.4450 [0.7290]	24.4538 [0.0404]
PP - Fisher Chi-square	12.2884 [0.5832]	18.0225 [0.2058]	9.15001 [0.8213]	27.0576 [0.0189]	11.2909 [0.6630]	18.1352 [0.2007]

*Gecikme Uzunluğu tüm değişkenler için 4 olarak belirlenmiştir.

4.2.5. Eşbütünleşme Testi

Değişkenlerin durağanlığını test etmek amacıyla panel birim kök testleri uygulanmış ve tüm değişkenlerin 1.mertebeden durağan olmaları sebebiyle eşbütünleşme testi yapılmıştır. Eşbütünleşmeyi test etmek amacıyla panel veriler için kullanılan, Pedroni eşbütünleşme testi uygulanmıştır.

Pedroni, panel verili modellerdeki eşbütünleşmeyi test etmek amacıyla, 7 test belirlemiştir[226]. İlk istatistik olan panel v- istatistiği "eşbütünleşme yoktur" sıfır hipotezine sahiptir.

4.2.5.1. Lfiyat-Lbist100 Eşbütünleşme Testi

Yapılan panel durağanlık testlerinden sonra çoğunlukla test sonuçlarında serilerin düzey değerlerinde durağan olmadıklarına dair bulgular elde edilmiştir. Bu nedenle serilerde fark alma işlemi gerçekleştirmeden düzey değerleriyle çalışmaya devam edebilmek amacıyla eşbütünleşme testi yapılmıştır. Tablo 4.25'de lfiyat-lbist100 değişkenlerine ait panel eşbütünleşme test sonuçları yer almaktadır.Panel v-istatistiği için olasılık değeri, 0.05 değerinden küçük çıktığı görülmektedir. Sonuç olarak yapılan testler sonucunda eşbütünleşmeyi doğrulayan sonuçlar elde edilmiştir. Bu durumda lfiyat-lbist100 değişkenlerinin eşbütünleşik olduklarını, yani uzun dönemde dengeye geleceklerini söylemek mümkündür. Serilerin eşbütünleşik oldukları gösterildikten sonra, çalışmaya düzey değerleriyle devam edilecektir.

---

[226]Pedroni, Peter (1999); "Critical Values for Cointegration Tests in Heterogeneous Panels with Multiple Regressors", Oxford Bulletin of Economics and Statistics, Special Issue, 662.

Tablo 4.25: Lfiyat-Lbist100 Eşbütünleşme Test Bulguları

Homojen Trend	
Test İstatistiği	
Panel v-Statistic	3.739425 [0.0001]
Panel rho-Statistic	-5.852355 [0.0000]
Panel rho-Statistic	3.975068 [0.0000]
Panel rho-Statistic	-2.514985 [0.0060]
Group rho-Statistic	-7.221563 [0.0000]
Group PP-Statistic	-7.221563 [0.0000]
Group ADF-Statistic	-3.066924 [0.0011]

4.2.5.2. Lfiyat-Lfaiz Eşbütünleşme Testi

Tablo 4.26'da lfiyat-lfaiz değişkenlerine ait panel eşbütünleşme test sonuçları verilmiştir. Panel v- istatistiği için olasılık değeri, 0.05 değerinden küçük çıktığı görülmektedir. Sonuç olarak yapılan testler sonucunda eşbütünleşmeyi doğrulayan sonuçlar elde edilmiştir. Bu durumda lfiyat-lfaiz değişkenlerinin eşbütünleşik olduklarını, yani uzun dönemde dengeye geleceklerini söylemek mümkündür. Serilerin eşbütünleşik oldukları gösterildikten sonra, çalışmaya düzey değerleriyle devam edilecektir.

Tablo 4.26: Lfiyat-Lfaiz Eşbütünleşme Test Bulguları

Intercept	
Test İstatistiği	
Panel v-Statistic	5.278045 [0.0000]
Panel rho-Statistic	-5.962274 [0.0000]
Panel rho-Statistic	-3.906747 [0.0000]
Panel rho-Statistic	-3.512705 [0.0002]
Group rho-Statistic	-4.860699 [0.0000]
Group PP-Statistic	-4.025789 [0.0000]
Group ADF-Statistic	-3.430069 [0.0003]

Her iki değişken grubunun da eşbütünleşik çıkmaları lfiyat-lfaiz ve lfiyat-lbist100 değişkenlerinin uzun vadede dengeye geleceklerini göstermektedir. Değişkenlerin eşbütünleşik olduklarını gösterdikten sonra değişkenlerin düzey değerleriyle FVFM ve AFM tahminlerine devam edilecektir.

4.2.6. Doğrusal Panel Finansal Varlık Fiyatlama Modeli

Tablo 26'daki modellerden Model 1, kesitler arası regresyonda sabitlerin bankadan bankaya değiştiği fakat zaman içinde sabit olduğu (time invariant) durum için yapılan tahmin sonucudur. Bu modelde eğimler hem zaman içinde hem de ülkeden ülkeye aynıdır. Tablo 26'da panel veriyle tahmin edilmiş FVFM tahmin sonuçları yer almaktadır.

İki aşamalı regresyonda öncelikle bankacılık hisse senetlerinin fiyatları bağımlı değişken olarak kullanılmış ve getiri alınmıştır. Bağımsız değişken olaraksa BİST100 endeksinin getirisi alınmıştır. Model 1'de otokorelasyon tespit edilmesi nedeniyle AR(1) ile serilerin 1.farkları alınarak 2. Model tahmin edilmiştir.

Tablo 4.27'de model sonuçları yukarıdan aşağıya doğru listelenmiştir. Modelde statik tahmin yapılması nedeni ile Least Squares metodu kullanılarak katsayılar tahmin edilmiştir. Katsayıların altında parantez içindeki değerler katsayılara ilişkin t istatistiklerini, köşeli parantez içindeki değerler ise istatistiklere ilişkin olasılık değerlerini göstermektedir.

İlk olarak tahmin edilen SEM sonuçlarına bakıldığında modelde otokorelasyonun varlığına rastlanmış ve modele AR(1) eklenerek otokorelasyon sorunu ortadan kaldırılmıştır ve tabloda 2. SEM olarak gösterilmiştir. İlk modelde karşılaşılan bir diğer sorun ise değişen varyans sorunudur. Bu durum da white cross-section düzeltilmesi yapılarak düzeltilmiştir.

Tablo 4.27: Sabit Etkiler Modeli Panel Getiri Regresyon Modeli

Bağımlı Değişken: $Rfiyat_{it}$ Bireysel Etki Modeli			
1. Model		**2. Model**	
BağımsızDeğişken:	**Katsayı** **T İstatistiği** **Prob.**	**Bağımsız Değişken:**	**Katsayı** **T İstatistiği** **Prob.**
$Rbist100_{it}$	0.9856 (26.9799) [0.0000]	$Rbist100_{it}$	1.0286 (29.9229) [0.0000]
		AR(1)	-0.2389 (-8.5106) [0.0000]
Düzeltilmiş R^2	0.3510	**Düzeltilmiş R^2**	0.3865
Akaike Bilgi Kriteri	8.1117	**AkaikeBilgi Kriteri**	8.0580
Schwarz Kriteri	8.1428	**Schwarz Kriteri**	8.0932
F istatitiği	104.2439	**F istatitiği**	105.6840
N	7	N	7

Tablo 4.28'de sabit etki modeline (SEM) ait sonuçlardan görüldüğü üzere model sonucu katsayı anlamlı bulunmuştur. Modelin spefikasyonu test edildiğinde F değerine ait olasılık değerinden görüldüğü üzere H_0 hipotezi reddedilmiş ve bireysel etkilerin varlığı kabul edilmiştir.

Getiri serisiyle yapılan tahmin sonrasında aşırı getiri serisiyle model tahmin edilmişyit. Burada bağımlı değişken olarak hisse senetlerinin getirilerinin faiz getirisinden farkı kullanılmıştır. Bağımsız değişken olarak ise BİST100 endeksinin getirisinin faiz oranının getirinden farkı kullanılmıştır.

Tablo 4.28.: Sabit Etkiler Modeli Panel Aşırı Getiri Regresyon Modeli

Bağımlı Değişken: $Rfiyat_{it}$ Bireysel Etki Modeli			
1. Model		**2. Model**	
BağımsızDeğişken:	**Katsayı T İstatistiği Prob.**	**Bağımsız Değişken:**	**Katsayı T İstatistiği Prob.**
$ERbist100_{it}$	0.9830 (55.1145) [0.0000]	$ERbist10$	1.0018 (60.2408) [0.0000]
		AR(1)	-0.2364 (-8.5357) [0.0000]
Düzeltilmiş R^2	0.6941	**Düzeltilmiş R^2**	0.7106
Akaike Bilgi Kriteri	8.1111	**AkaikeBilgi Kriteri**	8.0586
Schwarz Kriteri	8.1422	**Schwarz Kriteri**	8.0938
F istatitiği	434.2000	**F istatitiği**	409.0228
N	7	**N**	7

Tablo 4.28'de bankaların sabit terimlerindeki değişmeyi belirleyen değişkenlere gösterdikleri tepki farklılığı listelenmiştir. Bist100'ün her bir hisse senedi için farklı etki yaratıp yaratmadığı ölçülmüş oluyor. SEM bize zaman içinde bu etkinin sabit, yani zamana göre her bir hissenin

getirisindeki oynaklık sabit ve bu etki 0,98 olarak ölçülmüştür. Aynı zamanda her bir hissenin sabit terimleri farklı ölçülmüş ve bu sabit etki yukarıdaki tablo 21'de verilmiştir. Bu sonuç piyasanın etkin olduğu lehine yorumlanabilir. Her bir hisse senedi farklı davranmıyorsa piyasaya bilgilerin eşzamanlı ulaştığı söylenebilir.

Sabit etkiler modelinde yapılan otokorelasyon testi sonucunda, otokorelasyona rastlanmıştır. 1. Dereceden otokorelasyon sorunu olduğu belirlenmiş ve Bu sorun AR(1) düzeltmesiyle çözülmüş ve model aşağıdaki tabloda verilmiştir.

Sabit etkiler modelinde herbir yatay kesitin kendine ait bir sabit değeri bulunmaktadır (α). Yani herbir banka hisse senedi için farklı sabit terimlere ulaşılırken bu sabit terimlerin zaman içinde değişmediği sonucu ortaya çıkmaktadır. Bununla birlikte, piyasa riskini ifade eden β parametresi için tek bir değere ulaşılmaktadır. Lbist100 değişkeninin katsayısı 1.00 olarak bulunmuştur. B parametresinin 1'e eşit olarak bulunması pazar riskinin piyasayla birlikte hareket ettiğini göstermektedir. Bu durum BİST'in riskli bir piyasa olduğunu göstermekle birlikte aynı zamanda yüksek getiriye sahip olduğunu da ifade etmektedir.

Tablo 4.29.: Bankacılık Hisse Senetlerinin Beklenen Getirisi

Değişken	$E(R_i)$
$Rfiyat_{it}$	1.63

Tablo 4.29'da analize dahil edilen bankacılık hisse senetlerinin beklenen getiri tahminleri yer almaktadır. Bu rakam bize bankacılık sektörünün beklenen getirisini göstermektedir. Sektörün beklenen getirisi,

tek tek bankacılık hisse senetlerinin beklenen getirilerinden daha yüksek çıkmıştır. Bu durumda bankacılık sektör indeksine yatırım yapılması daha doğru tercih olabilir. Beklenen getirinin 1'den büyük olması sektörün getirisinin piyasa getirisinden daha yüksek olduğunu göstermekte ve aynı zamanda bankacılık sektörünün etkin olduğunu göstermektedir.

4.2.7. Doğrusal Panel Arbitraj Regresyon Modeli

FVFM'nin tahmin edilmesi sonrasında, AFM'i tahmin edilmiştir. Ancak zaman serisi modellerinde karşılaşılan sorunla panelverilerde de karşılaşılmıştır. Teorinin öngördüğü değişim serilerinin kullanılması sonucunda katsayılar istatistiksel olarak anlamsız çıkmıştır. Bu nedenle AFM logaritmik serilerle tahmin edilmiştir.Doğrusal panel AFM Tablo 4.30'da verilmiştir.

Tablo 4.30: Doğrusal Panel Arbitraj Fiyatlama Modeli

Bağımlı değişken: $lfiyat_{it}$ Bireysel Etki Modeli			
Değişken	Katsayı T-istatisiği Prob.		
	1. Model	2. Model	3. Model
$lfaiz_{it}$	-0.632986 (-13.10042) [0.0000]	-0.378101 (10.73100) [0.0000]	-0.386042 (-3.739854) [0.0002]
lsue	0.704503 (4.512033) [0.0000]	-0.021331 (-0.192848) [0.8471]	
ltufe	-0.113739 (-1.707696) [0.0879]		
lrek	1.236235 6.473134 [0.0000]	0.190792 (0.588801) [0.5561]	
AR(1)		0.976934 (93.76522) [0.0000]	0.976061 92.74263 [0.0000]
Düzeltilmiş R^2	0.816219	0.983374	
Akaike Bilgi Kriteri	1.626380	-0.773747	
Schwarz Kriteri	1.678667	-0.730979	
F istatitiği	597.4618	7903.055	
N	7	7	7

Tahmin edilen AFT modeli sonuçlarına bakıldığında, ilk modelde ltüfe değişkeninin istatistiksel olarak anlamsız olduğu görülmektedir. Bu nedenle ltüfe modelden çıkarılmış ve 2.model tahmin edilmiştir. 2.modelde otokorelasyon sorununa rastlandığı için modele ar(1)'le düzeltilmiş ancak bu defa modeldeki diğer değişkenlerin anlam kaybına uğradığı görülmüştür. Tablo'da gösterilen 3.modelin varsayımları sağlayan tek model olduğu görülmektedir. Bu durumda zaman serisi modelinde olduğu gibi, panel modelinde de aynı şekilde faiz değişkeni dışındaki diğer açıklayıcı değişkenlerin, hisse senedi fiyatlarını açıklamakta gerekli olmadıkları sonucuna ulaşılmış olmaktadır.

SONUÇ

Yatırımcıların yatırım yaparken tek amaçları vardır, o da getirilerini maksimize etmektir. Ancak yüksek getiri ekde etmek beraberinde yüksek riski de getirmektedir. Dolayısı ile yatırımcıların risk ve getiri arasında beklentileri doğrultusunda bir tercih yapmaları gerekmektedir. Bu tercihler yatırımcıdan yatırımcıya beklentileri ve tercihleri oranında değişiklik göstermektedir.

Yatırımcılar tercihlerini yaparken yatırım araçlarının taşıdığı riskleri de göz önünde bulundurmak zorundadır. Risksiz faiz oranı olarak adlandırılan ve FVFM'nin değişkenlerinden birini oluşturan devlet tahvili ve hazine bonosu sabit getirili yatırım araçları olmakla birlikte düşük getiri oranına sahip olan enstrümanlardır. Diğer taraftan hisse senetleri ise yüksek getiri imkanıyla birlikte yüksek riski de beraberinde getirmektedir. Dolayısı ile elde edilecek olan getiriyi belirleyen unsur yatırımcıların riske karşı tutumlarıdır.

Finansal varlıkların dönem sonundaki getiri oranları kesin olarak bilinebilseydi, şüphesiz ki yatırımcılar en yüksek getiri sağlayan yatırım aracını tercih ederlerdi. Yukarıda bahsedilmiş olduğu gibi sabit getirili menkul kıymetler bu özelliğiyle tercih edilmekte ancak özellikle enflasyonist ortamın bulunduğu durumlarda anapara korumaya yardımcı olabilmektedir. Bu durum yatırımcıları alternative yatırım araçlarına yöneltmekte ve risk üstlenmeyi ve geleceğe yönelik öngörülerde bulunmaya doğru yöneltmektedir.

Geleceğe yönelik tahminler yapmak çeşitli analizlerle mümkün olsa da bu tahminlerin gerçekleşmesi kesin değildir. Öncelikle yatırımlarda riski oluşturan beklenen getiriyle gerçekleşen getiri arasındaki farktır. Bu noktada finansal varlıkların standart sapmaları, menkul kıymet getirilerinde ortaya çıkabilecek sapmaları tahmin etmede kullanılmaktadır. Geleceğe yçnelik tahminler yapılırken göz önünde bulundurulması gereken birçok faktor vardır. Şirket performansının temel analiz ile değerlendirilmesi ve geleceğe yönelik performans beklentilerinin ölçülmesi bu yöntemlerden biridir. FVFM finansal varlıkların beklenen getirilerini tahmin etmek için kullanılan modellerden biridir.

Finansal varlıkların fiyatlanması portföy yönetimi konularının temellerini oluşturmaktadır. Finans teorisinde, finansal varlıkların getirilerinin tahmin edilmesinde ve finansal varlıkların fiyatlanmasında kullanılan iki temel model vardır. Bu modeler Finansal Varlık Fiyatlama Modeli ve Arbitraj Fiyatlama Modeli'dir.

Finansal Varlık Fiyatlama Modeli tezin konusunu oluşturmakla birlikte hisse senetlerinin beklenen getirileri tahmin edilmeye çalışılmış ve modellerinin performansları değerlendirilmiş. Finansal varlık fyatlama modelleri modern portföy teorisinin devamı niteliğindedir. Harry Markowitz modern portföy teorisinin kurucusu olarak nitelendirilmektedir. Finansal varlık fiyatlama ise bu portdöy kuramı sonrasında Sharpe, Linther ve Mossin tarafından geliştirilmiştir. Modelin amacı sistematik risk ile finansal varlıkların getirisi arasındaki ilişkiyi incelemektir.

Panel FVFM tahmin sonuçlarına bakıldığında bireysel etkiler modelinde, bankaların zaman içerisinde ayrı ayrı davranmadıklarını, herbir bankanın piyasayla olanhareketinin farklı olmadığı görülmektedir. Yani zaman içerisinde herbir bankanın davranışı sabittir. Aynı zamanda sabit etkiler modeli çalıştığı için, bankaların zaman içindeki volatilitesinin sabit olduğu da söylenebilir.

Piyasanın sistematik riski marketle aynı hareket etmektedir. Bu durum bankacılık sektörünün etkin bir sector olduğunu göstermektedir. Bankacılık sektörüne yatırım yapan bir yatırımcı, piyasayla aynı sistematik riske sahip olur. Bununla birlikte bankacılık sektörünün beklenen getirisi, piyasanın etkin bir piyasa olduğunu göstermektedir. Bankacılık hisse senetlerinin beklenen getirilerinin tahmin sonuçlarına bakıldığında, 1'e yakın olduğu görülmektedir. Bu durum bize piyasanann getirisinin üzerinde bir getiri imkanı sağladığını göstermektedir. Diğer taraftan bakıldığında, bankacılık sektörünün beklenen getiri ise 1.64 olarak tahmin edilmiştir.

Arbitraj fiyatlama modeli tahmin sonuçlarına bakıldığında, teoride kullanılması öngörülen değişkenlerden döviz kuru, sanayi üretim endeksi, enflasyon değişkenleri hem panel hem de zaman serileri için istatistiksel olarak anlamsız oldukları görülmüştür. Söz konusu değişkenlerin bankacılık hisse senetleriyle model kullanıldığı için anlamsız çıkması olağan dışı bir durum olarak değerlendirilmemelidir. Bankacılık sektörünün bu değişkenlerden etkilenmiyor olması olası olarak görülebilir.

Sanayi üretim endeksinin bankacılık sektörü üzerinde değil, daha çok sanayi üretimi yapan şirketlerle ve bu şirketlere ait hisse senetleriyle anlamlı çıkması beklenmektedir. AFM'de kullanılan diğer değişkenlerden biri olan enflasyon ile bankacılık hisse senetleri arasında da istatistiksel olarak anlamlı bir bağlantı bulunamamıştır.

Bankacılık hisse senetlerini etkileyen değişkenlere bakıldığında beklenildiği gibi faiz oranıyla aralarında negative yönlü bir ilişki bulunmuş ve değişkenler istatistiksel olarak anlamlı bulunmuştur. Faiz oranının bir gecikmeli değeri ise bankacılık hisse senetleriyle pozitif yönlü hareket ediyor olması dikkat çekicidir. Bu durum bize bankacılık sektörü hisse senetlerinin, faiz oranlarının bir önceki dönemiyle aynı yönlü hareket edeceğini göstermektedir. Diğer taraftan AFM'de anlamlı bulunan bir diğer değişken ise banka hisse senetlerinin kendi gecikmeli değerlerinin bağlantılı olmasıdır. Yani banka hisse senetleri, kendi 1 veya 2 gecikmeli değerleriyle pozitif yönlü hareket ettiğini göstermekte, eğer hisse senedi fiyatları 2 dönem önce yükselmeye başladıysa şimdiki dönemde de yükselmeye devam edeceğini ifade etmektedir. Bu durum da teorik olarak anlamlı bir sonuçtur.

AFM ile ilgili öenmli bulgulardan bir diğeri ise, teorinin önerdiği değişim serilerinin modeled kullanılmasının ülkemizde mümkün olmadığının ispatlanmış olmasıdır. Değişim serileri, serilerin bir önceki döneme göre yüzdesel olarak büyümeyi ifade eder. Ancak bağımlı değişken olarak AFM'nin önerdiği getiri serilerinin, değişim serileriyle modellenmesi sonucu değişkenlerin tamamının istatistiksel olarak anlamsız olduğu tespit edilmiştir. Bu nedenle çalışmada logaritmik seriler kullanılmıştır. Arbitraj fiyatlama modelinin önerdiği değişkenler arasında bankacılık hisse senedi getirisini etkileyen tek unsur faiz oranları olarak tespit edilmiştir.

AFM'de bireysel sınamalarda bankacılık hisse senetlerinin faiz oranındaki değişmelerden farklı oranlarda etkilendikleri ve aynı zamanda faiz oranı gecikmesinin yanı sıra hisse senedinin kendi gecikmeli değerleriyle de etkileşim içinde olduğu görülmüştür. Panel verilerle yapılan AFM'de ise aynı şekilde toplu etkiler değerlendirildiğinde de bankacılık sektörünü etkileyen en önemli risk faktörünün faiz oranları olduğu tespit edilmiştir.

Sonuç olarak bankacılık sektörünü etkileyen unsurlar göz önünde bulundurulduğunda faiz oranlarının en önemli risk faktörü olduğu söylenebilmektedir. Diğer taraftan bankaların risk oranları ölçüldüğünde bir kısmının piyasadan daha riskli, bir kısmının ise piyasa riskiyle birlikte hareket ettikleri tespit edilmiştir. Banka hisse senetlerinin gerçekleşen getirilerinin ise FVFM ile tahmin edilen getirilerin üzerinde olduğu görülmüştür. FVFM'nin beklenen getiriyi sadece sistematik risk ile ilişkilendiriyor olması bu sonuçta gerçekleşen sapmayı anlamlı hale getirmektedir.

Hisse senetlerinin fiyatlarında meydana gelen değişiklikler birçok faktörden etkilenmektedir. AFM ve FVFM, söz konusu fiyatları etkileyen değişkenlerden yalnızca bir kısmını modele dahil etmektedir. Bu nedenle gerçekleşen getiriyle tahmin edilen getiri sonuçları arasındaki fark aslında beklenen bir durumdur. Bu nedenle FVFM ve AFM'nin Tükiye'de hisse senetleri piyasasında fiyat tahminlerinde bulunmak için kullanılmasının uygun olduğunu söylemek mümkündür.

EKLER

EK 1: İş Bankası C Arbitraj Fiyatlama Modeli

Dependent Variable: LISC
Method: Least Squares
Date: 03/07/14 Time: 16:49
Sample (adjusted): 1998M02 2013M12
Included observations: 191 after adjustments
Weighting series: 1/LFAIZ

Variable	Coefficient	Std. Error	t-Statistic	Prob.
LFAIZ	-0.359621	0.076921	-4.675182	0.0000
LFAIZ(-1)	0.270930	0.078321	3.459210	0.0007
C	0.377479	0.112992	3.340758	0.0010
LISC(-1)	0.889221	0.031567	28.16888	0.0000

Weighted Statistics

R-squared	0.985386	Mean dependent var	1.002254
Adjusted R-squared	0.985151	S.D. dependent var	1.018772
S.E. of regression	0.124143	Akaike info criterion	-1.314052
Sum squared resid	2.881928	Schwarz criterion	-1.245942
Log likelihood	129.4920	F-statistic	2091.149
Durbin-Watson stat	2.091519	Prob(F-statistic)	0.000000

Unweighted Statistics

R-squared	0.971747	Mean dependent var	0.786420
Adjusted R-squared	0.971294	S.D. dependent var	0.880143
S.E. of regression	0.149122	Sum squared resid	4.158406
Durbin-Watson stat	2.077006		

EK 2: İş Bankası C Arbitraj Fiyatlama Modeli Otokorelasyon Testi

Breusch-Godfrey Serial Correlation LM Test:

F-statistic	0.966629	Prob. F(12,175)	0.4826
Obs*R-squared	11.87309	Prob. Chi-Square(12)	0.4559

Test Equation:
Dependent Variable: RESID
Method: Least Squares
Date: 03/12/14 Time: 16:26
Sample: 1998M02 2013M12
Included observations: 191
Presample missing value lagged residuals set to zero.
Weight series: 1/LFAIZ

Variable	Coefficient	Std. Error	t-Statistic	Prob.
LFAIZ	-0.040481	0.083755	-0.483329	0.6295
LFAIZ(-1)	0.042889	0.097557	0.439632	0.6607
C	-0.012090	0.203435	-0.059430	0.9527
LISC(-1)	0.004538	0.060125	0.075474	0.9399
RESID(-1)	-0.084952	0.099168	-0.856649	0.3928
RESID(-2)	0.021548	0.087422	0.246482	0.8056
RESID(-3)	0.071219	0.085611	0.831895	0.4066
RESID(-4)	0.005475	0.084835	0.064543	0.9486
RESID(-5)	0.009921	0.081050	0.122411	0.9027
RESID(-6)	-0.143257	0.079119	-1.810646	0.0719
RESID(-7)	-0.076846	0.076456	-1.005097	0.3162
RESID(-8)	0.040558	0.075721	0.535626	0.5929
RESID(-9)	0.082034	0.075200	1.090875	0.2768
RESID(-10)	0.094623	0.074840	1.264339	0.2078
RESID(-11)	-0.041764	0.073856	-0.565482	0.5725
RESID(-12)	0.072116	0.073603	0.979793	0.3285

Weighted Statistics

R-squared	0.062163	Mean dependent var	-2.71E-16
Adjusted R-squared	-0.018223	S.D. dependent var	0.123159
S.E. of regression	0.124276	Akaike info criterion	-1.252577
Sum squared resid	2.702779	Schwarz criterion	-0.980135
Log likelihood	135.6211	Hannan-Quinn criter.	-1.142225
F-statistic	0.773303	Durbin-Watson stat	1.975887
Prob(F-statistic)	0.705827		

Unweighted Statistics

R-squared	0.081271	Mean dependent var	-0.000361
Adjusted R-squared	0.002523	S.D. dependent var	0.147940
S.E. of regression	0.147753	Sum squared resid	3.820424
Durbin-Watson stat	1.397852		

EK 3: İş Bankası C Arbitraj Fiyatlama Modeli Değişen Varyans Testi

Heteroskedasticity Test: White

F-statistic	1.356910	Prob. F(9,181)	0.2108
Obs*R-squared	12.07236	Prob. Chi-Square(9)	0.2093
Scaled explained SS	14.77237	Prob. Chi-Square(9)	0.0974

Test Equation:
Dependent Variable: WGT_RESID^2
Method: Least Squares
Date: 03/12/14 Time: 16:26
Sample: 1998M02 2013M12
Included observations: 191
Collinear test regressors dropped from specification

Variable	Coefficient	Std. Error	t-Statistic	Prob.
C	-0.068482	0.418273	-0.163725	0.8701
WGT^2	-0.190039	0.247802	-0.766901	0.4441
LFAIZ*WGT^2	0.248561	0.175657	1.415037	0.1588
LFAIZ*LFAIZ(-1)*WGT^2	-0.033203	0.086664	-0.383117	0.7021
LFAIZ*LISC(-1)*WGT^2	-0.080691	0.055449	-1.455231	0.1473
LFAIZ(-1)^2*WGT^2	0.035476	0.042823	0.828445	0.4085
LFAIZ(-1)*WGT^2	-0.168041	0.175331	-0.958425	0.3391
LFAIZ(-1)*LISC(-1)*WGT^2	0.042589	0.054689	0.778741	0.4371
LISC(-1)^2*WGT^2	-0.031271	0.020006	-1.563103	0.1198
LISC(-1)*WGT^2	0.163361	0.138325	1.180988	0.2392

R-squared	0.063206	Mean dependent var	0.015089
Adjusted R-squared	0.016625	S.D. dependent var	0.024173
S.E. of regression	0.023971	Akaike info criterion	-4.573014
Sum squared resid	0.104004	Schwarz criterion	-4.402738
Log likelihood	446.7228	Hannan-Quinn criter.	-4.504044
F-statistic	1.356910	Durbin-Watson stat	2.073533
Prob(F-statistic)	0.210841		

EK 4: Finansbank Arbitraj Fiyatlama Modeli

Dependent Variable: LFNB
Method: Least Squares
Date: 03/07/14 Time: 17:06
Sample (adjusted): 1998M02 2013M12
Included observations: 191 after adjustments
Weighting series: 1/LFAIZ

Variable	Coefficient	Std. Error	t-Statistic	Prob.
LFAIZ	-0.295601	0.084693	-3.490263	0.0006
LFAIZ(-1)	0.270106	0.084816	3.184627	0.0017
C	0.090290	0.087001	1.037807	0.3007
LFNB(-1)	0.976174	0.016193	60.28261	0.0000

Weighted Statistics

R-squared	0.992157	Mean dependent var	0.045990
Adjusted R-squared	0.992031	S.D. dependent var	1.525010
S.E. of regression	0.136137	Akaike info criterion	-1.129591
Sum squared resid	3.465720	Schwarz criterion	-1.061481
Log likelihood	111.8760	F-statistic	7271.424
Durbin-Watson stat	1.937074	Prob(F-statistic)	0.000000

Unweighted Statistics

R-squared	0.991356	Mean dependent var	-0.389220
Adjusted R-squared	0.991217	S.D. dependent var	1.737686
S.E. of regression	0.162847	Sum squared resid	4.959098
Durbin-Watson stat	1.909456		

EK 5: Finansbank Arbitraj Fiyatlama Modeli Otokorelasyon Testi

Breusch-Godfrey Serial Correlation LM Test:

F-statistic	0.629935	Prob. F(12,175)	0.8148
Obs*R-squared	7.908726	Prob. Chi-Square(12)	0.7922

Test Equation:
Dependent Variable: RESID
Method: Least Squares
Date: 03/12/14 Time: 16:27
Sample: 1998M02 2013M12
Included observations: 191
Presample missing value lagged residuals set to zero.
Weight series: 1/LFAIZ

Variable	Coefficient	Std. Error	t-Statistic	Prob.
LFAIZ	0.018015	0.090017	0.200130	0.8416
LFAIZ(-1)	-0.020017	0.092077	-0.217394	0.8282
C	0.005814	0.093913	0.061903	0.9507
LFNB(-1)	-0.001516	0.017985	-0.084315	0.9329
RESID(-1)	0.048345	0.078414	0.616545	0.5383
RESID(-2)	-0.114627	0.075105	-1.526228	0.1288
RESID(-3)	0.016656	0.075276	0.221270	0.8251
RESID(-4)	-0.002304	0.075554	-0.030496	0.9757
RESID(-5)	-0.000722	0.076129	-0.009486	0.9924
RESID(-6)	0.074975	0.074817	1.002103	0.3177

RESID(-7)	-0.027360	0.074151	-0.368972	0.7126
RESID(-8)	0.055935	0.073819	0.757730	0.4496
RESID(-9)	-0.026164	0.073612	-0.355434	0.7227
RESID(-10)	0.084931	0.072597	1.169894	0.2436
RESID(-11)	-0.085991	0.071874	-1.196420	0.2332
RESID(-12)	0.091345	0.072140	1.266217	0.2071

Weighted Statistics

R-squared	0.041407	Mean dependent var	-1.76E-16
Adjusted R-squared	-0.040758	S.D. dependent var	0.135058
S.E. of regression	0.137783	Akaike info criterion	-1.046225
Sum squared resid	3.322215	Schwarz criterion	-0.773784
Log likelihood	115.9145	Hannan-Quinn criter.	-0.935874
F-statistic	0.503948	Durbin-Watson stat	2.002367
Prob(F-statistic)	0.936249		

Unweighted Statistics

R-squared	0.040925	Mean dependent var	-0.000887
Adjusted R-squared	-0.041282	S.D. dependent var	0.161554
S.E. of regression	0.164855	Sum squared resid	4.756005
Durbin-Watson stat	1.398715		

EK 6: Finansbank Arbitraj Fiyatlama Modeli Değişen Varyans Testi

Heteroskedasticity Test: White

F-statistic	1.616721	Prob. F(9,181)	0.1133
Obs*R-squared	14.21190	Prob. Chi-Square(9)	0.1150
Scaled explained SS	25.13276	Prob. Chi-Square(9)	0.0028

Test Equation:
Dependent Variable: WGT_RESID^2
Method: Least Squares
Date: 03/12/14 Time: 16:27
Sample: 1998M02 2013M12
Included observations: 191
Collinear test regressors dropped from specification

Variable	Coefficient	Std. Error	t-Statistic	Prob.
C	-0.546393	0.648504	-0.842543	0.4006
WGT^2	-0.214084	0.160976	-1.329912	0.1852
LFAIZ*WGT^2	0.263963	0.192993	1.367734	0.1731
LFAIZ*LFAIZ(-1)*WGT^2	0.044249	0.121125	0.365316	0.7153
LFAIZ*LFNB(-1)*WGT^2	-0.079963	0.042753	-1.870362	0.0630
LFAIZ(-1)^2*WGT^2	-0.002987	0.060977	-0.048992	0.9610
LFAIZ(-1)*WGT^2	-0.113813	0.210009	-0.541943	0.5885

LFAIZ(-1)*LFNB(-1)*WGT^2	0.039347	0.045040	0.873619	0.3835
LFNB(-1)^2*WGT^2	-0.018858	0.007352	-2.565070	0.0111
LFNB(-1)*WGT^2	0.113306	0.060754	1.864987	0.0638

R-squared	0.074408	Mean dependent var	0.018145
Adjusted R-squared	0.028384	S.D. dependent var	0.034946
S.E. of regression	0.034447	Akaike info criterion	-3.847869
Sum squared resid	0.214771	Schwarz criterion	-3.677593
Log likelihood	377.4715	Hannan-Quinn criter.	-3.778899
F-statistic	1.616721	Durbin-Watson stat	1.930617
Prob(F-statistic)	0.113281		

EK 7: Garanti Bankası Arbitraj Fiyatlama Modeli

Dependent Variable: LGRT
Method: Least Squares
Date: 03/07/14 Time: 17:11
Sample (adjusted): 1998M02 2013M12
Included observations: 191 after adjustments
Weighting series: 1/LFAIZ

Variable	Coefficient	Std. Error	t-Statistic	Prob.
LFAIZ	-0.438065	0.086218	-5.080898	0.0000
LFAIZ(-1)	0.342546	0.086567	3.957019	0.0001
C	0.354008	0.152440	2.322275	0.0213
LGRT(-1)	0.926679	0.029572	31.33595	0.0000

Weighted Statistics

R-squared	0.991500	Mean dependent var	0.831403
Adjusted R-squared	0.991364	S.D. dependent var	1.466736
S.E. of regression	0.136308	Akaike info criterion	-1.127085
Sum squared resid	3.474416	Schwarz criterion	-1.058975
Log likelihood	111.6366	F-statistic	4793.850
Durbin-Watson stat	2.161989	Prob(F-statistic)	0.000000

Unweighted Statistics

R-squared	0.986709	Mean dependent var	0.468461
Adjusted R-squared	0.986496	S.D. dependent var	1.380160
S.E. of regression	0.160386	Sum squared resid	4.810336
Durbin-Watson stat	2.028890		

EK 8: Garanti Bankası Arbitraj Fiyatlama Modeli Otokorelasyon Testi

Breusch-Godfrey Serial Correlation LM Test:

F-statistic	0.943258	Prob. F(12,175)	0.5053
Obs*R-squared	11.60347	Prob. Chi-Square(12)	0.4780

Test Equation:
Dependent Variable: RESID
Method: Least Squares
Date: 03/12/14 Time: 16:28
Sample: 1998M02 2013M12
Included observations: 191
Presample missing value lagged residuals set to zero.
Weight series: 1/LFAIZ

Variable	Coefficient	Std. Error	t-Statistic	Prob.
LFAIZ	-0.042673	0.092874	-0.459474	0.6465
LFAIZ(-1)	0.085871	0.104117	0.824756	0.4106
C	-0.153510	0.185070	-0.829467	0.4080
LGRT(-1)	0.033082	0.037193	0.889471	0.3750
RESID(-1)	-0.126319	0.089686	-1.408453	0.1608
RESID(-2)	-0.048532	0.081677	-0.594194	0.5531
RESID(-3)	0.033698	0.079364	0.424598	0.6717
RESID(-4)	-0.107091	0.078625	-1.362044	0.1749
RESID(-5)	-0.059984	0.077293	-0.776056	0.4388
RESID(-6)	-0.099287	0.076710	-1.294327	0.1973
RESID(-7)	-0.034947	0.075111	-0.465264	0.6423
RESID(-8)	-0.043780	0.074892	-0.584572	0.5596
RESID(-9)	0.097863	0.074139	1.320003	0.1886
RESID(-10)	-0.082481	0.073897	-1.116159	0.2659
RESID(-11)	-0.032219	0.073470	-0.438541	0.6615
RESID(-12)	0.055420	0.073053	0.758632	0.4491

Weighted Statistics

R-squared	0.060751	Mean dependent var	-7.60E-17
Adjusted R-squared	-0.019756	S.D. dependent var	0.135227
S.E. of regression	0.136556	Akaike info criterion	-1.064106
Sum squared resid	3.263341	Schwarz criterion	-0.791664
Log likelihood	117.6221	Hannan-Quinn criter.	-0.953754
F-statistic	0.754606	Durbin-Watson stat	1.979171
Prob(F-statistic)	0.725940		

Unweighted Statistics

R-squared	0.054004	Mean dependent var	0.000296
Adjusted R-squared	-0.027082	S.D. dependent var	0.159115
S.E. of regression	0.161255	Sum squared resid	4.550545
Durbin-Watson stat	1.419327		

EK 9: Garanti Bankası Arbitraj Fiyatlama Modeli Değişen Varyans Testi

Heteroskedasticity Test: White

F-statistic	1.890216	Prob. F(9,181)	0.0559
Obs*R-squared	16.40952	Prob. Chi-Square(9)	0.0588
Scaled explained SS	16.41238	Prob. Chi-Square(9)	0.0588

Test Equation:
Dependent Variable: WGT_RESID^2
Method: Least Squares
Date: 03/12/14 Time: 16:28
Sample: 1998M02 2013M12
Included observations: 191
Collinear test regressors dropped from specification

Variable	Coefficient	Std. Error	t-Statistic	Prob.
C	-0.943941	0.585381	-1.612525	0.1086
WGT^2	0.709594	0.421073	1.685203	0.0937
LFAIZ*WGT^2	0.696979	0.315535	2.208879	0.0284
LFAIZ*LFAIZ(-1)*WGT^2	0.030856	0.092527	0.333485	0.7392
LFAIZ*LGRT(-1)*WGT^2	-0.156491	0.064869	-2.412420	0.0168
LFAIZ(-1)^2*WGT^2	0.136425	0.052441	2.601502	0.0100
LFAIZ(-1)*WGT^2	-1.094299	0.305369	-3.583529	0.0004
LFAIZ(-1)*LGRT(-1)*WGT^2	0.228753	0.061734	3.705489	0.0003
LGRT(-1)^2*WGT^2	0.023503	0.014979	1.569117	0.1184
LGRT(-1)*WGT^2	-0.259925	0.155874	-1.667532	0.0971

R-squared	0.085914	Mean dependent var	0.018191
Adjusted R-squared	0.040462	S.D. dependent var	0.026347
S.E. of regression	0.025809	Akaike info criterion	-4.425284
Sum squared resid	0.120561	Schwarz criterion	-4.255008
Log likelihood	432.6147	Hannan-Quinn criter.	-4.356315
F-statistic	1.890216	Durbin-Watson stat	2.242367
Prob(F-statistic)	0.055895		

EK 10: Garanti Bankası Arbitraj Fiyatlama Modeli

Dependent Variable: LTKT
Method: Least Squares
Date: 03/07/14 Time: 16:58
Sample (adjusted): 1998M03 2013M12
Included observations: 190 after adjustments

Variable	Coefficient	Std. Error	t-Statistic	Prob.
C	0.126927	0.059375	2.137728	0.0339
LTKT(-1)	0.929386	0.025746	36.09811	0.0000
LFAIZ	-0.491175	0.092804	-5.292582	0.0000
LFAIZ(-1)	0.624090	0.141185	4.420364	0.0000
LFAIZ(-2)	-0.183938	0.092516	-1.988168	0.0483

R-squared	0.950675	Mean dependent var	-0.556975
Adjusted R-squared	0.949608	S.D. dependent var	0.768720
S.E. of regression	0.172563	Akaike info criterion	-0.650146
Sum squared resid	5.508923	Schwarz criterion	-0.564698
Log likelihood	66.76389	F-statistic	891.4059
Durbin-Watson stat	1.815530	Prob(F-statistic)	0.000000

EK 11: Garanti Bankası Arbitraj Fiyatlama Modeli Otokorelasyon Testi

Breusch-Godfrey Serial Correlation LM Test:

F-statistic	1.527542	Prob. F(12,173)	0.1182
Obs*R-squared	18.20304	Prob. Chi-Square(12)	0.1097

Test Equation:
Dependent Variable: RESID
Method: Least Squares
Date: 03/12/14 Time: 16:28
Sample: 1998M03 2013M12
Included observations: 190
Presample missing value lagged residuals set to zero.

Variable	Coefficient	Std. Error	t-Statistic	Prob.
C	0.022548	0.085055	0.265094	0.7913
LTKT(-1)	-0.016167	0.050470	-0.320330	0.7491
LFAIZ	0.041156	0.097035	0.424135	0.6720
LFAIZ(-1)	-0.080429	0.149422	-0.538266	0.5911
LFAIZ(-2)	0.029465	0.096068	0.306713	0.7594
RESID(-1)	0.106505	0.091925	1.158611	0.2482
RESID(-2)	-0.107434	0.092942	-1.155921	0.2493
RESID(-3)	0.185557	0.088570	2.095022	0.0376
RESID(-4)	0.008514	0.089937	0.094666	0.9247

RESID(-5)	0.077972	0.087241	0.893749	0.3727
RESID(-6)	-0.137734	0.085260	-1.615465	0.1080
RESID(-7)	-0.069453	0.082829	-0.838506	0.4029
RESID(-8)	-0.111435	0.082962	-1.343205	0.1810
RESID(-9)	0.091280	0.082583	1.105312	0.2706
RESID(-10)	0.132243	0.083609	1.581680	0.1155
RESID(-11)	0.053064	0.081797	0.648732	0.5174
RESID(-12)	0.019992	0.083519	0.239369	0.8111

R-squared	0.095805	Mean dependent var	-6.08E-17
Adjusted R-squared	0.012181	S.D. dependent var	0.170727
S.E. of regression	0.169684	Akaike info criterion	-0.624541
Sum squared resid	4.981139	Schwarz criterion	-0.334018
Log likelihood	76.33141	Hannan-Quinn criter.	-0.506854
F-statistic	1.145657	Durbin-Watson stat	1.977599
Prob(F-statistic)	0.317140		

EK 12: Garanti Bankası Arbitraj Fiyatlama Modeli Değişen Varyans Testi

Heteroskedasticity Test: White

F-statistic	1.485388	Prob. F(14,175)	0.1206
Obs*R-squared	20.17989	Prob. Chi-Square(14)	0.1246
Scaled explained SS	52.03564	Prob. Chi-Square(14)	0.0000

Test Equation:
Dependent Variable: RESID^2
Method: Least Squares
Date: 03/12/14 Time: 16:29
Sample: 1998M03 2013M12
Included observations: 190

Variable	Coefficient	Std. Error	t-Statistic	Prob.
C	0.047340	0.130091	0.363901	0.7164
LTKT(-1)	-0.098615	0.093572	-1.053896	0.2934
LTKT(-1)^2	-0.017099	0.021340	-0.801253	0.4241
LTKT(-1)*LFAIZ	0.116646	0.106170	1.098675	0.2734
LTKT(-1)*LFAIZ(-1)	-0.096364	0.159700	-0.603410	0.5470
LTKT(-1)*LFAIZ(-2)	0.013596	0.109571	0.124088	0.9014
LFAIZ	0.131656	0.225004	0.585129	0.5592
LFAIZ^2	-0.133896	0.112218	-1.193183	0.2344
LFAIZ*LFAIZ(-1)	0.485140	0.304792	1.591706	0.1133
LFAIZ*LFAIZ(-2)	-0.224683	0.178925	-1.255739	0.2109
LFAIZ(-1)	-0.137741	0.318891	-0.431938	0.6663
LFAIZ(-1)^2	-0.430498	0.250208	-1.720561	0.0871
LFAIZ(-1)*LFAIZ(-2)	0.400517	0.280606	1.427331	0.1553
LFAIZ(-2)	-0.043455	0.216265	-0.200933	0.8410
LFAIZ(-2)^2	-0.080100	0.086894	-0.921818	0.3579

R-squared	0.106210	Mean dependent var	0.028994
Adjusted R-squared	0.034707	S.D. dependent var	0.067803
S.E. of regression	0.066616	Akaike info criterion	-2.504097
Sum squared resid	0.776589	Schwarz criterion	-2.247753
Log likelihood	252.8892	Hannan-Quinn criter.	-2.400255
F-statistic	1.485388	Durbin-Watson stat	2.006470
Prob(F-statistic)	0.120601		

EK 13: Yapı ve Kredi Bankası Arbitraj Fiyatlama Modeli

Dependent Variable: LYKB
Method: Least Squares
Date: 03/07/14 Time: 17:01
Sample (adjusted): 1998M02 2013M12
Included observations: 191 after adjustments
Weighting series: 1/LFAIZ

Variable	Coefficient	Std. Error	t-Statistic	Prob.
LFAIZ	-0.406566	0.088924	-4.572070	0.0000
LFAIZ(-1)	0.303143	0.089449	3.388981	0.0009
C	0.403451	0.112197	3.595914	0.0004
LYKB(-1)	0.870519	0.033418	26.04924	0.0000

Weighted Statistics

R-squared	0.977803	Mean dependent var	0.720481
Adjusted R-squared	0.977447	S.D. dependent var	0.953673
S.E. of regression	0.143220	Akaike info criterion	-1.028148
Sum squared resid	3.835743	Schwarz criterion	-0.960038
Log likelihood	102.1882	F-statistic	1616.984
Durbin-Watson stat	2.273376	Prob(F-statistic)	0.000000

Unweighted Statistics

R-squared	0.958489	Mean dependent var	0.511262
Adjusted R-squared	0.957823	S.D. dependent var	0.847072
S.E. of regression	0.173964	Sum squared resid	5.659276
Durbin-Watson stat	2.182578		

EK 14: Yapı ve Kredi Bankası Arbitraj Fiyatlama Modeli Otokorelasyon Testi

Breusch-Godfrey Serial Correlation LM Test:

F-statistic	0.712654	Prob. F(12,175)	0.7379
Obs*R-squared	8.898865	Prob. Chi-Square(12)	0.7115

Test Equation:

Dependent Variable: RESID
Method: Least Squares
Date: 03/12/14 Time: 16:29
Sample: 1998M02 2013M12
Included observations: 191
Presample missing value lagged residuals set to zero.
Weight series: 1/LFAIZ

Variable	Coefficient	Std. Error	t-Statistic	Prob.
LFAIZ	-0.067786	0.096364	-0.703440	0.4827
LFAIZ(-1)	0.115099	0.116947	0.984201	0.3264
C	-0.181127	0.245857	-0.736718	0.4623
LYKB(-1)	0.058632	0.078386	0.747992	0.4555
RESID(-1)	-0.216663	0.114412	-1.893709	0.0599
RESID(-2)	0.002284	0.098778	0.023119	0.9816
RESID(-3)	0.028456	0.093616	0.303968	0.7615
RESID(-4)	-0.023768	0.089911	-0.264354	0.7918
RESID(-5)	-0.013840	0.085177	-0.162483	0.8711
RESID(-6)	-0.051404	0.083039	-0.619029	0.5367
RESID(-7)	-0.031872	0.080675	-0.395066	0.6933
RESID(-8)	-0.069207	0.078798	-0.878283	0.3810
RESID(-9)	0.034319	0.077575	0.442398	0.6587
RESID(-10)	-0.044751	0.076008	-0.588770	0.5568
RESID(-11)	-0.006351	0.074799	-0.084904	0.9324
RESID(-12)	0.046417	0.072950	0.636282	0.5254

Weighted Statistics

R-squared	0.046591	Mean dependent var	-1.43E-16
Adjusted R-squared	-0.035130	S.D. dependent var	0.142085
S.E. of regression	0.144559	Akaike info criterion	-0.950205
Sum squared resid	3.657033	Schwarz criterion	-0.677763
Log likelihood	106.7446	Hannan-Quinn criter.	-0.839853
F-statistic	0.570123	Durbin-Watson stat	1.974541
Prob(F-statistic)	0.894810		

Unweighted Statistics

R-squared	0.034735	Mean dependent var	0.000954
Adjusted R-squared	-0.048002	S.D. dependent var	0.172583
S.E. of regression	0.176676	Sum squared resid	5.462532
Durbin-Watson stat	1.321907		

EK 15: Yapı ve Kredi Bankası Arbitraj Fiyatlama Modeli Değişen Varyans Testi

Heteroskedasticity Test: White

F-statistic	1.464450	Prob. F(9,181)	0.1642
Obs*R-squared	12.96420	Prob. Chi-Square(9)	0.1642
Scaled explained SS	14.03463	Prob. Chi-Square(9)	0.1211

Test Equation:
Dependent Variable: WGT_RESID^2
Method: Least Squares
Date: 03/12/14 Time: 16:30
Sample: 1998M02 2013M12
Included observations: 191
Collinear test regressors dropped from specification

Variable	Coefficient	Std. Error	t-Statistic	Prob.
C	0.617236	0.586983	1.051539	0.2944
WGT^2	0.129223	0.252002	0.512787	0.6087
LFAIZ*WGT^2	0.037589	0.191424	0.196365	0.8445
LFAIZ*LFAIZ(-1)*WGT^2	-0.130329	0.114221	-1.141027	0.2554
LFAIZ*LYKB(-1)*WGT^2	-0.044856	0.062524	-0.717420	0.4740
LFAIZ(-1)^2*WGT^2	0.072865	0.049143	1.482713	0.1399
LFAIZ(-1)*WGT^2	-0.115077	0.200837	-0.572984	0.5674
LFAIZ(-1)*LYKB(-1)*WGT^2	0.051793	0.066193	0.782454	0.4350
LYKB(-1)^2*WGT^2	-0.004013	0.022816	-0.175887	0.8606
LYKB(-1)*WGT^2	-0.024813	0.147190	-0.168581	0.8663

R-squared	0.067875	Mean dependent var	0.020082
Adjusted R-squared	0.021527	S.D. dependent var	0.030261
S.E. of regression	0.029934	Akaike info criterion	-4.128708
Sum squared resid	0.162184	Schwarz criterion	-3.958431
Log likelihood	404.2916	Hannan-Quinn criter.	-4.059738
F-statistic	1.464450	Durbin-Watson stat	2.173910
Prob(F-statistic)	0.164168		

EK 16: Alternatif Bank Arbitraj Fiyatlama Modeli

Dependent Variable: LALT
Method: Least Squares
Date: 03/07/14 Time: 17:15
Sample (adjusted): 1998M02 2013M12
Included observations: 191 after adjustments
Weighting series: 1/LFAIZ

Variable	Coefficient	Std. Error	t-Statistic	Prob.
LFAIZ	-0.467066	0.097180	-4.806174	0.0000
LFAIZ(-1)	0.395759	0.098463	4.019362	0.0001
C	0.195712	0.064965	3.012578	0.0029
LALT(-1)	0.922818	0.027110	34.03999	0.0000

Weighted Statistics

R-squared	0.949203	Mean dependent var	-0.246942
Adjusted R-squared	0.948388	S.D. dependent var	0.693187
S.E. of regression	0.157480	Akaike info criterion	-0.838315
Sum squared resid	4.637596	Schwarz criterion	-0.770205
Log likelihood	84.05912	F-statistic	1301.865
Durbin-Watson stat	1.903149	Prob(F-statistic)	0.000000

Unweighted Statistics

R-squared	0.956689	Mean dependent var	-0.439614
Adjusted R-squared	0.955994	S.D. dependent var	0.829354
S.E. of regression	0.173978	Sum squared resid	5.660177
Durbin-Watson stat	1.852223		

EK 17: Alternatif Bank Arbitraj Fiyatlama Modeli Otokorelasyon Testi

Breusch-Godfrey Serial Correlation LM Test:

F-statistic	1.065676	Prob. F(12,175)	0.3919
Obs*R-squared	13.00684	Prob. Chi-Square(12)	0.3685

Test Equation:
Dependent Variable: RESID
Method: Least Squares
Date: 03/12/14 Time: 16:32
Sample: 1998M02 2013M12
Included observations: 191
Presample missing value lagged residuals set to zero.
Weight series: 1/LFAIZ

Variable	Coefficient	Std. Error	t-Statistic	Prob.
LFAIZ	0.056140	0.106090	0.529176	0.5974
LFAIZ(-1)	-0.125482	0.117114	-1.071455	0.2854
C	0.180718	0.123534	1.462902	0.1453
LALT(-1)	-0.091073	0.059887	-1.520752	0.1301
RESID(-1)	0.153644	0.094594	1.624255	0.1061
RESID(-2)	-0.029808	0.088798	-0.335688	0.7375
RESID(-3)	0.188654	0.087418	2.158065	0.0323

RESID(-4)	0.127297	0.087658	1.452211	0.1482
RESID(-5)	-0.018552	0.083708	-0.221625	0.8249
RESID(-6)	0.069105	0.083505	0.827560	0.4090
RESID(-7)	0.012581	0.083685	0.150337	0.8807
RESID(-8)	0.053359	0.081108	0.657879	0.5115
RESID(-9)	0.175529	0.080520	2.179944	0.0306
RESID(-10)	0.052513	0.080180	0.654937	0.5134
RESID(-11)	0.088623	0.078113	1.134558	0.2581
RESID(-12)	-0.012534	0.077638	-0.161441	0.8719

Weighted Statistics

R-squared	0.068099	Mean dependent var	-2.75E-16
Adjusted R-squared	-0.011779	S.D. dependent var	0.156232
S.E. of regression	0.157149	Akaike info criterion	-0.783189
Sum squared resid	4.321782	Schwarz criterion	-0.510747
Log likelihood	90.79457	Hannan-Quinn criter.	-0.672838
F-statistic	0.852541	Durbin-Watson stat	2.009423
Prob(F-statistic)	0.618158		

Unweighted Statistics

R-squared	0.063793	Mean dependent var	0.001049
Adjusted R-squared	-0.016453	S.D. dependent var	0.172596
S.E. of regression	0.174010	Sum squared resid	5.298900
Durbin-Watson stat	1.638885		

EK 18: Alternatif Bank Arbitraj Fiyatlama Modeli Değişen Varyans Testi

Heteroskedasticity Test: White

F-statistic	4.639701	Prob. F(9,181)	0.0000
Obs*R-squared	35.80419	Prob. Chi-Square(9)	0.0000
Scaled explained SS	67.39800	Prob. Chi-Square(9)	0.0000

Test Equation:
Dependent Variable: WGT_RESID^2
Method: Least Squares
Date: 03/12/14 Time: 16:32
Sample: 1998M02 2013M12
Included observations: 191
Collinear test regressors dropped from specification

Variable	Coefficient	Std. Error	t-Statistic	Prob.
C	2.578459	0.752940	3.424519	0.0008
WGT^2	-0.023820	0.136847	-0.174066	0.8620
LFAIZ*WGT^2	-0.636925	0.153877	-4.139193	0.0001

LFAIZ*LFAIZ(-1)*WGT^2	-0.382747	0.157600	-2.428589	0.0161
LFAIZ*LALT(-1)*WGT^2	0.139761	0.066684	2.095875	0.0375
LFAIZ(-1)^2*WGT^2	0.083016	0.074588	1.112985	0.2672
LFAIZ(-1)*WGT^2	0.653349	0.154857	4.219060	0.0000
LFAIZ(-1)*LALT(-1)*WGT^2	-0.185527	0.065256	-2.843070	0.0050
LALT(-1)^2*WGT^2	-0.040464	0.021108	-1.917033	0.0568
LALT(-1)*WGT^2	0.135941	0.097368	1.396159	0.1644

R-squared	0.187457	Mean dependent var	0.024281
Adjusted R-squared	0.147054	S.D. dependent var	0.048246
S.E. of regression	0.044558	Akaike info criterion	-3.333124
Sum squared resid	0.359357	Schwarz criterion	-3.162848
Log likelihood	328.3134	Hannan-Quinn criter.	-3.264154
F-statistic	4.639701	Durbin-Watson stat	1.838334
Prob(F-statistic)	0.000016		

EK 19: Alternatif Bank Arbitraj Fiyatlama Modeli

Dependent Variable: LAKB
Method: Least Squares
Date: 03/12/14 Time: 16:38
Sample (adjusted): 1998M03 2013M12
Included observations: 190 after adjustments
Weighting series: 1/LFAIZ

Variable	Coefficient	Std. Error	t-Statistic	Prob.
C	0.177013	0.135253	1.308755	0.1922
LFAIZ	-0.324957	0.082940	-3.917962	0.0001
LFAIZ(-1)	0.287318	0.083678	3.433608	0.0007
LAKB(-1)	0.733432	0.074177	9.887602	0.0000
LAKB(-2)	0.220907	0.073601	3.001432	0.0031

Weighted Statistics

R-squared	0.982245	Mean dependent var	1.188870
Adjusted R-squared	0.981862	S.D. dependent var	1.287554
S.E. of regression	0.125481	Akaike info criterion	-1.287367
Sum squared resid	2.912897	Schwarz criterion	-1.201919
Log likelihood	127.2999	Hannan-Quinn criter.	-1.252753
F-statistic	2558.721	Durbin-Watson stat	1.979942
Prob(F-statistic)	0.000000		

Unweighted Statistics

R-squared	0.984022	Mean dependent var	0.904765
Adjusted R-squared	0.983676	S.D. dependent var	1.128620
S.E. of regression	0.144198	Sum squared resid	3.846707
Durbin-Watson stat	1.963714		

EK 20: Alternatif Bank Arbitraj Fiyatlama Modeli Otokorelasyon Testi

Breusch-Godfrey Serial Correlation LM Test:

F-statistic	1.063942	Prob. F(12,173)	0.3935
Obs*R-squared	13.05821	Prob. Chi-Square(12)	0.3648

Test Equation:
Dependent Variable: RESID
Method: Least Squares
Date: 03/12/14 Time: 16:40
Sample: 1998M03 2013M12
Included observations: 190
Presample missing value lagged residuals set to zero.
Weight series: 1/LFAIZ

Variable	Coefficient	Std. Error	t-Statistic	Prob.
C	-0.071200	0.168115	-0.423520	0.6724
LFAIZ	-0.014734	0.085585	-0.172158	0.8635
LFAIZ(-1)	0.031266	0.090133	0.346892	0.7291
LAKB(-1)	0.081012	0.304404	0.266132	0.7905
LAKB(-2)	-0.061800	0.285043	-0.216810	0.8286
RESID(-1)	-0.102730	0.313756	-0.327421	0.7437
RESID(-2)	-0.018854	0.086859	-0.217066	0.8284
RESID(-3)	0.015568	0.077461	0.200977	0.8410
RESID(-4)	-0.044095	0.077453	-0.569316	0.5699
RESID(-5)	-0.051969	0.077867	-0.667413	0.5054
RESID(-6)	-0.105300	0.074937	-1.405187	0.1618
RESID(-7)	-0.090453	0.073187	-1.235918	0.2182
RESID(-8)	-0.052226	0.073372	-0.711800	0.4775
RESID(-9)	0.047771	0.073089	0.653598	0.5142
RESID(-10)	-0.081653	0.073246	-1.114778	0.2665
RESID(-11)	-0.013914	0.072587	-0.191682	0.8482
RESID(-12)	0.142607	0.072153	1.976439	0.0497

Weighted Statistics

R-squared	0.068727	Mean dependent var	-7.30E-18
Adjusted R-squared	-0.017402	S.D. dependent var	0.124146
S.E. of regression	0.125221	Akaike info criterion	-1.232255
Sum squared resid	2.712702	Schwarz criterion	-0.941731
Log likelihood	134.0642	Hannan-Quinn criter.	-1.114568
F-statistic	0.797957	Durbin-Watson stat	1.961368
Prob(F-statistic)	0.686634		

Unweighted Statistics

R-squared	0.044078	Mean dependent var	4.58E-05
Adjusted R-squared	-0.044332	S.D. dependent var	0.142664
S.E. of regression	0.145792	Sum squared resid	3.677153
Durbin-Watson stat	1.446936		

EK 21: Alternatif Bank Arbitraj Fiyatlama Modeli Değişen Varyans Testi

Heteroskedasticity Test: White

F-statistic	1.683739	Prob. F(14,175)	0.0626
Obs*R-squared	22.55473	Prob. Chi-Square(14)	0.0679
Scaled explained SS	24.17546	Prob. Chi-Square(14)	0.0436

Test Equation:
Dependent Variable: WGT_RESID^2
Method: Least Squares
Date: 03/12/14 Time: 16:40
Sample: 1998M03 2013M12
Included observations: 190
Collinear test regressors dropped from specification

Variable	Coefficient	Std. Error	t-Statistic	Prob.
C	-0.681911	0.591379	-1.153086	0.2504
WGT^2	0.328916	0.324199	1.014549	0.3117
LFAIZ*WGT^2	0.495994	0.290681	1.706316	0.0897
LFAIZ*LFAIZ(-1)*WGT^2	0.043701	0.119807	0.364762	0.7157
LFAIZ*LAKB(-1)*WGT^2	-0.231036	0.129958	-1.777777	0.0772
LFAIZ*LAKB(-2)*WGT^2	0.096998	0.115663	0.838628	0.4028
LFAIZ(-1)^2*WGT^2	0.051655	0.066856	0.772635	0.4408
LFAIZ(-1)*WGT^2	-0.634666	0.289255	-2.194142	0.0295
LFAIZ(-1)*LAKB(-1)*WGT^2	0.191002	0.129945	1.469867	0.1434
LFAIZ(-1)*LAKB(-2)*WGT^2	-0.022990	0.114239	-0.201245	0.8407
LAKB(-1)^2*WGT^2	-0.047259	0.081268	-0.581528	0.5616
LAKB(-1)*WGT^2	0.158320	0.196176	0.807032	0.4207
LAKB(-1)*LAKB(-2)*WGT^2	0.034529	0.156070	0.221238	0.8252
LAKB(-2)^2*WGT^2	0.028383	0.078998	0.359290	0.7198
LAKB(-2)*WGT^2	-0.311035	0.202623	-1.535040	0.1266

R-squared	0.118709	Mean dependent var	0.015331
Adjusted R-squared	0.048206	S.D. dependent var	0.023114
S.E. of regression	0.022550	Akaike info criterion	-4.670470
Sum squared resid	0.088991	Schwarz criterion	-4.414126

Log likelihood	458.6947	Hannan-Quinn criter.	-4.566629
F-statistic	1.683739	Durbin-Watson stat	2.009783
Prob(F-statistic)	0.062604		

EK 22: Johansen Eşbütünleşme Gecikme Uzunluğu BİST100

VAR Lag Order Selection Criteria
Endogenous variables: LBIST100 LFAIZ
Exogenous variables: C
Date: 03/12/14 Time: 16:47
Sample: 1998M01 2013M12
Included observations: 184

Lag	LogL	LR	FPE	AIC	SC	HQ
0	-262.7130	NA	0.060905	2.877315	2.912260	2.891479
1	298.6893	1104.498	0.000142	-3.181405	-3.076570	-3.138914
2	310.9439	23.84326*	0.000130*	-3.271129*	-3.096405*	-3.200311*
3	311.8395	1.723074	0.000135	-3.237386	-2.992771	-3.138241
4	315.9133	7.748989	0.000135	-3.238188	-2.923683	-3.110715
5	316.3916	0.899370	0.000140	-3.199908	-2.815514	-3.044108
6	321.0812	8.716568	0.000139	-3.207404	-2.753120	-3.023277
7	323.7184	4.844430	0.000141	-3.192591	-2.668417	-2.980137
8	324.6344	1.662861	0.000146	-3.159070	-2.565006	-2.918288

* indicates lag order selected by the criterion
LR: sequential modified LR test statistic (each test at 5% level)
FPE: Final prediction error
AIC: Akaike information criterion
SC: Schwarz information criterion
HQ: Hannan-Quinn information criterion

Ek 23: Johansen Eşbütünleşme Gecikme Uzunluğu Akbank

VAR Lag Order Selection Criteria
Endogenous variables: LAKB LFAIZ
Exogenous variables: C
Date: 03/13/14 Time: 16:04
Sample: 1998M01 2013M12
Included observations: 184

Lag	LogL	LR	FPE	AIC	SC	HQ
0	-311.6393	NA	0.103661	3.409123	3.444068	3.423287
1	211.4767	1029.174	0.000367	-2.233442	-2.128607	-2.190951
2	225.1009	26.50793	0.000331*	-2.338053*	-2.163328*	-2.267235*
3	226.8753	3.413775	0.000339	-2.313862	-2.069247	-2.214716
4	227.7754	1.712213	0.000351	-2.280167	-1.965663	-2.152695
5	233.4844	10.73534*	0.000344	-2.298743	-1.914349	-2.142943
6	235.7399	4.192322	0.000351	-2.279781	-1.825497	-2.095654
7	236.1616	0.774676	0.000365	-2.240887	-1.716713	-2.028433

8	238.1895	3.681103	0.000373	-2.219451	-1.625387	-1.978670

* indicates lag order selected by the criterion
LR: sequential modified LR test statistic (each test at 5% level)
FPE: Final prediction error
AIC: Akaike information criterion
SC: Schwarz information criterion
HQ: Hannan-Quinn information criterion

Ek 24: Johansen Eşbütünleşme Gecikme Uzunluğu Alternatifbank

VAR Lag Order Selection Criteria
Endogenous variables: LALT LFAIZ
Exogenous variables: C
Date: 03/13/14 Time: 16:06
Sample: 1998M01 2013M12
Included observations: 184

Lag	LogL	LR	FPE	AIC	SC	HQ
0	-341.2945	NA	0.143088	3.731462	3.766406	3.745625
1	170.3928	1006.689	0.000574	-1.786878	-1.682043	-1.744387
2	181.3797	21.37662	0.000532	-1.862822	-1.688098*	-1.792004*
3	182.1103	1.405727	0.000551	-1.827286	-1.582672	-1.728141
4	185.7474	6.918368	0.000554	-1.823341	-1.508837	-1.695869
5	194.5406	16.53508*	0.000526*	-1.875442*	-1.491047	-1.719642
6	196.3891	3.435656	0.000538	-1.852055	-1.397771	-1.667928
7	199.8235	6.308876	0.000542	-1.845907	-1.321733	-1.633453
8	203.0737	5.899893	0.000546	-1.837758	-1.243694	-1.596976

* indicates lag order selected by the criterion
LR: sequential modified LR test statistic (each test at 5% level)
FPE: Final prediction error
AIC: Akaike information criterion
SC: Schwarz information criterion
HQ: Hannan-Quinn information criterion

Ek 25: Johansen Eşbütünleşme Gecikme UzunluğuFinansbank

VAR Lag Order Selection Criteria
Endogenous variables: LFNB LFAIZ
Exogenous variables: C
Date: 03/13/14 Time: 16:16
Sample: 1998M01 2013M12
Included observations: 184

Lag	LogL	LR	FPE	AIC	SC	HQ
0	-422.8337	NA	0.347151	4.617758	4.652703	4.631922
1	186.8630	1199.512	0.000480	-1.965902	-1.861067*	-1.923411
2	196.6195	18.98284	0.000451	-2.028473	-1.853748	-1.957655*

3	198.8735	4.336377	0.000460	-2.009494	-1.764879	-1.910349
4	202.3809	6.671804	0.000462	-2.004140	-1.689636	-1.876668
5	212.0758	18.23058	0.000434	-2.066041	-1.681647	-1.910241
6	221.7679	18.01463*	0.000408*	-2.127912*	-1.673627	-1.943785
7	224.7570	5.490922	0.000413	-2.116924	-1.592750	-1.904470
8	225.7983	1.890171	0.000427	-2.084764	-1.490700	-1.843983

* indicates lag order selected by the criterion
LR: sequential modified LR test statistic (each test at 5% level)
FPE: Final prediction error
AIC: Akaike information criterion
SC: Schwarz information criterion
HQ: Hannan-Quinn information criterion

Ek 26: Johansen Eşbütünleşme Gecikme Uzunluğu Garanti Bankası

VAR Lag Order Selection Criteria
Endogenous variables: LGRT LFAIZ
Exogenous variables: C
Date: 03/13/14 Time: 16:20
Sample: 1998M01 2013M12
Included observations: 184

Lag	LogL	LR	FPE	AIC	SC	HQ
0	-323.9027	NA	0.118442	3.542420	3.577365	3.556584
1	197.8123	1026.417	0.000426	-2.084916	-1.980081*	-2.042425
2	208.1270	20.06894	0.000398	-2.153555	-1.978830	-2.082737*
3	209.6480	2.926204	0.000409	-2.126609	-1.881994	-2.027463
4	212.7687	5.936189	0.000413	-2.117052	-1.802547	-1.989579
5	219.9963	13.59096	0.000399	-2.152134	-1.767739	-1.996334
6	225.7744	10.73972*	0.000391*	-2.171461*	-1.717177	-1.987334
7	226.7619	1.814054	0.000404	-2.138717	-1.614542	-1.926262
8	228.1054	2.438587	0.000416	-2.109841	-1.515777	-1.869059

* indicates lag order selected by the criterion
LR: sequential modified LR test statistic (each test at 5% level)
FPE: Final prediction error
AIC: Akaike information criterion
SC: Schwarz information criterion
HQ: Hannan-Quinn information criterion

Ek 27: Johansen Eşbütünleşme Gecikme Uzunluğu İş Bankası C

VAR Lag Order Selection Criteria
Endogenous variables: LISC LFAIZ
Exogenous variables: C
Date: 03/13/14 Time: 16:25
Sample: 1998M01 2013M12
Included observations: 184

Lag	LogL	LR	FPE	AIC	SC	HQ
0	-300.4527	NA	0.091792	3.287529	3.322474	3.301693
1	203.8461	992.1531	0.000399	-2.150502	-2.045667	-2.108011
2	215.2622	22.21166	0.000368*	-2.231111*	-2.056386*	-2.160293*
3	217.5808	4.460811	0.000375	-2.212835	-1.968220	-2.113690
4	219.2563	3.187101	0.000385	-2.187569	-1.873064	-2.060096
5	226.6704	13.94179	0.000371	-2.224679	-1.840284	-2.068879
6	229.7485	5.721162	0.000374	-2.214658	-1.760373	-2.030530
7	230.4642	1.314805	0.000388	-2.178959	-1.654785	-1.966505
8	235.9707	9.995385*	0.000382	-2.195334	-1.601269	-1.954552

* indicates lag order selected by the criterion
LR: sequential modified LR test statistic (each test at 5% level)
FPE: Final prediction error
AIC: Akaike information criterion
SC: Schwarz information criterion
HQ: Hannan-Quinn information criterion

Ek 28: Johansen Eşbütünleşme Gecikme UzunluğuTekstil Bank

VAR Lag Order Selection Criteria
Endogenous variables: LTKT LFAIZ
Exogenous variables: C
Date: 03/13/14 Time: 17:11
Sample: 1998M01 2013M12
Included observations: 184

Lag	LogL	LR	FPE	AIC	SC	HQ
0	-372.0844	NA	0.199964	4.066134	4.101079	4.080298
1	167.8857	1062.332	0.000590	-1.759628	-1.654793	-1.717137
2	179.4128	22.42757*	0.000544	-1.841443	-1.666718*	-1.770625*
3	184.0070	8.838940	0.000540*	-1.847902*	-1.603288	-1.748757
4	187.3154	6.293114	0.000544	-1.840385	-1.525880	-1.712912
5	188.0403	1.363074	0.000564	-1.804785	-1.420391	-1.648986
6	188.3590	0.592355	0.000587	-1.764771	-1.310487	-1.580644
7	191.5989	5.951568	0.000592	-1.756509	-1.232335	-1.544055
8	194.3826	5.053122	0.000600	-1.743289	-1.149225	-1.502508

* indicates lag order selected by the criterion
LR: sequential modified LR test statistic (each test at 5% level)
FPE: Final prediction error
AIC: Akaike information criterion
SC: Schwarz information criterion
HQ: Hannan-Quinn information criterion

Ek 29: Johansen Eşbütünleşme Gecikme UzunluğuYapı ve Kredi Bankası

VAR Lag Order Selection Criteria
Endogenous variables: LYKB LFAIZ
Exogenous variables: C
Date: 03/13/14 Time: 17:09
Sample: 1998M01 2013M12
Included observations: 184

Lag	LogL	LR	FPE	AIC	SC	HQ
0	-322.2728	NA	0.116362	3.524704	3.559649	3.538868
1	174.8735	978.0814	0.000547	-1.835582	-1.730747	-1.793091
2	186.8750	23.35063*	0.000501*	-1.922554*	-1.747829*	-1.851736*
3	189.6106	5.263074	0.000508	-1.908811	-1.664196	-1.809665
4	191.2506	3.119535	0.000522	-1.883158	-1.568654	-1.755686
5	196.2342	9.371304	0.000516	-1.893850	-1.509455	-1.738050
6	198.8443	4.851430	0.000524	-1.878742	-1.424458	-1.694615
7	199.8129	1.779227	0.000542	-1.845792	-1.321618	-1.633338
8	202.8469	5.507505	0.000548	-1.835293	-1.241229	-1.594511

* indicates lag order selected by the criterion
LR: sequential modified LR test statistic (each test at 5% level)
FPE: Final prediction error
AIC: Akaike information criterion
SC: Schwarz information criterion
HQ: Hannan-Quinn information criterion

EK 30: FVFM Getiri Serisi Panel Değişen Varyans Testi

LMh test for heteroscedasticty

LMh_ols	0.914020
chi-sqr(6) =	11.49692
p-value =	0.074180
LMh_fixed	
chi-sqr(6) =	11.48311
p-value =	0.074545

EK 31: FVFM Getiri Serisi Panel Otokorelasyon Testi

LMh test for heteroscedasticty	
lmrho_chi-sqr(1) =	0.914020
p-value =	0.339050
Durbin-Watson=	2.033149

EK 32: FVFM Aşırı Getiri Serisi Panel Değişen Varyans Testi

LMh test for heteroscedasticty	
LMh_ols	0.914020
chi-sqr(6) =	11.80023
p-value =	0.066577
LMh_fixed	
chi-sqr(6) =	11.78487
p-value =	0.066944

EK 33: FVFM Aşırı Getiri Serisi Panel Otokorelasyon Testi

LMh test for heteroscedasticty	
lmrho_chi-sqr(1) =	0.906601
p-value =	0.341018
Durbin-Watson=	2.032885

EK 34: Panel Arbitraj Fiyatlama Modeli Otokorelasyon Testi

LMh test for
heteroscedasticty

lmrho_chi-sqr(1) =	3.773651
p-value =	0.052066

Durbin-Watson=	2.090250

KAYNAKÇA

Kitap

AGAR, Christopher, **Capital Investment and Financing**, Butterworth-Heinemann - Publisher, 2006.

AKBALIK, Murat, **Bankalarda Stres Testi**, Avcıol Basım Yayın, İstanbul, 2009.

AKGÜÇ, Öztin, **Finansal Yönetim**, Avcıol Basım Yayını, 7.Baskı, İstanbul, 1999.

AKSOY, Ahmet, **Menkul Kıymet Yatırımlarının Analizi**, İkinci Baskı, Ankara, 1988.

ALEXANDER, Carol, **Risk Management and Analysis**, Volume 1: Measuring and Modelling financial Risk, John Wiley & Sons, Second Edition.

ALEXANDER, Gordon J., SHARPE, William F. ve BAILEY Jeffery V., **Fundamentals of Investments**, 2. edition, Prentice- Hall, 1993.

ALTAY, Erdinç , **Sermaye Piyasasında Varlık Fiyatlama Teorileri,** Derin Yayınları, İstanbul, 2012.

AMENC, Noel ve SOURD,Veronique Le, **Portfolio Theory and Performance Analysis**, Wiley Finance, 2003.

AMLING, Frederick, **Investments: An Introduction to Analysis and Management,** Prentice Hall Inc., Englewood Cliffs, New Jersey, USA, 1978.

BABUŞÇU, Şenol, **Basel II Düzenlemeleri Çerçevesinde Bankalarda Risk Yönetimi**, Akademi Yayınları, Ankara, 2005.

BERK, Niyazi, **Finansal Yönetim**, Türkmen Kitapevi, 6.Baskı, İstanbul, 2002.

BLACK, F., Jensen, M.C., Scholes, M. "**The Capital Asset Pricing Model: Some Empirical Tests**" içinde **Studies in Theory of Capital Markets**, ed: Michael C. Jensen, Praeger, New York, 1972.

BOLAK, Mehmet, **Sermaye Piyasası-Menkul Kıymetler ve Portföy Analizi**, İstanbul, Beta Yayınları, 2001.

BOZKURT, Ünal, **Menkul Kıymet Yatırımlarının Yönetimi,** İktisat Bankası Eğitim Yayınları, No:4, 1988.

BREALEY, Richard.A., MYERS, Stewart C., '**Principles of Corporate Finance**, NewYork, McGraw Hill Companies', 7. Baskı, 2002.

BRENTANI, Christine **Portfolio Management in Practice**, Elsevier Ltd, U.K, 2004

BRIGHAM, F. Eugene, **Finansal Yönetimin Temelleri**, Çev. Özdemir Akmut, Halil Sarıaslan, Siyasal Bilgiler Fakültesi Yayınları, Ankara, 1999.

CANBAŞ, Serpil ve DOĞUKANLI, Hatice, **Finansal Pazarlar, Finansal Kurumlar ve Sermaye Pazarı Analizleri**, 3. Baskı, Beta Yayınevi, Adana, 2001.

CEYLAN, Ali, KORKMAZ, Turhan, **Sermaye Piyasası Menkul Değer Analizi**, Ekin Kitabevi, Bursa, 2006.

CEYLAN, Ali, Turhan KORKMAZ, **Borsada Uygulamalı Portföy Yönetimi**, Ekin Yayınevi, Bursa, 1998.

CİVAN, Mehmet, **Sermaye Piyasası Analizleri ve Portföy Yönetimi,** Gazi Kitabevi, Ankara, 2007.

CHRISTY, A. George, CLENDENIN, C. John, **Introduction To Investments**, Sixth Edition, New York: Mcgraw-Hill Book Company, 1974.

COLEMAN, Les, **Risk Strategies, Dialling up Optimum Firm Risk**, Gower Publishing, Ltd., 2012.

ÇATALCA, Hasan, AKTAN, Bora, SOYDAN, Halit, **Ticari Bankalarda Piyasa Riski Yönetimi, Basel Sermaye Uzlaşısı Kapsamında Riske Maruz Değer Yaklaşımı,** Siyasal Kitabevi, Ankara, 2008.

DOWD, Kevin, **Beyond Value At Risk, The New Science of risk Management**, John Wiley&Sons.

ELTON, Edwin J. ve GRUBER, Martin J., **Modern Portfolio Theory and Investment Analysis**, 2. edition, New York: John Wiley & Sons, 1984.

ENDERS, Walter Rats, **Handbook for Econometric Time Series**, JohnWilley&Sons Inc. 1996.

ERB, Claude, HARVEY Campbell R., VISKANTA, Tedas E., **Inflation and World Equity Selection**, Financial analyst Journal, November-December, 1995.

ERCAN, Metin K. ve BAN, Ünsal, **Finansal Yönetim**, Gazi Kitabevi, Ankara, Ocak 2005.

FOCARDI, Sergio M., FABOZZI, Frank J., **The Mathematics of Financial Modeling & Investment Management,** Fabozzi Series, Wiley Finance, 2004.

FRANCİS, Jack Clark, **Management of Investments**, Third Edition, 1993.

GITMAN Lawrance J., ve JOEHNK, Micheal D., **Fundamentals of Investing**, 4. Edit, Harper&Row Publishers, New York, 1990.

GORDON, Alexander, Francis, Jack Clark, **Portfolio Analysis**, Third Edition, New Jersey, 1986.

GÖKBEL, Serpil A., **Süre Temelli Portföyler ve İMKB'de Uygulanabirligi**, SPK yayın No: 143, İlk Baskı, 2003.

GUJARATI, Damodar N., **Basic Econometrics**. Mc Graw Hill.3rd Edition, İstanbul: Literatür Yayıncılık, 1999.

GÜMÜŞELİ, Saniye, **Döviz Kuru ve Faiz Oranı Risklerinden Korunma Teknikleri,** Türkiye Bankalar Birliği, Ankara, 1994.

GÜNCELER, Bülent, **Banka Bilançolarındaki Krizlerin Nedenleri ve Karşı Karşıya Kalınan Riskler**, Ankara, TBB Yayınları, 2001.

GÜRİŞ, Selahattin ve ÇAĞLAYAN, Ebru, **Ekonometri,** Der Yayınları, 1.Baskı, İstanbul 2000.

HARRINGTON, Diana, **Modern Portfolio Theory and the Capital Asset Pricing Model: A User's Guide**, Prentice-Hall Inc, New Jersey, 1987.

HAGIN, Robert L., **Investment Management, Portfolio Diversification, Risk, and Timing-Fact and Fiction,** John Wiley and Sons Inc., Canada, 2004.

HAUGEN, Robert, **Modern Investment Theory,** 2001.

İNSELBAĞ, Işık, **Portföy Yönetimi**, Ankara: Sermaye Piyasası Kurulu Araştırma Raporu, 1989.

JONES, Charles P., **Investments Analysis and Management**, Third Edition, John Wiley&Sons, Inc., USA, 1991.

JONES, P. Charles, TUTTLE, L. Donald ve HEATON, P. Cherill, ***Essential of Modern Investment.*** The Ronald Pres Company: New York/USA, 1977.

JORION, Philippe, **Value At Risk**, McGrew Hill, Second Edition, 2001.

KARACAN, Ali İhsan, **Bankacılık ve Kriz**, Tütünbank Finans Dünyası Yayınları, Yayın No: 1, 1996.

KARAN, Mehmet Baha, **Yatırım Analizi ve Portföy Yönetimi**, Gazi Kitabevi, Ankara, 2004.

KARAŞİN, Gültekin, **Menkul Kıymetler Programları Analisti**, Avcıol Basım Yayım Dağıtım, İstanbul, 1991.

KARSLI, Muharrem, **Menkul Kıymetler Kılavuzu**, İstanbul: Türkiye İş Bankası Yayınları, 1978.

KOLB, Robert ve RİCHARDO, Rodriguez, **Essential Financial Management**, Kolb Publishing, 1994.

KONURALP, Gürel, **Sermaye Piyasaları Analizler, Kuramlar ve Portföy Yönetimi**, 2. Baskı, Alfa Kitabevi, İstanbul, 2005.

KOYA, Devi, **Derivatives: Key Risks, Edited By Hyun Song Shin, Derivatives Accounting and Risk Management,** Risk Books, London, 2004.

KURUN, Engin, **Faiz Riski Yönetimi ve Türkiye Uygulaması**, Sermaye Piyasası Kurulu, Ankara, 2005.

LOADER, David, **Operations Risk**, Butterworth-Heinemann – Publisher, 2011.

MARKOWİTZ, Harry Max, **Portfolio Selection, Efficient Diversification of Investment**. Yale University Pres: New Haven and London/UK, 1959.

MEMBERS,Erwin, **Dictionary of Economics and Business**, New Jersey: Littlefields, Adams Co., 1976.

OECD, **Reviews of Risk Management Policies**, Systemic Financial Risk, Steinbeis-Edition, 2012.

REILLY, Frank, Brown, Keith, **Investment Analysis and Portfolio Management**, 5th Edition, Dryden Press, Fortworth, Australia, 1997.

SAMUELS, J.M., WILKES, F. M., Brayshaw, R.E., **Management of Company Finance**, 5th Edition, Chapman-Hall, London,. 1991.

SEVİL, Güven, **Finansal Risk Yönetimi Çerçevesinde Piyasa Volatilitesinin Tahmini ve Portföy Var Hesaplamaları**, T. C. Anadolu Üniversitesi Yayınları, No:1323, Eskişehir, 2001.

SHARPE, William F., **Portfolio Theory and Capital Markets**, McGraw-Hill Book Company, 1940.

SMITHSON,Charles W., CLIFFORD,W. Smith Jr., WILFORD, D. Dykes, **Managing Financial Risk**, Irwin Professional Publishing, USA, 1995.

TANER, Berna, ve AKKAYA, Cenk G., **Sermaye Piyasası Faaliyet Alanı ve Menkul Kıymetler,** İzmir, 2004.

TEVFİK, Arman T., **Risk Analizine Giriş**, Alfa Basım Yayın Dağıtım, İstanbul.

THOMPSON, Stuart ve Ernst Young, **Managing Business Risk,** Edt. Adam Jolly, 2. Baskı, 2003, USA.

T. THORNHILL, William, **Risk Management For Financial Institutions, Applying Cost-Effective Controls and Procedures**, Bankers Publishing Company, USA.

TUNA, **İbrahim, Yatırım ve Portföy Analizi,** 1991.

UNVAN, Hayal, **Finansal Varlıkları Fiyatlandırma Modeli ve Türkiye Üzerine Bir Deneme,** Sermaye Piyasası Kurulu Yayınları, Ankara, 1989.

ÜSTÜNEL, İbrahim Engin, **Durağan Portföy Analizi ve İMKB Verilerine Uygulanması**, İMKB, Ankara, 2000.

YÖRÜK, Nevin, **İMKB Finansal Varlık Fiyatlama Modelleri ve Arbitraj Fiyatlama Modeli'nin İMKB'de Test Edilmesi**, Emir Ofset Matbaacılık, İstanbul, 2000.

Süreli Yayınlar

ANDREWS, Donald W.K., **"Test for Parameter Instability and structural change with unknown change point"** Econometrica, vol: 61, 1993.

ARSLAN, Mehmet, Arslan, Sıddık **"Yatırım Fonu Performans Ölçütleri, Regresyon Analizleri ve MANOVA Yöntemine Göre A, B ve Borsa Yatırım Fonlarının Karşılaştırmalı Analizi"** İşletme Araştırmaları Dergisi, 2/2, 2010.

BARIŞIK, Salih, ÇEVİK, Emrah İsmail, "**İşsizlikte Histeri Etkisi: Uzun Hafıza Modelleri"**, Kamu-İş; C:9, S:4, 2008.

BLACK F., **"Capital Market Equilibrium with Restricted Borrowing"**, Journal of Business, No: 45, July 1972.

BLUME, Marshall E., Friend, Irwin, **"A New Look at the Capital Asset Pricing Model"** The Journal of Finance, 28(1), 1973.

BÜKER, Semih, **Hisse Senetlerini Degğerleme Yöntemleri**, Eskişehir: İ.T.İ.A. Yayın No:156/98, 1976.

CHEN, Andrew H. Y., JEN, Frank C. and ZIONTS, Stanley, **'The Optimal Portfolio Revision Policy'** *The Journal of Business* Vol. 44, No. 1 (Jan., 1971), The University of Chicago Press.

COHEN, Kalman J., Pogue, Jerry A., "**An Empirical Evaluation of Alternative Portfolio – Selection Models**" Journal of Business, Volume 40, Issue 2, 1967.

ÇAĞLAR, Tülin "**Portföy Yönetimi**", İstanbul Üniversitesi İşletme Fakültesi Muhasebe Enstitüsü Dergisi, Yıl:3, Sayı: 7, Şubat 1977-1.

DAVID , Dan Ben-, ve PAPELL, David H., "**The Great Wars, the Great Crash and the Unit Root Hypothesis**", Journal of Monetary Economics, 1995, Vol. 36.

DERİNDERE, Sinem, Dizdarlar, H. Işın, "**Getiri Aralığının Sistematik Riskin Ölçüsü Olan Beta Üzerine Etkileri: İMKB'de Bir Uygulama" Afyon Kocatepe Üniversitesi**, İİBF Dergisi, Cilt: X, Sayı: I, 2008.

EATON, Jonathon, GERSOVITZ, Mark, STIGLITZ, Joseph E., **'The Pure Theory of Country Risk'**, European Economic Review, 30, Holland, 1986.

ESTRADA, J., "**Systematic Risk in Emerging Markets: The DCAPM**", Emerging Market Review, June 2002.

EVANS, John L., ve STEPHEN, Archer H. "**Diversification and The Reduction of Dispersion: An Emprical Analysis**", Journal Of Finance; Vol. 23(5).December 1968.

FAMA, Eugene, **"Efficient Capital Markets: A Review of Theory and Emprical Work"**, The Journal of Finance, C.25, No 2, Mayıs 1970.

FAMA, E., MACBETH, J.D., "**Risk, Return and Equilibrium: Empirical Tests**", Journal Politic Economy, No: 71, 1973.

FAMA, Eugene F., FRENCH, Kenneth, '**The Cross-Section of Expected Stock Returns**', Journal of Finance, 47, June 1992.

GEIGER, Hans, '**Regulating and Supervising Operational Risk for Banks, Institut für schweizerisches Bankwesen**', Working Paper, No:25, Zurich, 2000.

GIBBONS, M. R., "**Multivariate Tests of Financial Models**", Journal of Financial Economics, No: 10.

HAYDAROĞLU, Haydar, **"Belirli Bir Risk Seviyesinde Maksimum Gelir",** Uzman Gözüyle Bankacılık Dergisi. Haziran, 1993.

INGERSOLL Jr, Jonathan E.. **"Some Results in the Theory of Arbitrage Pricing"**, The Journal of Finance, Vol: 39, No: 4, September 1984.

JENSEN, Michael C., **'The Performance of Mutual Funds in the Period 1945-1964'**, Journal of Finance, 23(2), 1967.

KAPETANIOS, George, '**Unit Root Testing Against the Alternative Hypothesis of up to m Structural Breaks**', Journal of Time Series Analysis, Vol:26, No:1, 2005, USA.

KORKMAZ, Turhan, UYGURTÜRK, Hasan, **"Türk Emeklilik Fonlarının Performans Ölçümünde Regresyon Analizinin Kullanılması"** ZKÜ Sosyal bilimler Dergisi, Cilt:3, Sayı: 5, 2007.

MADHAVAN, Ananth, PORTER, David, WEAVER, Daniel, **'Should securities markets be transparent?'**, Journal of Financial Markets, 8, 2005.

MAKI, Daiki, **'Tests For Cointegration Allowing For an Unknown Number of Breaks'**, Economic Modelling. 29(5): 2011-2015, 2012.

MARKOWITZ, Harry Max, **'Portfolio Selection'**, Journal of Finance, Vol:7, No:1, 1952.

MODIGLIANI, Franco, MODIGLIANI, Leah, **"Risk-Adjusted Performance, How to Measure it and Why?"** Journal of Protfolio Management, 23(2).

ÖZÇAM, Mustafa, **'Varlık Fiyatlama Modelleri Aracılığı ile Dinamik Portföy Yönetimi',** SPK Yayınları, Yayın No: 104, 1997.

ÖZÇAM, Ferhat, **'Teknik Analiz ve İstanbul Menkul Kıymetler Borsası'**, SPK Yayınları, Yayın No:32, Ankara, 1996.

RODOPLU, Gültekin, **"Portföy Oluşturulmasında Ekonomik, Sektör ve İşletme Analizleri"**, Marmara Üniversitesi Muhasebe Araştırma ve Uygulama Merkezi Muhasebe Dergisi, Yıl:1, Sayı: 1, Haziran 1986.

ROLL, Richard, **"A Critique of the Asset Pricing Theory's Tests: Part I: On Past and Potential Testability of the Theory"**, Journal of Financial Economics, Vol 4, 1977.

ROLL, Richard, ROSS, Stephan, "**On the Cross-Sectional Relation Between Expected Returns and Beta**", Journal of Finance, Vol 49, No: 1, March 1994.

ROSS, Stephen A., "**The Arbitrage Theory of Capital Asset Pricing**", Journal of Economic Theory, Vol: 13, 1976.

SAYGILI, Hülya, SAYGILI, Mesut, YILMAZ, Gökhan, '**Türkiye İçin Yenbi Reel Efektif Döviz Kuru Endeksleri',** TCMB Çalışma Tebliği No: 10/12, 2010.

SHARP, William F., "Mutual Fund Performance", The Journal of Business, Vol. 39, No: 1, Part 2: Supplement on Security Prices".

SHARPE, W.F., COOPER, G.M., "**Risk-Return Classes of New York Stock Exchange Common Stocks, 191-1967**", Financial Analysts Journal, 28, 1972.

SHARPE, William F., "**A Simplified Model for Portfolio Analysis**", **Management Science**, Vol :9, 1963.

STEIN, David M., **Measuring and Evaluating Portfolio Performance After Taxes,** The Journal of Portfolio Management, 24 (2), 1998.TCMB, 2013 Yılı Para ve Kur Politikası, Ankara, Aralık 2012.

TEKER, Suat, Karakurum, Emre, Osman Tav, "**Yatırım Fonlarının Risk Odaklı Performans Değerlemesi**" Doğuş Üniversitesi Dergisi,9(1), 2008.

TEZİŞ, Füsun, '**Hisse Senetlerinde Risk Türlerinin Ölçülmesi**', Para ve Sermaye Piyasası Dergisi, Mayıs, 1987.

TOPRAK, Mehmet Sabri, "**İmalat Sanayinde Firma Risklerinin Belirlenmesi: Kümeleme Analizi Yöntemiyle Ampirik Bir Çalışma**" Ekonometri ve İstatistik, Sayı: 11, 2010.

TREYNOR, Jack L., "**How to Rate Management of Investment Funds**." Harvard Business Review, 43, 1965.

YILDIRTAN, Dina Çakmur, Ayşegül BÖLÜKBAŞI, **Küresel Finans Krizinin Banka ve Sigorta Sektöründe Yabancı Sermaye Girişine Etkileri**, Politik İktisat ve Adam Smith, Yön Yayınları, 2010, Kocaeli, s.477-492.

YOLSAL, Handan, A Tipi Yatırım Fonlarının Performansı: Banka ve Aracı Kurum Fonları Üzerine Bir İnceleme" **Marmara Üniversitesi İİBF Dergisi**, Cilt: XXXII, Sayı: I 2012.

İnternet

Hazine Müsteşarlığı, www.hazine.gov.tr, 11.12.2013.

Sermaye Piyasası Kurulu, http://spk.gov.tr/indexpage.aspx?pageid=447&submenuheader=-1, 23.04.2014.

Türkiye Cumhuriyet Merkez Bankası, Reel Efektif Döviz Kuru Endekslerine İlişkin Yöntemsel Açıklama, İstatistik Genel Müdürlüğü, http://www.tcmb.gov.tr/yeni/evds/yayin/reel_efktf/YontemselAciklama.pdf, 29.04.2014.

Türkiye Cumhuriyet Merkez Bankası Terimler Sözlüğü, http://www.tcmb.gov.tr/yeni/iletisimgm/sozluk.htm, 24.02.2014.

Kolibri 360 GmbH
Ferdinand-Jühlke-Straße 7
99095 Erfurt, Deutschland
produktsicherheit@kolibri360.de

Druck:
CPI Druckdienstleistungen GmbH
im Auftrag der
Kolibri 360 GmbH
Ferdinand-Jühlke-Str. 7
99095 Erfurt